Diabolische Vigilanz

Vigilanzkulturen /
Cultures of Vigilance

Herausgegeben vom / Edited by
Sonderforschungsbereich 1369
Ludwig-Maximilians-Universität München

Wissenschaftlicher Beirat
Erdmute Alber, Peter Burschel, Thomas Duve,
Rivke Jaffe, Isabel Karremann, Christian Kiening und
Nicole Reinhardt

Band / Volume 2

Diabolische Vigilanz

Studien zur Inszenierung von Wachsamkeit in
Teufelserzählungen des Spätmittelalters und der
Frühen Neuzeit

Hrsg. von Jörn Bockmann, Alena Martin,
Hannah Michel, Carolin Struwe-Rohr und
Michael Waltenberger

DE GRUYTER

Gefördert durch die Deutsche Forschungsgemeinschaft (DFG) – Projektnummer 394775490 – SFB 1369

ISBN 978-3-11-077187-9
e-ISBN (PDF) 978-3-11-077438-2
ISBN (EPUB) 978-3-11-077452-8
ISSN 2749-8913
DOI https://doi.org/10.1515/9783110774382

Dieses Werk ist lizenziert unter der Creative Commons Namensnennung 4.0 International Lizenz. Weitere Informationen finden Sie unter http://creativecommons.org/licenses/by/4.0/.

Die Bedingungen der Creative-Commons-Lizenz für die Weiterverwendung gelten nicht für Inhalte (z. B. Grafiken, Abbildungen, Fotos, Auszüge usw.), die nicht Teil der Open-Access-Publikation sind. Diese erfordern ggf. die Einholung einer weiteren Genehmigung des Rechteinhabers. Die Verpflichtung zur Recherche und Klärung liegt allein bei der Partei, die das Material weiterverwendet.

Library of Congress Control Number: 2022940348

Bibliografische Information der Deutschen Nationalbibliothek
Die Deutsche Nationalbibliothek verzeichnet diese Publikation in der Deutschen Nationalbibliografie; detaillierte bibliografische Daten sind im Internet über http://dnb.dnb.de abrufbar.

© 2022 bei den Autorinnen und Autoren, publiziert von Walter de Gruyter GmbH, Berlin/Boston
Dieses Buch ist als Open-Access-Publikation verfügbar über www.degruyter.com.

Coverabbildung: Derik Baegert, „Eidesleistung", 1493/94, Öl auf Holz, Städtisches Museum Wesel
© Städtisches Museum Wesel 2022, Foto: Werner Hannappel
Druck und Bindung: CPI books GmbH, Leck

www.degruyter.com

Inhalt

Carolin Struwe-Rohr & Michael Waltenberger
Einleitung —— 1

Susanne Rudnig-Zelt
Der Teufel als Gegenspieler Gottes? Überlegungen zu seinen Ursprüngen —— 15

Nina Nowakowski
Verdammter Teufelsfreund. Vorsicht als Bedingung für nachhaltige Heilserfahrung im Mirakel *Udo von Magdeburg* —— 27

Natalie Ann Mlynarski-Jung
„se enwysten nicht, dat he was eyn deeff". Zur scheiternden Vigilanz im *Broder Rusche* —— 45

Maximilian Benz
Luther, der Teufel. Die Selbstbeobachtung im Prozess der Herausbildung moralischer Subjektivität —— 65

Michael Schwarzbach-Dobson
Technologien der Selbst- und Teufelsbeobachtung im 16. Jahrhundert. Ignatius von Loyola, Johann Weyer, Jodocus Hocker —— 81

Jörn Bockmann
***Faust-* und *Wagnerbuch*. Versuch über Vigilanz, Superstitionssemiotik und Poetik des Wissens** —— 101

Julia Gold
„Wachen vnd betten alle stunden". Inszenierungsstrategien von Vigilanz im *Einsiedler Meinradspiel* **von 1576** —— 131

Über die Autor:innen —— 165

Abbildungsverzeichnis —— 167

Index —— 169

Carolin Struwe-Rohr & Michael Waltenberger
Einleitung

„Item Derick Baegert, so hy eyn taeffell gemaelt hefft, die nu op die raitskammer hengt [...]." Mit diesem Eintrag, der sich für das Jahr 1494 in den Rechnungsbüchern der Stadt Wesel findet,[1] wird die Anbringung eines Gemäldes von Derick Baegert (um 1440–1509) im Gerichtssaal des damals neu erbauten spätgotischen Rathauses dokumentiert,[2] das als „bedeutendstes profanes Gerichtsbild seiner Zeit" gelten kann.[3] Es präsentiert im Vordergrund zentral eine männliche Figur kurz vor dem Vollzug der titelgebenden ‚Eidesleistung', die in Präsenz der ihm vom ‚Staber' entgegengehaltenen Schwurlade (mit treppenförmigem Sockel und Kleeblattkreuz) zu geschehen hat. Oberhalb dieser Szene (bzw. perspektivisch hinter ihr) ist, ebenfalls in der Bildmitte, der vorsitzende Richter zu sehen, der den Rechtsakt beaufsichtigt. Richter, ‚Staber' und Schwörender sind zugleich eingegliedert in eine bildfüllende, annähernd ringförmig angeordnete Gruppe weiterer Figuren, die den Eindruck theatraler Dynamik erzeugt. Der Akt des Schwurs ist auf diese Weise völlig eingebunden in ein komplexes Gefüge aus Blickverbindungen sowie gestischen und motivischen Korrelationen zwischen den Beteiligten eines versammelten Ratsgremiums. An diesem dichten szenischen Beziehungsnetz sollte für zeitgenössische Betrachter:innen[4] offenbar insbesondere der Übergang von älteren zu neuzeitlichen Rechtsprinzipien augenfällig werden.[5] So wird der Schwur einerseits durch eine Reihe von Bildelementen in den älteren Zusammenhang einer Verfahrensordnung gesetzt, die Schuld oder Unschuld mittels direkter Involvierung Gottes – nämlich durch die Provokation einer mirakulösen Evidenz göttlicher Bestätigung oder Widerlegung – zu erweisen sucht; und andererseits stellt das Bild den Schwur zugleich in den Kontext des neuen inquisitorischen Rechts, das vor allem durch die Beweismittel des Geständnisses und der Augenzeugenschaft auf die Rekonstruktion des inkriminierten Sachverhalts zielt.

---

[1] Stadtarchiv Wesel, StR 1494, Bl. 613.
[2] Vgl. Zumkley, *Gerichtsbild*, S. 41. Zu Derick Baegerts Leben und Werk siehe Marx, *Maler*.
[3] Zumkley, *Gerichtsbild*, S. 44.
[4] Gendergerechte Sprache wird in dieser Einleitung verwendet, wenn es unter den gegebenen historischen Umständen für die Beschreibung von Gegenständen oder des Publikums plausibel ist. Eine allgemeine Vorgabe, wie gendergerechte Sprache gehandhabt werden soll, gab es für die Beiträge dieses Bandes nicht.
[5] Vgl. Blümle, *Wunder*. Überhaupt werden hier im Vergleich zu vorgängigen Gerichtsbildern soziale, rechtliche und moraltheologische Aspekte außergewöhnlich dicht gebündelt; vgl. Marx, *Maler*, S. 49.

Abb. 1: Derik Baegert: *Eidesleistung*, 1493/94, Öl auf Holz, Städtisches Museum Wesel.

Die Spannung zwischen den beiden bildlich repräsentierten Rechtsprinzipien zeigt sich besonders frappant in der Art, wie der Rechtsakt des Eidschwurs auf Transzendenz bezogen wird: Der Richter selbst zeigt mit seiner rechten Hand auf eine Darstellung des Christus iudex, die als Bild-im-Bild in das linke obere Eck des Gemäldes eingefügt ist. Dass die Richterfigur nicht nur exakt die Gestik des Christus iudex wiederholt, sondern auch die ikonographisch konventionelle flankierende Begleitung Christi durch Maria und Johannes den Täufer strukturell in der Hauptszene dupliziert wird, könnte (ebenso wie das Bildmotiv des mirakulös blühenden Aronstabs über der Christusfigur) als Anzeichen einer unmittelbaren Wirksamkeit der göttlichen Gerechtigkeit im weltlichen Rechtsakt gedeutet werden. Man könnte allerdings im expliziten Verweis auf ein dezentriertes Bildzitat und in der lediglich kompositorisch insinuierten Analogie umgekehrt auch eine unüberschreitbare Mittelbarkeit des Transzendenzbezugs akzentuiert sehen. Entsprechendes gilt für das explizite Verbot des falschen Schwurs, das auf einer kommentierenden Schriftrolle über dem Kopf des Richters formuliert ist, denn dort wird gerade nicht eine direkte Involvierung Gottes im Moment des Rechtsakts selbst behauptet, sondern vor der unausweichlichen Sanktionierung des falschen Schwurs (erst) durch das letzte Gericht am Ende der Zeiten gewarnt.

Vor allem aber wird eine kritische Relativierung der alten Auffassung von der Eidesleistung als „Form eines Gottesurteils"[6] darin evident, dass der mittelbare Transzendenzbezug durch die prominente szenische Anwesenheit zweier nichtmenschlich-jenseitiger Figuren, die in direktem körperlichen und kommunikativen Kontakt mit dem Schwörenden stehen, in den Hintergrund gedrängt wird: Der für das Cover des vorliegenden Bandes verwendete Ausschnitt aus Baegerts Gemälde zeigt, wie er von einem Engel und zugleich vom Teufel eng umfasst und gehalten wird. Während letzterer das Handgelenk der Schwurhand ergriffen hat und dem Schwörenden von hinten etwas einflüstert, blickt und spricht ihn der Engel von der Seite her an und versucht zugleich, ihn mit dem rechten Arm vor dem diabolischen Einfluss zu schützen. Der Kontrast des hellen Engelsgesichts und des einfachen weißen Engelsgewandes zu den dunkler und farbenprächtig gekleideten anderen Figuren sowie die vertrauliche Zuwendung zum Schwörenden lenken die Aufmerksamkeit der Betrachter:innen weg von der Mittelachse des Bildes mit der Figur des Richters und der emporgehobenen Schwurlade hin zur leicht nach rechts versetzten, aber zentral bedeutsamen Figurentrias. In ihr wird kurz vor dem Rechtsakt des Eidschwurs der „Zwiespalt des zwischen Meineid und Wahrheit stehenden Menschen" als offener Krisenmoment dramatisiert, an dem vorerst „eine Tendenz der Entscheidung kaum ablesbar ist".[7]

Diese Intervention von Engel und Teufel lässt sich nun kaum als Sichtbarmachung eines durch die Eidesleistung im Sinne des alten Rechts provozierten Transzendenzbezugs verstehen, denn dieser Auffassung zufolge würde im Schwur ja Gott selbst unabhängig vom Willen des Schwörenden die Wahrheit evident werden lassen. Der Teufel tritt hier weniger als Widersacher Gottes im Rahmen eines an religiöse Transzendenz anschließenden Rechtsprinzips auf den Plan; eher kondensieren in seiner Figur die immanenten, nämlich sozial-interaktiven ebenso wie individuell-moralischen Risiken des inquisitorischen Prinzips. Anschaulich wird das daran, dass die Konturen seiner dunklen Gestalt aus dem Schattenwurf des Schwörenden und der versammelten Gesellschaft hervorzugehen scheinen. Die Gestalt des Engels hingegen hebt sich graphisch wie farblich zwar auffällig von ihrer Umgebung ab, aber zugleich unterscheidet sie sich in ihrer Körperlichkeit und in der Materialität ihres Gewandes nicht kategorial von den menschlichen Figuren. Auch die direkte Ansprache des Schwörenden durch

---

6 Blümle, Wunder, S. 46.
7 Zumkley, *Gerichtsbild*, S. 47.

den Engel wird insofern nicht umstandslos als Einflussnahme einer transzendenten Instanz präsentiert, sondern kann zugleich als Fortsetzung und Zuspitzung des komplexen Interaktionsgefüges verstanden werden, in das der Rechtsakt szenisch eingebunden ist.

So wie allerdings der manipulierende Teufel hinter dem Rücken des Schwörenden dessen Wahrnehmung – und wohl auch derjenigen der anderen Figuren – entzogen ist, bleibt auch offen, ob der Engel dem Menschen, der seitlich an ihm vorbei ins Leere blickt, tatsächlich körperhaft gegenübertritt oder lediglich für die Betrachter:innen des Bildes sichtbar gemacht wird. Als Indiz dafür könnte gelten, dass die dunkle Gestalt des Teufels zusammen mit den Flügeln des Engels die zentrale Figurentrias gewissermaßen einrahmt.[8] Jedenfalls aber steht im Fokus der durch die Bildkomposition forcierten theatralen Dynamik der krisenhafte Augenblick einer noch offenen Entscheidung, die sowohl als agonaler Kulminationspunkt sozialer Interaktion wie zugleich auch als ein innerer moralischer Konflikt des Schwörenden aufgefasst werden kann, der in den Figuren des Engels und des Teufels personifizierte Form annimmt. Engel und Teufel würden, so gesehen, nicht unbedingt eine im Rechtsakt wirkende religiöse Transzendenz verbildlichen, sondern mit ihnen würde externalisiert und dramatisiert, worauf die inquisitorischen Rechtsverfahren letztlich hinzielen und was sich ihnen letztlich als institutionelle Transzendenz entzieht: die im Seeleninneren des Menschen verborgene moralische Wahrheit.

Wenn man die Szene so deuten darf, dann gewinnt ein bisher unberücksichtigtes Motiv an Gewicht: Hinter dem Schwörenden und oberhalb seines Kopfs überblicken die aus der schemenhaften schwarzen Teufelsgestalt hervorstechenden Augen nicht nur die Interaktion zwischen Mensch und Engel unmittelbar vor ihm, sondern sein Blick erfasst darüber hinweg offenbar auch das weitere Umfeld bis hinaus in den bildexternen Raum. Im Gegensatz zum Engel, dessen Blick auf gleicher Höhe das Gesicht des Schwörenden trifft und in der Verlängerung der Blickrichtung eine Beziehung zur Schwurlade herstellt, hält der Teufel offenbar das Gesamt des Interaktionszusammenhangs unter aufmerksamer Beobachtung, während er dessen zentrales Ereignis zu manipulieren sucht. Dieser diabolische Überblick wird nun intrikat noch dadurch akzentuiert, dass die Augenpartie der Figur durch ein etwas nach hinten versetztes zweites Augenpaar am Ansatz ihrer beiden Hörner verdoppelt wird – und überdies lässt ein weiteres Auge

---

[8] Die subtile graphische und farbliche Gestaltung der Trias könnte mit Didi-Huberman (*Vor einem Bild*) als Konfiguration beschrieben werden, die ontologische Ambivalenz in kontrastiver Spannung zwischen figuraler Sichtbarkeit und einer Negativität des ‚Visuellen' wahrnehmbar macht, welche im schattenhaft dunklen Teufelskörper noch wirksam bleibt.

links davon sogar die Fähigkeit zu ‚panoptischer' Rundumsicht vermuten.⁹ Neben der Gefährdung des Rechtsakts im individuellen moralischen Konflikt sind damit also besonders plakativ die Risiken des Eidschwurs als soziales Ereignis dargestellt: Der vieläugige Teufel als Beobachter sozialer Interaktion signifiziert ein Potenzial intriganter Manipulation, das die institutionelle Kontrolle durch den Richter herausfordert.

Indem Baegert auf diese doppelte Gefahr aufmerksam macht, wird auf beinahe idealtypische Weise augenfällig, was wir unter dem Paradigma der „diabolischen Vigilanz" vor allem an vormodernen Erzählungen vom Teufel zu fassen suchen: Ins Bild gebracht ist hier nämlich eine Tendenz zur Potenzierung des Beobachtens, die in narrativen Imaginationen (aber auch in theoretischen Konstruktionen) des beobachtenden, wachsam lauernden Teufels auffällig häufig auszumachen ist: Der Teufel fungiert dabei als eine Figur, die – vagierend auf der Schwelle zwischen Immanenz und Transzendenz – weder ontologisch noch theologisch auf eine feste und eindeutige Position festzulegen ist; er fungiert auf diese Weise (emphatisch verstanden) als ein ‚Dritter',¹⁰ von dessen Blickpunkt aus Ansichten menschlichen Verhaltens und menschlicher Verhältnisse narrativ entfaltet werden können, die sich weder auf eine begrenzte innerweltliche Perspektivik reduzieren lassen noch auch ohne Weiteres in göttlicher Providenz aufgehoben sind.

Das Phantasma des Beobachter-Teufels ermöglicht solcherart nicht nur einen eigentümlichen Diskurs über soziale Praxis, der nicht in Normvermittlung aufgeht, sondern trägt zugleich selbst zur Ausformung und Stabilisierung sozialer Muster der Vigilanz bei: Wesentlich wirksamer als die Vorstellung von der uneinholbaren und unveränderlichen göttlichen Providenz kann die Vorsicht vor

---

9 Die Wiederholung der Augenpartie oder Vervielfachung der Augen auf anderen Körperteilen teuflischer Figuren ist ikonographisch nicht ungewöhnlich; vgl. etwa die bildliche Darstellung des Teufels im *Hohenfurter Liederbuch*, Bl. 78ʳ). Auch werden Teufel und Antichrist oft (in negativer Analogie zur göttlichen Trinität) mit einem *caput triciput* ausgestattet (vgl. Metternich, *Teufel*, S. 33–42).
10 Als Inkarnation des Bösen ist der Teufel Antagonist des institutionellen Verfahrens zur Durchsetzung von Wahrheit und Gerechtigkeit. Aber zwischen der medial distanzierten göttlichen Providenz und der eingeschränkten Wahrnehmbarkeit sowohl des sozialen Interaktionsfeldes wie des Seeleninnenraums durch den menschlichen Richter wird im potenzierten Blick der sichtbarunsichtbaren Teufelsgestalt eine Beobachtungsfähigkeit präsentiert, die als Risiko und zugleich als notwendige Voraussetzung für das Gelingen des Rechtsakts zu begreifen ist. Man könnte auch sagen: Mit der am Teufel angedeuteten Möglichkeit einer Beobachtung ‚zweiter Ordnung' zeigt sich in der diabolischen Irritation des Rechts zugleich eine Möglichkeitsbedingung seiner nicht mehr selbstverständlich aus der Transzendenz abgeleiteten Institutionalität (vgl. Koschorke, Institutionentheorie).

dem alltäglich möglichen, ‚lateralen' Beobachtetwerden durch einen böswilligen Anderen, dessen gefährliche Interventionen auf einem zwar überlegenen, aber aus immanenten Beobachtungen geschöpften Wissen gründen, in Routinen der wechselseitigen sozialen Beobachtung und Interaktion eingeschleift werden. Die in der Figur des Beobachter-Teufels angelegte Potenzierung des Beobachtens wirkt aber nicht nur in die soziale Praxis hinein, sondern kann auch rekursive Komplexisierungen seelischer Innenräume katalysieren – wenn nämlich das Einkalkulieren einer Beobachtbarkeit durch einen teuflischen ‚Dritten' Einsichten in die eigene Sünd- oder Tugendhaftigkeit reflexiv werden lässt und auf diese Weise tiefgreifend verunsichert: Verführung zur *superbia* ist ja besonders dann gefährlich, wenn dem Demütigen die Beobachtbarkeit seiner Demut denkbar gemacht, Tugend also ihrer selbst bewusst wird.

Bedingt sind diese Vorstellungsmöglichkeiten, die sich in der Figur des Teufels konkretisieren, durch dessen prekäre systematische Position in der christlichen Theologie. Für die möglichst präzise Rekonstruktion ihrer diskursiven Bedeutungen und sozialen Wirkungen kann Niklas Luhmanns systemtheoretische Rekonstruktion der spezifischen Beobachtungskonstellation des Religionssystems als heuristische, jeweils historisch zu spezifizierende und anzupassende Matrix genutzt werden: Luhmann geht ja insofern von einem „Sonderstatus"[11] des christlichen, konsequent transzendent gedachten „Beobachtergottes"[12] aus, als dessen Beobachten keinen ‚blinden Fleck' hat: Gott „kann jedes Unterscheidungsschema als Differenz und als Einheit des Unterschiedenen zugleich realisieren."[13] Wer dieses göttliche Beobachten wiederum beobachten will, muss sich von ihm unterscheiden und führt damit die moralische Differenz ein:[14]

> Sein Problem ist die transzendentale Einheit des Einen, des Wahren und Guten, die, wenn sie vorausgesetzt wird, den Beobachter des Beobachters dazu stimuliert, den, der die Einheit sehen will und sich deshalb gegen sie abgrenzen muß, als den Bösen zu betrachten und sich selbst daher als Sünder.[15]

Als allererster Beobachter Gottes bringt der Teufel nicht nur die Sünde in die Welt,[16] sondern er macht in dieser Funktion auch allererst eine permanente mo-

---

11 Luhmann, *Religion*, S. 158. Zur Leitunterscheidung Transzendenz/Immanenz siehe ebd., S. 77.
12 Ebd., S. 156.
13 Ebd., S. 158.
14 Zur Beobachtung als Unterscheidungsvorgang siehe Luhmann, *Gesellschaft*, S. 882.
15 Luhmann, Sthenographie, S. 66.
16 Die „Beobachtung dieses Beobachters ist also nur im Eingeständnis ihrer Unmöglichkeit, nur als docta ignorantia möglich" (Luhmann, Medium, S. 45). Dieses Paradox löst die Religion laut

ralische Gefährdung der Menschen plausibel: Nicht die zeitlos-totale Beobachtung durch Gott, die – schwer vorstellbar – alle Unterschiedlichkeit erfasst und zugleich aufhebt, sondern erst der immer neu ansetzende „Verführungsaktivismus"[17] des Teufels lässt einen Freiraum menschlichen Denkens und Handelns als Bedingung moralischer Zurechnung Kontur gewinnen und evoziert das zeitliche Drama aus Sünde, Reue und Gnade oder Verdammnis. Der Teufel beobachtet die Menschen nicht vom ganz anderen Ort der Transzendenz aus, sondern innerhalb der zeitlichen und räumlichen Dimensionen der immanenten Welt. Er kennt Gottes Heilsplan, hat aber nicht Teil an der providenziellen Wahrheit; sein Wissen ist dem des Menschen nur graduell, nicht kategorial überlegen: Es bleibt gebunden an materielle Kausalitäten, raumzeitliche Gegebenheiten und körperliche Bedingungen, an die Wahrscheinlichkeiten sozialer Beziehungen und Handlungsmuster. Insofern ist die imaginär konkretisierte Präsenz diabolischer und dämonischer Gestalten von einem ‚lateralen' und potenziell wechselseitigen Beobachtungsverhältnis geprägt – und eben diese Vorstellung kann religiöse, aber auch soziale Aufmerksamkeitspostulate besonders effizient plausibilisieren.

„Diabolische Vigilanz" ist somit konstitutiv bidirektional zu denken: einerseits als aufmerksame Beobachtung der Menschen durch den Teufel, andererseits als deren stete Wachsamkeit ihm gegenüber. Nicht allein und nicht so sehr der plötzliche Schrecken, den der Anblick seiner horriblen Gestalt auslöst, und die Angst vor seiner monströsen Gewalttätigkeit machen die kulturelle Wirksamkeit des diabolischen Imaginären aus, sondern mehr noch sein Lauern in der Latenz – die Vermutung eines im ‚Schatten' sozialer Interaktion oder im eigenen Seeleninneren verborgenen Beobachters also, dessen bösartiger Einfluss virulent wird, sobald man seine Beobachterperspektive einkalkuliert. Unermüdlich lauert er auf einen Moment der Unaufmerksamkeit des Menschen, auf nachlassende *attentio* und *custodia*[18] sich selbst und anderen gegenüber. Diese generalisierte Latenzvermutung wird durch die charakteristische Wandlungsfähigkeit des Teufels gesteigert, der gerne die Gestalt des Mitbruders oder des Nachbarn annimmt,[19] aber etwa auch als Engel des Lichts erscheinen kann.[20] Mit ihr kann sowohl in monastischen und geistlichen wie in weltlichen Gemeinschaften der Appell zu in-

---

Luhmann durch eine limitierte Selbstoffenbarung Gottes, die Distanzierung vom Teufel als erstem (illegitimen) Beobachter Gottes und die Mystik (vgl. Luhmann, *Religion*, S. 159–168).
17 Luhmann, *Religion*, S. 164 und S. 167.
18 Siehe hierzu grundlegend von Moos, Attentio.
19 Vgl. etwa die Darstellung der mannigfaltigen diabolischen Erscheinungsweisen in den Exempeln und Geschichten des Kapitels „De potestate Satanæ" bei Andreas Hondorff, *Promptuarium*, Bl. 73^r–90^v.
20 Vgl. bereits 2 Kor 11,14: „[...] ipse enim Satanas transfigurat se in angelum lucis".

tensiver Fremd- und Selbstbeobachtung unterstrichen und auf moralische wie soziale Abweichung als potenziell teuflische Gefahren aufmerksam gemacht werden.

Solche medial realisierten Vorstellungsmöglichkeiten und ihre Wirkungen stehen im Mittelpunkt des vorliegenden Bandes. Er geht auf eine Online-Tagung im Rahmen des SFB 1369 „Vigilanzkulturen" zurück, die von den Mitgliedern des Teilprojekts „Diabolische Vigilanz" – Alena Martin, Hannah Michel, Carolin Struwe-Rohr und Michael Waltenberger – gemeinsam mit Jörn Bockmann (Flensburg) konzipiert und im November 2020 durchgeführt wurde.[21] Die darin versammelten Beiträge schließen produktiv an zentrale Thesen des Projekts an, unter denen es einschlägige narrative und bildpublizistische Formen der Vormoderne untersucht.

Zwar liegt unser Fokus dabei auf dem Wandel in Spätmittelalter und Früher Neuzeit; ohne einen Blick zurück zu den biblischen Ursprüngen des Teufels wären jedoch seine späteren Transformationen kaum angemessen zu begreifen. Der erste Beitrag von Susanne Rudnig-Zelt unternimmt deshalb eine Spurensuche, die beim Alten Testament beginnt und von dort aus spätere Transformationen rekonstruiert: Sie legt zunächst, ergänzt durch einen Blick auf Etymologie und Semantik der Bezeichnung śāṭān (‚Widersacher'), die unter monotheistisch systematisierenden Lesarten verdeckte Widersprüchlichkeit und Fremdartigkeit dieser Figur frei: Satan ist hier noch nicht auf eine bestimmte funktionale Relation zu Jahwe festgelegt; als Teil der Sozialität eines israelitischen Pantheons agiert er unter niederen Göttern und Geistern in der Rolle eines intriganten Höflings. Bereits hier sind Vigilanz-Aspekte konstitutiv, etwa auch, wenn er sich im Buch Hiob als aufmerksamer Beobachter zwischen Menschen- und Götterwelt bewegt. Erst im Laufe der nachalttestamentlichen Entwicklung wird dann die übernatürliche Position des Teufels und seine antagonistische Beziehung zu Gott klarer bestimmt, sei es als Herr eines Dämonenheers, als Christi Gegenspieler oder als Verführer und Ankläger der Menschen.

An einem legendarischen Beispiel zeigt der folgende Beitrag, dass der Teufel auch in der spätmittelalterlichen Vorstellungswelt nicht einfach als Versucher und Gegenspieler Gottes zu fürchten ist, sondern auch und gerade als Exekutor des göttlichen Willens: Der unbegabte Udo von Magdeburg, dem Maria gnädig Weisheit und Verstand verleiht, wird zum Erzbischof geweiht, vernachlässigt dann aber die Sorge um sein Seelenheil. Er wird von Gott, Maria und den Heiligen dafür zum Tod verurteilt; seine Seele wird den Teufeln übergeben, die ihn quälen, bis er

---

[21] Für ihre organisatorische Hilfe bei der Tagung und für sorgfältige Unterstützung bei den redaktionellen Arbeiten danken wir Rebekka Behrens.

Gott verflucht und deshalb endgültig in die Hölle gestürzt wird. Nina Nowakowski liest diese (Anti-)Legende in der Version des *Magnet unserer lieben Frau* (vom Ende des 15. Jahrhunderts) als Versuch, zwei religiöse Haltungen narrativ miteinander zu verknüpfen: Einerseits wird exemplarisch Marias Barmherzigkeit herausgestellt, die Schutz und Fürsprache vor Gott verspricht; andererseits erscheint sie als Mitglied eines himmlischen Gerichtskollektivs, das nicht erst am Ende der Zeiten über den Sünder urteilt, sondern selbst den Tod und die Verdammung des Sünders bewirkt und dem der Teufel als Vollstrecker funktional zugeordnet ist. Der Text warnt auf diese Weise davor, sich zu sehr auf transzendenten Beistand zu verlassen: Die Hilfe der Gottesmutter entbindet nicht davon, selbst stets wachsam die eigene Heilssorge zu beachten. Der Teufel wird hier in seiner abschreckenden Funktion als Teil eines Vigilanzregimes gezeigt, in dem die eigene Verantwortung des Gläubigen für sein Seelenheil gegenüber dem Vertrauen auf Gnade betont wird.

Ein Scheitern von Vigilanz präsentiert exemplarisch auch der 1488 zuerst gedruckte, breit rezipierte, aber kaum erforschte Schwankroman *Bruder Rausch*, den Natalie Mlynarski-Jung in ihrem Beitrag analysiert: Der Roman erzählt davon, wie der Teufel in Gestalt eines jungen Mannes unerkannt in ein Mönchskloster aufgenommen wird und dort schwankhaft listig und gewalttätig als Kuppler, aber auch als Koch die Aufmerksamkeit der Mönche von geistlichen Gedanken auf fleischliche Genüsse hin ablenkt, ohne dass die Mönche sein wahres Wesen entdecken. Erst eine eigene Unachtsamkeit ermöglicht seine Entlarvung – bezeichnenderweise nicht innerhalb des Klosterkollektivs selbst, sondern durch einen von außen hinzukommenden Dritten, einen Bauern, der ihn zufällig bei einer Teufelsversammlung unter Luzifers Vorsitz belauscht. Pointiert wird auf diese Weise, dass auch die Aufmerksamkeit des Teufels den Bedingungen der Immanenz unterliegt und darin beschränkt ist. Insinuiert wird außerdem, dass eine Entdeckung teuflischer Gefahren für Seelenheil und soziale Gemeinschaft womöglich einem externen Beobachter – oder auch: durch die imaginäre Einnahme einer externen Beobachtungsposition – leichter fallen könnte als aus der internen Perspektive unmittelbarer Beteiligung.

Im Zuge der Reformation nimmt die imaginäre Präsenz des Teufels keineswegs ab, aber seine Funktionen in Szenarien sozialer Interaktion wie auch für die Selbstbeobachtung wandeln sich nachhaltig. Letzteres zeichnet Maximilian Benz nach, indem er zunächst anhand von Luthers Rezeption der *Theologia deutsch* den Anschluss an radikale Denkfiguren der spätmittelalterlichen Mystik beschreibt, in denen Hölle und Fegefeuer immanentisiert, temporalisiert und interiorisiert werden. Auf dieser Folie, so Benz' These, lassen sich entsprechende Veränderungen der Teufelsvorstellung bei und nach Luther vor allem auch als Kompensation seelsorgerischer Kollateralschäden seiner Gnaden- und Rechtfertigungslehre begreifen: Die Möglichkeit diabolischer Beobachtung wird in den Reflexionsraum des Gewissens implementiert und dadurch die einfache Orientierung an moralischen Normen ausgesetzt; nie kann der Gläubige sich deshalb der rechten Balance auf dem Grat zwischen fataler Heilsgewissheit (*praesumptio*) und ebenso fataler Verzweiflung (*desperatio*) sicher sein. Konsequenzen dieser Interiorisierung der teuflischen Anfechtung stellt Benz hauptsächlich am Beispiel von Simon Musäus' *Nützliche[m] Bericht* [...] *wider den Melancholischen Teuffel* (1569) dar: Da gesteigerte Vigilanz die *tristitia* tendenziell weiter vertieft, werden Selbsttechniken empfohlen, die Vigilanz und Resilienz miteinander verbinden. Nicht maximale Wachsamkeit, sondern ‚Gelassenheit' durch die Aufgabe des eigenen Willens führt zu Gott. Was dies für den Einzelnen in einer bestimmten Situation jeweils bedeutet, kann kaum mehr objektiv vorgegeben sein; insofern begünstigt die Interiorisierung des Teufels Prozesse der Herausbildung moralischer Subjektivität.

Der Beitrag von Michael Schwarzbach-Dobson erweitert das Spektrum frühneuzeitlicher Modellierungen diabolischer Vigilanz im Blick auf drei unterschiedliche Konzeptionen von ‚Technologien des Selbst' (Foucault) zur Abwehr der eskalativen, in Melancholie und Verzweiflung führenden Tendenzen einer Reflexion teuflischer Beobachtung. So empfiehlt Ignatius von Loyola in seinen *Ejercicios espirituales* (1520er Jahre) eine methodische, durch die eigene Vorstellungskraft sinnlich möglichst intensiv konkretisierende Revision der eigenen Gedankenverläufe, wodurch auch deren diabolische Manipulation gewissermaßen imaginativ wahrnehmbar werden soll. Johann Weyer hingegen setzt in seinem einflussreichem Kompendium *De praestigiis daemonum* (1560er Jahre) zunächst auf asketische und therapeutische Verfahren, um dem Teufel zu widerstehen, der seine Strategien aufgrund genauer Beobachtung der je individuellen psychophysischen Disposition eines Menschen wählt. Der geistigen Immunisierung dient daneben das gründliche Studium der *historia* als Archiv konkreter Beobachtungsmöglichkeiten des Teufels und von Praktiken des Widerstands gegen ihn. In den wenige Jahre später gedruckten Teufelbüchern des Jodocus Hocker findet sich noch ein anderer, nämlich semiotischer Ansatz: Erfolgreiche Abwehr teuflischer Anfechtungen beruht demnach auf einer intensiven Hermeneutik des Selbst, mittels derer göttliche von teuflischen Zeichen unterschieden werden sollen. Gemeinsam ist allen drei Konzeptionen die Überzeugung, dass es keine allgemeingültigen Regeln und Rituale gibt, um den Teufel abzuwehren, sondern dass den auf individueller Beobachtung beruhenden teuflischen Attacken nur durch gleichfalls individualisierte Abwehrtechniken erfolgreich zu begegnen ist.

Der Beitrag von Jörn Bockmann entwickelt im Anschluss daran mit Blick auf *Faust-* und *Wagnerbuch* (1587 und 1593) ein poetologisches Pendant zur Teufelabwehr durch Zeichendeutung. Er rekonstruiert dafür zunächst die Zeichenlehre des Augustinus und dessen Konzept der *superstitio*, welche grundlegend als (pseudo-)semiotischer Sachverhalt erklärt wird. Auf dieser Basis kann man in beiden Büchern nicht lediglich explizite auktoriale Aufrufe zur Wachsamkeit gegenüber dem Teufel oder szenische Exempel dafür erkennen, sondern auch einen Appell, aufmerksam auf die Zeichenarrangements des Textes zu achten und insbesondere die dargebotenen Wissenselemente auf diabolische Verkehrungen der „Ortho-Semiose" (S. 105) zu prüfen. Ähnliches gilt prinzipiell auch für das *Wagnerbuch* – allerdings wird dort sehr viel stärker noch die Abgrenzung des erlaubten vom unerlaubten magischen Wissen verunklart, so dass die epistemische Ambivalenz des Textes kaum noch auf ein *exemplum ex negativo* zu reduzieren ist.

Im letzten Beitrag des Bandes rückt diabolische Vigilanz noch einmal unter anderen medialen Bedingungen in den Blick, nämlich denjenigen des theatralen Spiels: Julia Gold analysiert das Vigilanzregime des 1576 aufgeführten ‚Einsiedler Meinradspiels' von Felix Büchser. Anders als in Erzähltexten sind die Teufel hier stets leibhaftig sichtbare Akteure; der Hölleneingang ist als ‚Bühnenstand' durchgehend im Blickfeld. So vollzieht sich der Kampf zwischen den Mächten des Guten und des Bösen vor aller Augen: Der Eremitenheilige widersteht allen Versuchungen, während seine Mörder vom Teufel verführt werden und ihre Schwäche zu spät bereuen. Nicht die Bewältigung einer Latenz des Bösen wird hier eingeübt, sondern es vollzieht sich eher eine kollektive moralische Selbstvergewisserung im gemeinsamen Schauen des szenisch evidenten Heiligen und Diabolischen. Der Tradition des geistlichen Spiels entsprechend wird die Teufelsgefahr vor allem durch die affektgetriebene Gewalttätigkeit und Rachelust der höllischen Mächte bühnenwirksam. Die inszenierten Abwehrmöglichkeiten sind allerdings im Kontext der Gegenreformation etwas anders akzentuiert: Den flagrant unvernünftig agierenden Teufeln kann man mit vernunftbegründetem Verhalten begegnen, etwa indem man ihnen mit der Hinwendung zu Gott die Aufmerksamkeit entzieht, aber auch durch soziale Kontrolle und Disziplinierung. Die Grenzen von Erziehung und Belehrung freilich werden deutlich durch die gegenüber dem legendarischen Prätext neu eingeführte Figur des Uli Bösbub profiliert, dessen Lebenslauf dem des heiligen Meinrad kontrastiv gegenübergestellt wird: Uli ist weder ein Teufel, der menschliche Gestalt angenommen hat, noch lediglich ein von Teufeln verführter Sünder; vielmehr wird an ihm vorgeführt, dass nicht nur die Auserwähltheit des Heiligen, sondern auch das teuflisch Böse im Menschen selbst angelegt sein kann.

Die Beiträge des Sammelbandes machen insgesamt deutlich, wie Imaginationen des Teufels nicht nur der Abschreckung, sondern auch der Einübung von Vigilanz dienen. Ausgehend von der paradoxalen Existenz des Teufels – als

Antagonist Gottes und zugleich unfreiwilliger Erfüllungsgehilfe des Heilsplans – können Teufelserzählungen Wechselverhältnisse zwischen äußerlich angeforderter und internalisierter Wachsamkeit sowie zwischen gesellschaftlicher Kontrolle und Selbstbeobachtung narrativ und dramatisch markant modellieren. Dazu trägt besonders auch die narrative Möglichkeit bei, den ontologischen Status des Teufels zwischen dem personalen äußeren Feind und einer Metapher innerer Selbstgefährdung changieren zu lassen; an Baegerts Gerichtsbild lässt sich eine ikonische Analogie dieses charakteristischen Changierens erkennen. Die Verantwortung für das Seelenheil wird – gerade auch im Zuge der Reformation –, dabei immer stärker auf den Einzelnen verlagert, der jeweils situativ mit sensibilisierter Wahrnehmung oder in aufmerksamer Selbstreflexion Entscheidungen für oder gegen das Heil zu treffen hat. Formen und Techniken der Selbstbeobachtung werden dabei im Laufe der Frühen Neuzeit zentral. Die Ausbildung und Einübung von Vigilanz und damit verbundener Techniken wirkt damit nicht zuletzt als entscheidender Faktor für die Entwicklung moderner Formen von Subjektivität.

Literaturverzeichnis

Blümle, Claudia: Wunder oder Wissen. Formen juridischer Zeugenschaft in der ‚Eidesleistung' von Derick Baegert. In: Drews, Wolfram (Hrsg.): *Zeugnis und Zeugenschaft. Perspektiven aus der Vormoderne.* München 2011 (Trajekte), S. 33–52.

Didi-Huberman, George: *Vor einem Bild.* Aus dem Französischen von Reinold Werner. München/Wien 2000.

Hohenfurter Liederbuch (Hs. 8b der Stiftsbibliothek von Hohenfurt/Vyšší Brod). www.manuscriptorium.com/apps/index.php?direct=record&pid=AIPDIG-CKVB__8B_____04FPJL9-cs [Letzter Zugriff: 26.05.2022].

Hondorff, Andreas: *Promptuarium Exemplorum. Historienn vnd Exempel buch: Aus Heiliger Schrifft, und vielen andern bewerten und beglaubten Geistlichen und Weltlichen Büchern und Schrifften gezogen […].* Leipzig 1568.

Koschorke, Albrecht: Institutionentheorie. In: Eßlinger, Eva [u. a.] (Hrsg.): *Die Figur des Dritten. Ein kulturwissenschaftliches Paradigma.* Berlin 2010 (stw 1971), S. 49–64.

Luhmann, Niklas: Sthenographie und Euryalistik. In: Gumbrecht, Hans Ulrich/Pfeiffer, Karl Ludwig (Hrsg.): *Paradoxien, Dissonanzen, Zusammenbrüche. Situationen offener Epistemologie.* Frankfurt am Main 1991, S. 58–82.

Luhmann, Niklas: Das Medium der Religion. Eine soziologische Betrachtung über Gott und die Seelen. In: *Evangelische Theologie* 57 (1997), H. 4, S. 39–53.

Luhmann, Niklas: *Die Gesellschaft der Gesellschaft.* Zweiter Teilbd. Frankfurt am Main 1998 (stw 1360).

Luhmann, Niklas: *Die Religion der Gesellschaft.* Hrsg. von André Kieserling. Frankfurt am Main ^{4}2015 (stw 1581).

Marx, Petra: Derick Baegert. Ein spätmittelalterlicher Maler in Wesel und sein Schaffen zwischen Niederrhein, Niederlande und Westfalen. Forschungsstand und offene Fragen. In: Becks, Jürgen/Roelen, Martin Wilhelm (Hrsg.): *Derick Baegert und sein Werk*. Wesel 2011, S. 47–91.

Metternich, Wolfgang: *Teufel, Geister und Dämonen. Das Unheimliche in der Kunst des Mittelalters*. Darmstadt 2011.

Moos, Peter von: ‚Attentio est quaedam sollicitudo'. Die religiöse, ethische und politische Dimension der Aufmerksamkeit im Mittelalter. In: ders. (Hrsg.): *Rhetorik, Kommunikation und Medialität. Gesammelte Studien zum Mittelalter*. Münster 2006, S. 265–307.

Zumkley, Beate: *Das Weseler Gerichtsbild ‚Die Eidesleistung' von Derick Baegert. Quellengeschichtliche und technologische Studie zu einem Gemälde des 15. Jahrhunderts*. Köln/Bonn 1988 (Weseler Museumsschriften 20).

Susanne Rudnig-Zelt
Der Teufel als Gegenspieler Gottes?
Überlegungen zu seinen Ursprüngen

Die Ursprünge des Teufels liegen im Alten Testament, wie sich schon an der geläufigen deutschen Teufelsbezeichnung „Satan" erkennen lässt. Ihre Grundlage ist die hebräische Bezeichnung des Teufels als *haśśāṭān*. Vorläufer sind das neutestamentliche griechische *ho satanás* und das lateinische *satan*.[1] Da im biblischen Hebräisch *śāṭān* außerdem als Nomen mit der Bedeutung „Widersacher" verwendet wurde,[2] liegt der Verdacht nahe, dass die Teufelsfigur als *haśśāṭān* („der Widersacher / der Satan") im Alten Testament entstand, indem aus dem Nomen die Bezeichnung einer übernatürlichen Gestalt wurde.[3]

Allerdings gilt das Alte Testament für viele westeuropäische Theologen und gebildete Laien als ein Buch, das dezidiert die Anbetung eines Gottes allein fordert. Das Alte Testament wird gerade als ein monotheistisches[4] Buch hoch geschätzt.[5] Diese in der westlichen Welt etablierte Sicht des Alten Testaments als monotheistisch verdankt sich einer ganzen Reihe von Faktoren. Am wichtigsten sind alttestamentliche Aussagen, die wie das erste und das zweite Gebot aus dem Dekalog die ausschließliche Verehrung des eigenen Gottes Jahwe verlangen (Ex 20,35 bzw. Dtn 20,7–9) oder sogar damit zu rechnen scheinen, dass außer Jahwe keine anderen Götter existieren (vor allem Texte aus Deuterojesaja [Jes 40–55]:[6] zum Beispiel Jes 44,6; 45,57)[7].

---

[1] Vgl. Breytenbach/Day, Satan, S. 726. Der hebräische Artikel *ha-*, auf den im Hebräischen eine Verdoppelung des ersten Konsonanten folgt, hat diese Übertragung durch verschiedene Sprachen nicht mitgemacht. Das Umschriftsystem für das Hebräische und Griechische sowie die Abkürzungen für biblische und außerbiblische Schriften entsprechen den Vorgaben des Lexikons *Religion in Geschichte und Gegenwart. Handwörterbuch für Theologie und Religionswissenschaft*. Tübingen ⁴1998 (= RGG⁴).

[2] S.u., S. 19–22.

[3] Anders Breytenbach/Day, Satan, S. 730.

[4] Ob man diesen Begriff aus der europäischen Frühaufklärung sinnvoll auf das Alte Testament anwenden kann, wurde in den letzten Jahren intensiv diskutiert (vgl. Rudnig-Zelt, JHWH, S. 314–316). Es wird sich zeigen, dass dieser schlagwortartige Begriff den alttestamentlichen Befund zu sehr vereinfacht.

[5] Vgl. Sonnabend, *Götterwelten*, S. 45–49; Rudnig-Zelt, Teufel, S. 1–3; Vreugdenhil, *Psalm 91*, S. 77.

[6] Es ist deutlich, dass Jes 40–55 innerhalb des Jesajabuchs ein sehr eigenes Profil haben. Nur hier steht Jahwe als *movens* hinter dem Fall Babylons 539 vor Christus, um sein Volk aus dem Babylonischen Exil zu befreien. Seit Ende des 18. Jahrhunderts wurden diese Kapitel immer

Von einer solchen modernen monotheistischen Deutung des Alten Testaments her ist der Teufel prinzipiell eine problematische Figur, denn hier scheint eine zweite göttliche Größe ins Spiel zu kommen.[8] Daraus lässt sich erklären, dass man in der Forschung die alttestamentliche Teufelsfigur oft als Amtsträger Jahwes sieht. Hier hat Gerhard von Rad mit seiner Bezeichnung des Satans als „der himmlische Staatsanwalt"[9] die weitere Diskussion entscheidend geprägt. Auf diese Weise wäre der Teufel Jahwe nicht nur unter-, sondern auch zugeordnet und würde im Sinne Jahwes agieren.[10] Außerdem betont man, der Teufel sei für Israels Religion und Theologie nicht wichtig und argumentiert mit der geringen Anzahl von Belegen (Num 22,22.32; Sach 3,1; Hi 1,6–12; 2,1–9; I Chr 21,1).[11] Mit Blick auf die stark monotheistische Ausrichtung scheint der Teufel also ein Fremdkörper im alttestamentlichen Glauben zu sein.[12] Trotzdem spricht alles dafür, dass er in der alttestamentlichen Literatur entwickelt wurde. Wie ist das möglich?

Aufschlussreich ist hier ein Blick auf die Forschung im 20. Jahrhundert: In der Bewertung der Teufelsfigur manifestiert sich in der alttestamentlichen Wissenschaft die Tendenz, die Distanz des Alten Testaments zu Mythen sowie mythologischen Stoffen und Gestalten hervorzuheben.[13] Übernatürliche Gestalten außer

---

wieder einem prophetischen Zeitgenossen dieses Ereignisses zugeschrieben, der den Hilfsnamen „Deuterojesaja" (der zweite Jesaja) erhielt. Zur aktuellen Forschungslage vgl. Jüngling, Jesaja S. 539–541, und zum Wachstum dieser Kapitel insbesondere Kratz, *Kyros*.

7 Ein genauerer Blick auf diese Texte zeigt oft, dass zumindest ihr Hintergrund noch polytheistisch geprägt ist (s. u. S. 17 f.).

8 Vgl. Dochhorn, Sturz, S. 3. Die antiken Texte haben anscheinend weniger Probleme mit der Existenz weiterer übernatürlicher Wesen neben Jahwe als die modernen Exegeten (vgl. Stuckenbruck, *Limits*, S. 68–70).

9 Rad, Satansvorstellung, S. 72; Leuenberger, Widersacher-Konstellationen, S. 19. Diese Tendenz zeigt sich auch bei einer Exegetin wie Ellen White, die bereit ist zuzugestehen, dass die Existenz Jahwe untergeordneter göttlicher Wesen im Alten Testament nicht ausgeschlossen ist (vgl. White, Council, S. 41 f. und 112–114).

10 Vgl. z. B. Rollston, Ur-History, S. 16. Für Rollston ist der Satan im Alten Testament sogar eine positive Figur, weil er für Jahwe nützliche Aufgaben übernimmt.

11 Vgl. z. B. Breytenbach/Day, Satan, S. 730.

12 Außerdem folgt aus dieser Sicht, dass es in der Darstellung des Teufels beim Übergang vom Alten Testament zur zwischentestamentlichen Literatur und zum Neuen Testament zu einem erheblichen Bruch kam, da er in dieser Literatur sehr viel häufiger und prominenter vorkommt (vgl. z. B. Rollston, Ur-History, S. 1–6). Zappia stellt aber in Frage, ob die Verfasser dieser jüngeren Literatur das Alte Testament wirklich so grundlegend missverstehen konnten (vgl. Zappia, Demythologizing, S. 117–120).

13 Diese Tendenz zeigt sich besonders bei mythischen Stoffen, die sexuelle Kontakte zwischen Göttern und Menschen beschreiben. Schließke konstatiert bei seiner Untersuchung zum Beispiel zur Ehe zwischen Jahwe und Israel in Hos, die alttestamentlichen Theologen hätten zwar mythische Stoffe aus der Umwelt rezipiert, diese aber zugleich entmythisiert (vgl. Schließke,

Jahwe wurden tendenziell marginalisiert, und den alten Israeliten wurde unterstellt, sie hätten ihre Umwelt ähnlich nüchtern als rein naturhaft wahrgenommen wie Menschen in der ersten Hälfte des 20. Jahrhunderts.[14]

Diese Tendenz in der Forschung widerspricht den Ergebnissen der Archäologie. Seit etwa 1900 ist man auf zahlreiche Spuren der israelitischen Religion gestoßen, die nahelegen, dass ihr monotheistisches Profil höchstens ein theologisches Programm war, aber nicht die gelebte Praxis. Man fand insbesondere Inschriften, die Jahwe im Zusammenhang mit weiteren Göttern erwähnen, und Statuetten, die Darstellungen von Göttinnen und Göttern sein können.[15] Bei genauer Lektüre des Alten Testaments stellt man sogar fest, dass dort nicht ausschließlich ein Monotheismus vertreten wird. Es gibt biblische Aussagen, die auf den ersten Blick Jahwe als einzigen Gott präsentieren wie etwa Jes 44,6 aus Deuterojesaja: „So spricht Jahwe, der König Israels, und sein Erlöser, Jahwe der Heerscharen (Jahwe Zebaoth): ‚Ich bin der Erste, und ich bin der Letzte. Außer mir gibt es keinen Gott!'"

Gottessöhne, S. 128–131). Eine besondere Rolle für die Debatte spielt die Episode in Gen 6,1–4, wo die Göttersöhne (s.u. S. 20f.) Menschenfrauen heiraten. Loretz macht hier die entmythisierende Tendenz an einem Zusatz im Text fest, der dieses Verhalten nachträglich als schuldhaft deklariere (Gen 6,3; vgl. Loretz, *Schöpfung*, S. 31–37). In jüngerer Zeit wird klarer gesehen, dass sich die alttestamentlichen Theologen nicht von den mythischen Denkmustern ihrer Umwelt distanzieren, sondern sie sich kreativ zunutze machen. Rudnig-Zelt hat erkannt, dass in Gen 6,1–4 sogar ein neuer, biblischer Mythos geschaffen wurde (vgl. Rudnig-Zelt, Göttersöhne, S. 22–24.).

14 Diese Tendenz wirkt sich beispielsweise in der Diskussion aus, ob der Beter in den Psalmen nicht nur mit menschlichen Feinden, sondern auch mit Dämonen zu kämpfen hat. Obwohl Duhm in seiner kleinen Monographie von 1904 noch vergleichsweise viele Dämonen im Alten Testament findet, kommt er zu dem Ergebnis, dass es im Alten Israel weniger Dämonen als in der Umwelt gegeben habe. Eine Ursache findet er in der Volkspsychologie: „Die alten Israeliten waren ein Volk mit einer gesunden, realistischen, sogar nüchternen Natur" (Duhm, *Geister*, S. 30f.). Knapp hundert Jahre später folgt Riede Duhms Spuren, wenn er sich bei der Erklärung von Tiervergleichen in den Klagepsalmen auf Naturkunde beschränkt, was aus Riedes Sicht die Erfahrungswelt der antiken Israeliten widerspiegelt (vgl. Riede, *Netz*, S. 150–162, 195–199, 215–220, 231–236). Man wird hier aber mindestens dämonische Assoziationen zugestehen müssen, da die Feinde des Beters immer wieder mit Tieren wie dem Löwen oder dem Hund verglichen werden, die im Alten Orient in enger Verbindung zu Dämonen stehen können (vgl. Keel, *Welt*, S. 75–78). In seiner Dissertation kommt Othmar Keel deshalb zu dem Ergebnis: „Diese [sc. die Feinde] sind keine Dämonen, aber als Einfallstor alles Bösen tragen sie doch stark dämonische Züge" (Keel, *Feinde*, S. 205f.).

15 Vgl. Stern, *Archeology*, S. 203–212, 347, 488–505. Vgl. ferner Berlejung, Geschichte, S. 132.

Doch der Titel „Jahwe Zebaoth"[16] führt auf die Spur alttestamentlicher Aussagen, nach denen Jahwe nicht allein im Himmel ist, und zwar, wenn man den Titel wörtlich übersetzt: Jahwe oder (bei Vermeidung des Gottesnamens) der Herr der Heerscharen. Aber welche Wesen können zu dem Heer gehören, das Jahwe anführt? Am plausibelsten sind göttliche Wesen, eben das Himmelsheer, das zum Beispiel in 1 Kön 22 den Hofstaat Jahwes bildet.[17]

Damit stößt man unerwartet auf eine andere Sicht der himmlischen Verhältnisse, als man sie aus herkömmlicher Sicht für das Alte Testament erwarten würde: Jahwe ist der mächtigste Gott und herrscht über zahlreiche niedrige Götter, Geister usw. Auch wenn man den Dekalog genau liest, sieht man Spuren dieser Sichtweise. Erstens wird in Ex 20,3–5 bzw. Dtn 5,7–9 die Existenz anderer Götter nicht bestritten, und zweitens ist das Verbot, sie zu verehren, im Grunde nur sinnvoll, wenn es sie gibt. Daraus ergibt sich die Möglichkeit, dass der Teufel ursprünglich seinen Platz eben unter diesen niedrigeren Göttern oder Geistern hatte. Dann wäre diese Figur kein Fremdkörper in der alttestamentlichen Religion und Theologie.[18]

Noch deutlicher als diese Spuren in den alttestamentlichen Texten werden manche Inschriften, die man in Israel in den letzten Jahrzehnten ausgegraben hat. Sie stellen unmissverständlich in Frage, ob biblische Aussagen wie Jes 44,6 wirklich der Überzeugung der meisten antiken Israeliten entsprachen. Ein Beispiel ist das Ende einer Inschrift, die in Kuntillet ʿAǧrud gefunden wurde: „[…] Ich segne euch gegenüber[19] Jahwe von Samaria und seiner Aschera."[20]

Jahwe steht hier in enger Verbindung mit der Göttin Aschera. Wie die Hauptgötter der benachbarten Kanaanäer und Phönizier war also auch Jahwe Teil eines Pantheons. Was die Mitglieder dieses Pantheons und ihre Rollen betrifft, war

---

16 In vielen deutschen Bibelübersetzungen und im gottesdienstlichen Sprachgebrauch wird der Gottesnamen Jahwe durch „der HERR" ersetzt. Deshalb ist dieser Titel als „der HERR Zebaoth" geläufig.
17 Vgl. Mettinger, Yahweh, Sp. 1737 f.
18 Vgl. ähnlich Leuenberger, Widersacher-Konstellationen, S. 1 f.; Köhlmoos, Rivale, S. 396.
19 So mit Renz, *Handbuch*, Teil 2, S. 30 f.
20 Bei der Inschrift handelt es sich wohl um eine Schreibübung, die auf einem großen Vorratskrug angebracht wurde. Sie wird auf die Zeit um 800 vor Christus datiert (vgl. Renz/Röllig, *Handbuch*, Bd. 1, S. 47–52, 59–61). Problematisch ist vor allem die Verbindung des Eigennamens für eine Göttin mit einem Possessivpronomen, weil das im Hebräischen für Eigennamen prinzipiell nicht zulässig ist (vgl. Hos 13,14 für mögliche Dämonennamen mit Possessivpronomen). Man kann deshalb erwägen, ob die Göttin schon ein Stück weit ihre Selbständigkeit verloren hat und zu einem Werkzeug Jahwes geworden ist (vgl. Dtn 32,24 zu potentiellen Dämonen als Strafwerkzeuge Jahwes) oder zu seiner weiblichen Erscheinungsform (vgl. Renz, *Handbuch*, Teil 2, S. 91–93).

man sich unter Israeliten, Kanaanäern und Phöniziern teilweise einig. Aschera erscheint in den Texten aus der im weitesten Sinne kanaanäischen Stadt Ugarit als Ehefrau des obersten Gottes El.[21] Da Jahwe in Israel der oberste Gott ist, ist Aschera wohl als seine Frau zu denken, d. h. sie hat im ugaritischen und im israelitischen Pantheon die gleiche Rolle als Götterkönigin inne.

Der Teufel agierte ursprünglich in diesem israelitischen Pantheon. Man kann das dem ausführlichsten alttestamentlichen Text entnehmen, in dem er auftritt, den Himmelsszenen im Hiobrahmen (Hi 1–2).[22] Bereits der ersten dieser Szenen lässt sich das charakteristische Agieren des Teufels entnehmen:

> Eines Tages kamen die Göttersöhne, um sich vor Jahwe aufzustellen, und auch der Satan kam in ihrer Mitte. Da sagte Jahwe zum Satan: „Woher kommst du?" Und der Satan antwortete Jahwe und sprach: „Vom Umherstreifen auf der Erde und vom Herumlaufen auf ihr." Und Jahwe sprach zum Satan: „Hast du auf meinen Knecht Hiob geachtet? Denn auf Erden ist keiner ihm gleich, ein frommer und rechtschaffener Mann, der Gott fürchtet und das Böse meidet." Da antwortete der Satan Jahwe und sprach: „Fürchtet denn Hiob umsonst Gott? Hast du ihn nicht selbst von allen Seiten umhegt und sein Haus und alles, was ihm gehört? Das Werk seiner Hände hast du gesegnet, und sein Besitz hat sich im Lande ausgebreitet. Aber strecke nur deine Hand aus und taste irgendetwas an, das ihm gehört. Gewiss wird er dich ins Angesicht segnen!"[23] Jahwe antwortete dem Satan: „Siehe, alles, was ihm gehört, ist in deiner Hand. Nur gegen ihn darfst du deine Hand nicht ausstrecken." Darauf ging der Satan hinaus, weg vom Angesicht Jahwes.
>
> (Hi 1,6–12)[24]

Der Teufel erscheint hier unter seiner ältesten Bezeichnung, dem hebräischen Nomen śāṭān und vor dem Nomen steht der Artikel. Das hebräische Nomen hat

---

21 Vgl. Berlejung, Geschichte, S. 92, 123.
22 Vgl. White, *Council*, S. 24.
23 In der Forschung wird dieses Segnen herkömmlich als Euphemismus erklärt (vgl. z. B. den Apparat der *Biblia Hebraica Stuttgartensia* und Hölscher, *Buch* S. 17, 12), so dass sich in den meisten deutschen Bibelübersetzungen ähnliche Übersetzungen wie in der revidierten Lutherbibel von 2017 finden: „Was gilt's, er wird dir ins Angesicht fluchen!" Gegen diese Lösung spricht jedoch, dass die antike Übersetzung ins Griechische, die Septuaginta, an dieser Stelle den hebräischen Text bestätigt. Wenn hier ein Euphemismus intendiert wäre, hätten ihn die Septuaginta-Übersetzer nicht erkannt. Dies ist umso auffälliger, als sie ansonsten den Text der ersten Himmelsszenen an einigen Stellen präzisieren und entschärfen. Zum Beispiel stellen sie am Ende von V. 10 klar, dass sich Hiobs Besitz nicht von alleine im Land ausbreitet, sondern dass Gott dies tut. Es ist deshalb plausibler, dass die Formulierung im hebräischen Text ironisch gemeint ist. Außerdem wird der Satan so zum Propheten wider Willen, denn nach seiner ersten Attacke segnet Hiob tatsächlich Jahwe (Hi 1,21). Vgl. außerdem Spieckermann, Satanisierung, S. 434 f., der annimmt, dass das an sich rein positive Wort „segnen" in Hi 1 f. zweideutig erscheinen soll.
24 Eigene Übersetzung der Autorin.

die Grundbedeutung „Feind, Widersacher", und wie das dargestellte Tun des Satan zeigt, beschreibt diese Grundbedeutung seine Rolle treffend. Der Satan ist der Widersacher des frommen Menschen Hiob (Hi 1,8: „ein tadelloser und redlicher und gottesfürchtiger Mann, der das Böse meidet"), indem er Hiobs Frömmigkeit, mit der Jahwe geprahlt hat, als oberflächlich oder eigennützig erscheinen lässt: „Fürchtet Hiob denn umsonst Gott? Hast du ihn nicht selbst von allen Seiten umhegt und sein Haus und alles, was ihm gehört? Das Werk seiner Hände hast du gesegnet, und sein Besitz hat sich im Lande ausgebreitet" (Hi 1,9 f.). Wenn nun Jahwe Hiob nicht mehr schütze, sondern seiner Familie und seinem Besitz schade, werde Hiob Jahwe segnen, wie der Satan ironisch ankündigt. Gemeint ist mit dieser ironischen Formulierung das Gegenteil: Hiob wird über Jahwe schimpfen, ja ihn vielleicht sogar verfluchen (vgl. Hi 1,4). Psychologisch äußerst raffiniert versucht der Satan also, Jahwe von seiner eigentlichen Pflicht abzubringen, den gerechten Hiob vor Unheil zu schützen, was schließlich auch gelingt.[25] Er bekommt freie Hand, Hiobs Familie und seinen Besitz anzugreifen. Seine Erwartung, Hiob würde in der Not Jahwe lästern oder verfluchen, erfüllt sich allerdings nicht. Hiob reagiert auf den Tod seiner Kinder und den Verlust seiner Habe mit dem Lob Jahwes und segnet ihn tatsächlich: „Nackt bin ich aus dem Leib meiner Mutter gekommen, und nackt werde ich dorthin zurückkehren. Jahwe hat es gegeben, und Jahwe hat es genommen. Der Name Jahwes sei gesegnet!" (Hi 1,21).[26]

Der Satan erscheint zudem nicht alleine, sondern er befindet sich unter weiteren himmlischen Wesen, im Alten Testament den $b^e n\hat{e}\ h\bar{a}^{\ae}l\hat{o}h\hat{i}m$. Man kann die Formulierung als Gottes-[27] bzw. Göttersöhne übersetzen oder als Götter

---

[25] Anders z.B. White, Council, S. 112–114. White nimmt an, dass der Satan in Hi 1,6–12 seine legitime Aufgabe wahrnimmt. Wie der Spion eines altpersischen Königs überprüfe er die Zuverlässigkeit der Menschen. White blendet jedoch aus, dass diese Überprüfung dem gerechten Hiob schweres Leiden zumutet – wovor er als Gerechter eigentlich geschützt werden müsste. Gegen Spieckermann, Satanisierung, S. 435 f. sind Jahwe und Satan in den Himmelsszenen des Hiobbuches nicht letztlich identisch. Vielmehr wird in den Himmelsszenen das Leiden des Gerechten theologisch äußerst provokant mit der Schwäche Jahwes erklärt – dem es an Wachsamkeit gegenüber dem schlauen Satan mangelt (vgl. Hi 2,3). Im Hintergrund steht, dass Jahwe zur Entstehungszeit dieser Texte genauso wie die altorientalischen Götter sehr viel menschlicher gedacht wurde als in der späteren christlichen Dogmatik. Gottesprädikate wie Allmacht oder Allwissenheit hatten sich noch nicht entwickelt. Dass Gott im Hiobrahmen nicht als allmächtiger Herr der Welt erscheint, erkennt auch Spieckermann, wenn er annimmt, Hiob bewege Gott durch sein stures Festhalten an dessen Güte dazu, ihn wieder zu segnen (vgl. Spieckermann, Satanisierung, S. 436).
[26] Zu der Frage, wie die Rahmenerzählung des Hiobbuches gewachsen ist, vgl. Rudnig-Zelt, Teufel, S. 11–15; Leuenberger, Widersacher-Konstellationen, S. 13–18.
[27] So zum Beispiel Hölscher, Buch, S. 12.

(wörtlich: „Mitglieder der Gruppe Götter").[28] Diese Gruppe ist auch in Inschriften belegt, und steht dort als Sammelbegriff für alle Götter, die nicht namentlich genannt werden. Hier ein Beispiel aus der phönizischen Inschrift von Karatepe (ca. 720 vor Christus): „[...] so mögen der Ba'al des Himmels und El, der die Erde geschaffen hat, und der Sonnengott der Ewigkeit und der ganze Kreis der Göttersöhne dieses Königtum auslöschen [...]" (Nr. 26, Text A, Z. 18 f.).[29]

Diese Götter sind Jahwe als Hofstaat zugeordnet, sozusagen als sein persönliches Umfeld. In diesem Umfeld bewegt sich auch der Satan. Anders als die Göttersöhne und die Götterkönigin Aschera ist der Satan aber kein Teil des religiösen Erbes, das Israel mit seinen kanaanäischen und phönizischen Nachbarn teilt. Denn im Unterschied zu den Göttersöhnen fehlt ein vorexilischer Beleg des Satans außerhalb des Alten Testaments, etwa in einer Inschrift. Folglich zeigt sich an der Figur „Satan", dass die Vorstellung von Jahwe in seinem göttlichen Hofstaat für die alttestamentlichen Theologen nicht nur ein fremder Einfluss oder ein archaisches Relikt war, sondern dass sie diese Konzeption aktiv bearbeiteten und veränderten. Denn mit dem Satan wurde im Grunde ein neues Mitglied in den Hofstaat eingeführt oder vielmehr entsprechend dem damaligen Selbstverständnis: Es wurde ein bisher unbekanntes Mitglied entdeckt.[30]

Warum es zu dieser Innovation kam, geht aus Hi 1,6–12 hervor. Eine theologische Frage musste geklärt werden, deren Brisanz in nachexilischer Zeit zugenommen hatte: Wie kann es geschehen, dass ein frommer und unschuldiger Mensch wie Hiob großes Unglück erleiden muss? Die Antwort, die unsere Geschichte vorschlägt, sieht so aus: Fromme Menschen haben einen Feind im Himmel, der Jahwe gegen sie aufhetzt, den Satan.[31]

Aber wie konnte man hinter einem Schicksal wie dem Hiobs das Wirken eines himmlischen Widersachers erkennen? Hier ist zu beachten, dass das Nomen śāṭān auch für Menschen verwendet werden kann, z.B. für einen außenpolitischen Gegner Salomos in 1 Kön 11,24. Außerdem kann die Wurzel śṭn oder ihre Nebenform śṭm als Verb gebraucht werden. Entsprechend dem Nomen bedeutet das Verb „anfeinden", und die Subjekte, auf die sich das Verb bezieht, sind meistens Menschen, zum Beispiel im Fall von Gen 27,41 Esau. Die Belege des Verbs häufen sich in Psalmen, in denen ein Beter vor Jahwe über seine Not klagt, sogenannten Klageliedern des Einzelnen (zum Beispiel Ps 22). Denn diese Not ist in vielen dieser Psalmen durch Feinde verursacht, die dem Beter rücksichtslos

---

28 Die Septuaginta gibt die Formulierung als „die Engel Gottes" wieder und hat damit die weitere Wirkungsgeschichte des Textes geprägt (vgl. Cimosa/Bonney, Angels, S. 554).
29 Vgl. Donner/Röllig, *Inschriften* (2002), S. 6 f; dies., *Inschriften* (1962), S. 43.
30 Vgl. Widersacher-Konstellationen, S. 8–10.
31 Vgl. Ebd., S. 18–23.

nachstellen. Für das Agieren dieser Feinde kann das Verb śṭn oder śṭm stehen (Ps 38,21; 55,4; 71,13). In einem dieser Psalmen, Ps 109, kommt diese Wurzel viermal vor, so häufig wie sonst nirgends im Alten Testament (Ps 109,4.6.20.29).[32]

Wo das Anfeinden hier im Psalm näher spezifiziert wird (V. 20), wird deutlich, dass es sich um üble Nachrede handelt. Und auch sonst scheinen die Gegner des Beters in diesem Psalm vor allem auf böse Worte zu setzen (vgl. V. 28). Bevor der Beter in V. 4 klagt, er werde für seine Liebe angefeindet, beschreibt er in V. 2f. das bösartige und verlogene Gerede, dem er ausgesetzt ist. Wenn der Satan in Hi 1 Jahwe durch Unterstellungen gegen Hiob aufbringt, geht er genauso vor wie die menschlichen Feinde in Ps 109. Weiter hebt V. 4 hervor, dass die Gegner den Beter für seine Liebe anfeinden (vgl. Ps 38,21). Der Beter hat ihre Attacken genauso wenig verdient wie Hiob die Anfeindungen des Satan. Es zeichnet sich ab, dass hier ein Nomen und ein Verb, die für Menschen und ihre Aktivitäten gebräuchlich sind, auf eine himmlische Gestalt übertragen wurden, so dass diese himmlische Gestalt neu entwickelt wurde.

Man kann sogar zeigen, wie genau sich diese Übertragung vollzogen hat. Der Ausgangspunkt liegt in Ps 109,6, wo der Beter – nicht mehr ganz so liebevoll wie in V. 4 – sich vorstellt, was einem seiner Gegner alles Schlimmes passieren soll.[33] Dieser Gegner soll es mit einem Satan, einem Widersacher, zu tun bekommen und mit einem Frevler. Die zweite Hälfte von Ps 109,6 findet sich ganz ähnlich in Sach 3,1b.

> Ps 109,6: Bestelle gegen ihn einen Frevler, und *ein Satan soll zu seiner Rechten stehen*.[34]
>
> Sach 3,1b: Und *der Satan stand zu seiner Rechten*, um ihn anzufeinden („zu satanen").[35]

Die Übereinstimmungen in den Formulierungen zeigen, dass Ps 109,6 in Sach 3,1b zitiert wird. Aber verglichen mit Ps 109 hat sich die Szenerie grundlegend verändert. Ps 109 spielt auf der Erde. Mit Sach 3,1 beginnt eine Szene im himmlischen Hofstaat (vgl. Hi 1,6; 2,1). Das lässt sich an der Verseinleitung erkennen, mit der eine Vision eröffnet wird. Durch diese Vision hat der Prophet Sacharja, der hier in der ersten Person Singular spricht, Zugang zum himmlischen Hofstaat. Und mit dem Engel/Boten Jahwes ist Jahwes wichtigster Diener anwesend. Weitere

---

32 Vgl. Rudnig-Zelt, *Teufel*, S. 6; dies., *Kraft*, S. 411 f.; Köhlmoos, *Rivale*, S. 391 f.
33 Vgl. Rudnig-Zelt, *Kraft*, S. 409 f.
34 Angesprochen ist Gott. Vgl. ebd. S. 409 f.
35 Das Opfer des Satan, zu dessen Rechter er steht, ist der Hohepriester Josua. Die Tätigkeit des Satan wird mit dem Verb śṭn beschrieben, so dass ein Wortspiel entsteht. Das kann man ins Deutsche übertragen, wenn man das Verb als „satanen" wiedergibt – auch wenn so unklar bleibt, was gemeint ist.

himmlische Diener erscheinen in V. 4 als „die, die vor ihm (sc. Jahwe oder dem Engel) standen" (vgl. z. B. Ri 3,19).

> Und er [sc. Jahwe s. Sach 2,3] ließ mich sehen, wie der Hohepriester Josua vor dem Engel Jahwes stand, der Satan aber stand zu seiner Rechten, um ihn anzufeinden („zu satanen"). Da sprach Jahwe zu dem Satan: „Jahwe schilt dich, Satan, Jahwe schilt dich, der Jerusalem erwählt hat. Ist dies nicht ein Holzscheit, das aus dem Feuer gerettet wurde?" Josua aber war bekleidet mit kotbeschmierten Kleidern, und er stand vor dem Engel. Er aber antwortete und sprach zu denen, die vor ihm standen: „Entfernt die kotbeschmierten Kleider von ihm!" Und er sagte zu ihm: Schau, hiermit entferne ich von dir deine Schuld. Bekleide dich mit Festgewändern!" Und ich sagte: „Sie mögen einen reinen Turban auf seinen Kopf setzen!" Da setzten sie einen reinen Turban auf seinen Kopf, und sie bekleideten ihn mit Kleidern, der Engel Jahwes aber stand da.[36]

Indem Ps 109,6 in Sach 3,1 zitiert wird, wird gezeigt, dass der schon aus Ps 109 und weiteren Texten wie 1 Kön 11 bekannte Widersacher auch im Himmel aktiv ist, dass die Gegner des Beters aus den Psalmen sozusagen ein himmlisches Gegenstück haben, *haśśāṭān*, den Satan.

Die Frage ist, ob ein Mensch wie der Satan aus Ps 109,6 durch ein bloßes Zitat gleichsam vergöttlicht werden kann. Hier ist zu beachten, dass der Satan im Alten Testament nie ausdrücklich als Gottheit bezeichnet wird. Weiter schließt sein menschlicher Ursprung seinen Auftritt im himmlischen Hofstaat nicht aus.[37] Denn aus alttestamentlicher Sicht haben Menschen, insbesondere Propheten, Zugang zu dieser Versammlung und können ins Geschehen eingreifen. In Sach 3 beginnt zum Beispiel in V. 4 der Prophet zu sprechen, und er kann anordnen, dass Josua einen reinen Turban bekommt (vgl. ferner Jes 6,5.8). Nicht zuletzt erklärt der menschliche Ursprung des alttestamentlichen Satans, warum er keine übernatürlichen Kräfte hat. Er verhält sich wie ein intriganter Höfling, wie man besonders in Hi 1 (und der parallelen Szene Hi 2) sehen kann. Sein einziges Mittel sind klug eingesetzte, böse Worte. Dem trägt die griechische Übersetzung des Alten Testaments, die Septuaginta, Rechnung, indem sie den himmlischen Satan fast immer als (*ho*) *diábolos* wiedergibt, den Verleumderischen. Diese Übersetzung ist die Wurzel des deutschen Wortes Teufel.

Im Lauf der nachalttestamentlichen Entwicklungsgeschichte wird die übernatürliche Seite der Teufelsfigur immer stärker akzentuiert, auch wenn sie nicht mehr in Jahwes Hofstaat auftritt. Das Jubiläenbuch aus dem 2. Jh. v. Chr. ist eine wichtige Etappe auf diesem Weg: Es zeigt den Teufel unter dem Namen Mastema

---

36 Zur Übersetzung des Textes und zu seiner Wachstumsgeschichte vgl. Rudnig-Zelt, Kraft, S. 403–409.
37 Vgl. White, Council, S. 173f.

erstmals als Anführer des Dämonenheeres, einer Rolle, die er beibehalten wird. Außerdem werden dem Teufel immer mehr Aufgaben zugeschrieben. Aus dem Intriganten des Alten Testaments wird im Jubiläenbuch ein Ankläger und ein Verführer zur Sünde und zum Götzendienst. Im Neuen Testament versucht der Teufel, Jesu Erlösungswerk mit allen Mitteln zu verhindern und attackiert deshalb die Christen.[38]

Aber was auch immer dem Teufel zugeschrieben wird und was er unternimmt, in einem bleibt er seinen alttestamentlichen Wurzeln treu: Er ist auf die Beobachtung seiner Opfer angewiesen, in deren Befindlichkeiten er sich einfühlt, um sie vom rechten Weg abzubringen oder ihnen zu schaden. Umgekehrt kann sogar Gott selbst in den Himmelsszenen des Hiobrahmens vom Teufel verleitet werden (vgl. Hi 2,3), wenn es ihm an Aufmerksamkeit mangelt. So fordert er den Teufel durch sein Prahlen mit Hiob heraus, statt wachsam auf dessen Schliche gefasst zu sein. Der Teufel ist also schon von seinen Ursprüngen her mit dem Problem von Vigilanz verbunden: Ohne eigene Wachsamkeit gewinnt er keine Macht über seine Opfer, und diese wiederum können durch Aufmerksamkeit dem Teufel entkommen.

Literaturverzeichnis

Berlejung, Angelika: Geschichte und Religionsgeschichte des antiken Israels. In: Gertz, Jan Christian (Hrsg.): *Grundinformation Altes Testament. Eine Einführung in Literatur, Religion und Geschichte des Alten Testaments*. Göttingen [4]2010, S. 21–192.
Breytenbach, Cilliers/Day, Peggy L.: Art. ‚Satan שטן Σατάν Σατανᾶς'. In: *Dictionary of Deities and Demons in the Bible*. Leiden [u. a.] [2]1999, S. 726–732.
Cimosa, Mario/Bonney, Gillian: Angels, Demons and the Devil in the Book of Job (LXX). In: Karrer, Martin/Kraus, Wolfgang (Hrsg.): *Die Septuaginta – Texte, Theologien, Einflüsse*. 2. Internationale Fachtagung veranstaltet von Septuaginta Deutsch (LXX.D), Wuppertal 23.–27.7.2008. Tübingen 2010, S. 543–561.
Dochhorn, Jan: Der Sturz des Teufels in der Urzeit. Eine traditionsgeschichtliche Skizze zu einem Motiv frühjüdischer und frühchristlicher Theologie mit besonderer Berücksichtigung des Luzifermythos. In: *Zeitschrift für Theologie und Kirche* 109 (2012), S. 3–47.
Donner, Herbert/Röllig, Wolfgang: *Kanaanäische und aramäische Inschriften*. Bd. 1: Texte. Wiesbaden 1962.
Donner, Herbert/Röllig, Wolfgang: *Kanaanäische und aramäische Inschriften*. Bd. 1. Wiesbaden [5]2002.
Duhm, Hans: *Die bösen Geister im Alten Testament*. Tübingen/Leipzig 1904.
Hölscher, Gustav: *Das Buch Hiob*. Tübingen 1952.

---

38 Vgl. Stokes, *Satan*, S. 75–119, 195–220.

Jüngling, Hans-Winfried: Das Buch Jesaja. In: Zenger, Erich/Frevel, Christian [u. a.] (Hrsg.): *Einleitung in das Alte Testament*. Stuttgart ⁸2012, S. 521–547.

Keel, Othmar: *Feinde und Gottesleugner. Studien zum Image der Widersacher in den Individualpsalmen*. Stuttgart 1969.

Keel, Othmar: *Die Welt der altorientalischen Bildsymbolik und das Alte Testament. Am Beispiel der Psalmen*. Göttingen ⁵1996.

Köhlmoos, Melanie: Der Rivale JHWHs. Gestalt und Funktion der Himmelsszenen im Hiobbuch. In: Körting, Corinna/Kratz, Reinhard Gregor (Hrsg.): *Fromme und Frevler. Studien zu Psalmen und Weisheit*. Festschrift für Hermann Spieckermann zum 70. Geburtstag. Tübingen 2020, S. 389–398.

Kratz, Reinhard Gregor: *Kyros im Deuterojesaja-Buch. Redaktionsgeschichtliche Untersuchungen zu Entstehung und Theologie von Jes 40–55*. Tübingen 1991.

Leuenberger, Martin: Widersacher-Konstellationen in der Levante und im Alten Testament. Der Kampf des Wettergottes gegen die See(gottheit) und die Satansfigur in der perserzeitlichen Literatur. In: Tilly, Michael/Morgenstern, Matthias/Drecoll, Volker Henning (Hrsg.): *L'adversaire de Dieu. Der Widersacher Gottes*. 6. Symposion Strasbourg, Tübingen, Uppsala 27.–29. Juni 2013 in Tübingen. Tübingen 2016, S. 1–26.

Loretz, Oswald: *Schöpfung und Mythos. Mensch und Welt nach den Anfangskapiteln der Genesis*. Stuttgart 1968.

Mettinger, Tryggve N.D.: Art. ‚Yahweh Zebaoth צבאות יהוה'. In: *Dictionary of Deities and Demons in the Bible*. Leiden [u. a.] ²1999, Sp. 920–924.

Rad, Gerhard von: Art. ‚Die at.liche Satansvorstellung'. In: *Theologisches Wörterbuch zum Neuen Testament*. Bd. 2. (1935), S. 71–74.

Renz, Johannes: *Die althebräischen Inschriften. Teil 2: Zusammenfassende Erörterungen, Paläographie und Glossar*. Darmstadt 1995.

Renz, Johannes/Röllig, Wolfgang: *Handbuch der althebräischen Epigraphik. Bd. 1: Text und Kommentar*. Darmstadt 1995.

Riede, Peter: *Im Netz des Jägers. Studien zur Feindmetaphorik in den Individualpsalmen*. Neukirchen-Vluyn 2000.

Rollston, Christopher A.: An Ur-History of the New Testament Devil. The Celestial שטן (śāṭān) in Zechariah and Job. In: Keith, Chris/Stuckenbruck, Loren (Hrsg.): *Evil in Second Temple Judaism and Early Christianity*. Tübingen 2016, S. 1–16.

Rudnig-Zelt, Susanne: Der Teufel und der alttestamentliche Monotheimus. In: dies./Dochhorn, Jan/Wold, Ben (Hrsg.): *Das Böse, der Teufel und Dämonen – Evil, the Devil, and Demons*. Tübingen 2016, S. 1–20.

Rudnig-Zelt, Susanne: Über die mythenbildende Kraft von Zitaten. Überlegungen zum Ursprung des Satans. In: Körting, Corinna/Kratz, Reinhard Gregor (Hrsg.): *Fromme und Frevler. Studien zu Psalmen und Weisheit*. Festschrift für Hermann Spieckermann zum 70. Geburtstag. Tübingen 2020, S. 399–412.

Rudnig-Zelt, Susanne: Warum heiraten Göttersöhne Menschentöchter? Zur Interpretation von Gen 6,1–4. In: Müller, Reinhard/Nõmmik, Urmas/Pakkala, Juha (Hrsg.): *Fortgeschriebenes Gotteswort. Studien zu Geschichte, Theologie und Auslegung des Alten Testaments*. Festschrift für Christoph Levin zum 70. Geburtstag. Tübingen 2020, S. 15–27.

Schließke, Werner: *Gottessöhne und Gottessohn im Alten Testament. Phasen der Entmythisierung im Alten Testament*. Stuttgart [u. a.] 1973.

Sonnabend, Holger: *Götterwelten. Die Religionen der Antike*. Lizenzausgabe für die Wissenschaftliche Buchgesellschaft. Darmstadt 2014.

Spieckermann, Hermann: Die Satanisierung Gottes. Zur inneren Konkordanz von Novelle, Dialog und Gottesreden im Hiobbuch. In: Kottsieper, Ingo [u. a.] (Hrsg.): *„Wer ist wie du, HERR, unter den Göttern?"* Studien zur Theologie und Religionsgeschichte Israels für Otto Kaiser zum 70. Geburtstag. Göttingen 1994, S. 431–444.

Stern, Ephraim: *Archeology of the Land of the Bible*. Bd. 11: *The Assyrian, Babylonian, and Persian Periods* (732–332 B.C.E.). New York [u. a.] 2001.

Stokes, Ryan E.: *Satan. How God's Executioner Became the Enemy*. Grand Rapids 2019.

Stuckenbruck, Loren T.: ‚Angels' and ‚God'. Exploring the Limits of Early Jewish Monotheism. In: Stuckenbruck, Loren T./North, Wendy E.S. (Hrsg.): *Early Jewish and Christian Monotheism*. London/New York 2004, S. 45–70.

White, Ellen: *Yahweh's Council. Its Structure and Membership*. Tübingen 2014.

Zappia, Dominic: Demythologizing the Satan Tradition of Historical-Criticism. A Reevaluation of the Old Testament Portrait of שָׂטָן in the Light of the Old Testament Pseudepigrapha. In: *Scandinavian Journal of the Old Testament* 29 (2015), S. 117–134.

Nina Nowakowski
Verdammter Teufelsfreund.
Vorsicht als Bedingung für nachhaltige Heilserfahrung im Mirakel *Udo von Magdeburg*

1 Einleitung

Die Erzählung *Udo von Magdeburg* handelt von einem fiktiven Magdeburger Bischof, der im Jahr 950 für sein sündhaftes Leben von Teufeln bestraft worden sein soll:

> Im ersten Teil ist Udo ein nur wenig begabter Schüler an der Domschule, dem Maria Weisheit u. Verstand verleiht. Er macht Karriere u. wird zum Erzbischof geweiht, kümmert sich aber nicht um seine Pflichten u. geht sogar ein Verhältnis mit einer Äbtissin ein. Im Dom erlebt ein frommer Kleriker, wie Gott, Maria u. die Heiligen über Udo richten u. ihn schließlich enthaupten lassen. Man findet den Leichnam u. den Blutfleck vor dem Altar. Im zweiten Teil erlebt ein reisender Kleriker, wie die Seele Udos von einer Teufelsschar zu Luzifer gebracht wird. Er wird so gequält, dass er letztlich dazu gepresst werden kann, Gott zu verfluchen. Nun ist er reif für die Hölle, in die er dann gestürzt wird. Als sein Leichnam keine Ruhe gibt, wird er im Sumpf versenkt u. schließlich verbrannt. Die Asche wird in die Elbe gestreut, worauf alle Fische fliehen. Erst nach zehn Jahren u. vielen kirchl. Zeremonien kehren sie zurück.[1]

Der *Udo-von-Magdeburg*-Tradition zugehörige Erzählungen existieren seit dem 13. Jahrhundert in verschiedenen lateinischen und volkssprachigen Versionen.[2] Von der Forschung sind diese Texte beispielsweise als Exempel,[3] Negativexempel,[4] Legende,[5] Anti-Legende[6] oder Teufelslegende[7] beschrieben worden. Dass die

---

[1] Williams-Krapp, Udo, S. 654 f.
[2] Vgl. Palmer, *Udo*, Sp. 1218–1220.
[3] Vgl. Gerhardt, *Individualgericht*, S. 347 f.
[4] Vgl. Williams-Krapp, Udo, S. 654.
[5] Vgl. Helm, *Legende*; Schönbach, *Legende*; Herzog, *Gretser*, S. 47–61. Kritisch äußert sich dazu Gerhardt, *Individualgericht*, S. 361 (Anm. 27).
[6] Vgl. Herzog, *Gretser*, S. 47, S. 51 f., S. 60 f. u. S. 75 f. Kritisch auch dazu Gerhardt, *Individualgericht*, S. 361 (Anm. 27).
[7] Vgl. Janota, *Geschichte*, S. 479–481.

Erzählung vom sündigen Bischof verschiedene Gattungsmerkmale kombiniert[8] und in Handschriften mit unterschiedlichen Textsortenprofilen überliefert ist,[9] hängt mit der Struktur des Textes und der Geschichte seiner Entstehung[10] zusammen. Die Höllenfahrtepisode existierte zunächst als einteilige Visionserzählung und wurde vermutlich ab dem 14. Jahrhundert um die Geschehnisse, die in Magdeburg angesiedelt sein sollen, erweitert.[11] Die Jenseitsvision von der teuflischen Bestrafung wird durch die vorgeschalteten Stationen von Udos Kindheit, seinem Sündenleben als Bischof, dem – ebenfalls als Visionserzählung inszenierten – Gottesgericht im Dom sowie durch die nachgeschalteten ‚Schwierigkeiten' im Umgang mit seinen leiblichen Überresten gerahmt. Die beiden Visionen bilden den Kern,[12] um den herum eine vitenförmige Erzählung mit einer zweiteiligen Struktur entsteht. Diese im Sinne der Textgenese sekundäre *Vita Udonis*[13] gehört zu einer Gruppe von lateinischen Exempelerzählungen, die „von Höllenstürzen und Folterungen hochgestellter, der Hurerei bezichtigter Kleriker oder Laien [berichten], deren Schicksal durch Dritte bezeugt wird".[14] Sie ist breiter überliefert als die primäre Erzählung von der Höllenfahrt und hat insbesondere im späten Mittelalter Bekanntheit erlangt.[15]

Die nachfolgende Analyse gilt einer bislang kaum beachteten spätmittelalterlichen Prosaversion der *Udo-von-Magdeburg*-Erzählung vom Ende des 15. Jahr-

---

8 Der Stoff ist nicht nur im narrativen Modus ausgestaltet worden, wobei Elemente der Exempel-, Legenden- und Visionsliteratur genutzt wurden, sondern wurde im 16. und 17. Jahrhundert auch dramatisiert. Zur Übersicht vgl. Rädle, Frühzeit, S. 452–456. Herzog, *Gretser* bietet neben der Edition des Dramentextes von 1598 auch eine Untersuchung.
9 Zur Überlieferung vgl. Palmer, Udo.
10 Fidel Rädle arbeitet die Textgenese auf, wobei er auf mögliche historische Vorbilder für die Udo-Figur eingeht sowie die teilweise bis in die Spätantike zurückreichenden Texttraditionen aufzeigt, an die der Text anknüpft. Er kommt zu der „Einsicht, daß die Udo-Legende ihre Entstehung keinesfalls primär historischen Ereignissen des Mittelalters verdankt [...]. Es läßt sich nämlich gerade am Beispiel des ‚Udo' nachweisen, was vermutlich generell gilt: Nicht ein individueller und also datierbarer historischer Fall setzt die Legende in die Welt; stattdessen besorgt sich – aus allerdings gegebenem Anlaß – das literarisch präexistente Legendenmodell seine historische Konkretisierung. Solche in undeutlichen Formen tradierten und ständig modifizierten, jedenfalls beliebig aktualisierbaren Modelle sind im Mittelalter offenbar stark genug, um sich historische Wirklichkeit gefügig zu machen" (Rädle, </litr>De Udone, S. 283). Die Relevanz von Heiligkeitsmodellen und die Möglichkeiten, diese im legendarischen Erzählen zu variieren, betonen Weitbrecht [u.a.], *Erzählen*.
11 Vgl. Palmer, Udo, Sp. 1217. Grundlegend dazu Öhgren, Udo-Legende, S. 128–140.
12 Vgl. Rädle, De Udone, S. 285.
13 Vgl. Janota, *Geschichte*, S. 480.
14 Zapf, Udo, Sp. 1131.
15 Vgl. Palmer, Udo, Sp. 1217.

hunderts, die im Rahmen des Nürnberger *Magnet unserer lieben Frau*[16] überliefert ist, der umfangreichsten deutschsprachigen Marienmirakelsammlung überhaupt.[17] Die Überlieferung in diesem Kontext wirft die Frage auf, inwiefern die Erzählung durch mirakelspezifische Eigenschaften gekennzeichnet ist. Unmittelbar deutlich wird, dass der Text das in vielen Fällen recht schematische Prinzip des Mirakelerzählens stark erweitert: Während in den meisten Mirakeln ein Dreischritt den oft recht überschaubaren Kern der Handlung bildet, wobei auf (1) menschliche Hilfsbedürftigkeit beziehungsweise Fehlbarkeit das (2) Hilfeersuchen bei einer heiligen Instanz (beispielsweise durch ein Gebet) und danach die von dieser gewährte (3) wunderbare Hilfe folgt,[18] ist die Handlung der *Udo*-Erzählung wesentlich umfangreicher gestaltet. Am Handlungsbeginn stehen Strukturelemente des Hilfemirakels:[19] Maria hilft dem jungen Udo, seinen Mangel an Verständigkeit zu beseitigen und Bischof zu werden. Die damit verbundene – für Hilfemirakel charakteristische – beruhigende Vergewisserung, dass durch die Fürsprache Marias auch für hilflose Menschen Heil erfahrbar werden kann, wird im weiteren Handlungsverlauf durch die Aussicht ergänzt, dass sündhaftes Handeln Heilsverlust bewirken kann. Die handlungslogische Ergänzung von Marias wunderbarer Hilfe durch die grausamen teuflischen Strafen, die Udo für seine Sünden erfährt, möchte ich als Versuch interpretieren, zwei religiöse Haltungen narrativ miteinander zu verbinden. Ich möchte zeigen, dass der Text in funktionaler Hinsicht zum einen das Vertrauen auf heiligen Beistand propagiert,

---

16 Der *Magnet unserer lieben Frau* ist bislang nur sehr oberflächlich erforscht. Einen ersten Eindruck der Sammlung vermittelt Bettina Jungs Untersuchung zum *Nürnberger Marienbuch*, das eine wichtige Vorlage für den *Magnet* darstellt. Vgl. Jung, Marienbuch.
17 Der *Magnet unserer lieben Frau* ist in zwei Handschriften vom Ende des 15. Jahrhunderts überliefert: 1. Prag, Národní Knihovna, Cod. XVI E 9, nach 1487, aus dem Klarissenkloster Nürnberg; 2. München, Staatsbibliothek, Cgm 626, 1493, aus dem Kloster Tegernsee. Eine Edition der Sammlung existiert nicht. Bei den folgenden Zitaten handelt es sich – soweit nicht anders ausgewiesen – um Transkriptionen der *Udo-von-Magdeburg*-Erzählung aus der älteren der beiden Handschriften, dem *Prager Magnet* (Bl. 455ʳ–461ʳ). Folgende Richtlinien sind dabei maßgeblich: Nasalstriche und Abkürzungen sind aufgelöst; Vokalstriche bzw. -punkte sind nicht ausgewiesen; keine Zeilentreue; Großschreibung rubrizierter Buchstaben, Rubrizierungen und Initialen sind darüber hinaus nicht ausgewiesen; Schaft-s ist aufgelöst; u und v werden nach Lautwert realisiert; *cz* und *tz* sind graphisch nicht differenziert und als *z* realisiert; Interpunktionselemente bzw. syntaktische Gliederungselemente sind nicht immer klar zu erkennen und werden im Zweifelsfall als Mittelpunkt wiedergegeben (Virgel nur, wenn diese eindeutig zu erkennen ist); Streichungen und Verbesserungen werden nicht ausgewiesen.
18 Vgl. Haubrichs, Mirakel, S. 609.
19 Dass das Marienmirakel im Hinblick auf die Textgenese eine „erkennbar spätere Zutat" (Rädle, De Udone, S. 286) darstellt, spielt für die folgende Textanalyse keine Rolle, weil sie den Gesamttext als narrative Einheit betrachtet.

wobei die durch Nachsicht geprägte mirakulöse Hilfe Marias auf eine Stärkung des Glaubens an göttliche Barmherzigkeit zielt und Gnade verheißt. Zum anderen wird mit der Höllenstrafe die göttliche Gerechtigkeit eingespielt, wobei mittels der Drohkulisse der Verdammnis an die Verantwortung für das eigene Heil appelliert wird. Anhand des Schicksals des sündhaften Bischofs illustriert der Text, dass zusätzlich zur göttlichen Gnade und ihrer Vermittlung durch die nachsichtigen Heiligen auch die Menschen einen Beitrag zur Erlösung und zum Heil leisten müssen, indem sie Vorsicht, das heißt ein vorausschauend-wachsames Verhalten im eigenen Bemühen um eine fromme Lebensführung walten lassen. Nachsicht verstehe ich dabei als „verzeihendes Verständnis für die Unvollkommenheiten, Schwächen von jemandem",[20] das eine Haltung in Bezug auf andere Personen meint: Man beweist Nachsicht „um des andern Besten willen",[21] indem man ungeschicktes, nachlässiges oder fehlerhaftes Handeln nicht sanktioniert. Im Mirakelzusammenhang wird Nachsicht, mit der heilige Personen hilfsbedürftigen oder sündhaften Menschen begegnen, vielfach in wunderbare Hilfe überführt, denn Nachsicht stellt ein Prinzip dar, durch das Barmherzigkeit auf der Handlungsebene realisiert werden kann. Vorsichtiges Verhalten bezieht sich hingegen nicht (in erster Linie) auf die Handlungen oder Verhaltensweisen anderer Personen, sondern dient der Regulierung des eigenen Handelns. Vorsicht lässt sich als Selbsttechnik beschreiben.[22] Dem *Deutschen Wörterbuch* entsprechend verstehe ich unter Vorsicht „im eigentlichen sinne, das sehen nach vorwärts, dann das sehen in die zukunft, voraussicht; damit verbindet sich leicht schon hier die vorstellung, dasz dieses voraussehen maszregeln und haltung des voraussehenden beeinfluszt".[23] Neben göttlicher Vorhersehung kann Vorsicht auch eine mit der „erkenntnis der lage" einhergehende menschliche „acht- und behutsamkeit" sowie „„das bemühen, sein gegenwärtiges verhalten nach den folgen desselben einzurichten und alles schädliche auf das möglichste zu vermeiden [...]"",[24] bedeuten. Anders als nachsichtiges Verhalten, das eine Reaktion auf eine vorausgehende Handlung oder ein vorausgehendes Ereignis darstellt, ist Vorsicht durch Antizipation charakterisiert.

---

20 Duden, Nachsicht.
21 Adelung, Nachsicht, Bd. 3, Sp. 388.
22 Dies zeigt mit Blick auf moderne Literatur Gamper, *Vorsicht*. Die Annahme, dass Vorsicht als Selbsttechnik erst in der Moderne eine wichtige Rolle spielt, ist aus historischer Perspektive allerdings fragwürdig. Insbesondere in monastischen Lebensentwürfen sind Selbsttechniken wie Umsicht, Aufmerksamkeit und Vorsicht seit der Spätantike von zentraler Bedeutung. Vgl. Kobusch, Umsicht.
23 DWB, Vorsicht, Bd. 26, Sp. 1568.
24 Ebd. Das Zitat im Zitat stammt von Adelung, Vorsicht, Bd. 4, Sp. 1298.

2 Textanalyse

2.1 Helfen und strafen: Vom dummen Jungen zum kopflosen Bischof

Hilfemirakel[25] stellen den größten Teil der im *Magnet unserer lieben Frau* versammelten Texte dar, denn in diesen ist Marias Wunderwirken durch nachsichtige Hilfsbereitschaft geprägt. In der Sammlung erscheint Marias Hilfe regelrecht als „Serienphänomen".[26] Über die wiederholte Inszenierung marianischen Beistands wird herausgestellt, dass auf die Unterstützung Marias stets Verlass ist.[27] Dies gilt in Bezug auf verschiedene Dimensionen menschlicher Hilfsbedürftigkeit, denn Marias heilsgeschichtlicher Status als Gottesmutter prädestiniert sie zur Helferin in vielen Belangen. Ihre besondere Nähe zu Christus macht sie vor allen anderen Heiligen zur *mediatrix*, der als *mater misericordiae* ein besonderes Maß an Barmherzigkeit zugeschrieben wird. Neben der körperlichen Verletzlichkeit ist dabei auch die moralische Fehlbarkeit der Menschen einbegriffen, denn Maria ist oft selbst den Menschen gegenüber nachsichtig, die schwerwiegende Sünden begangen haben. Sie fungiert als *advocatrix peccatorum*, also als Beistand für Menschen, die gesündigt haben.[28] Wenn sie diese nicht zu Lebzeiten zur *conversio* bewegen kann, dann wird sie oftmals in der entsprechenden Todesstunde tätig, indem sie die Bestrafung der sündigen Seelen abmildert oder sogar verhindert und folglich teuflische Peinigungen im Fegefeuer oder in der Hölle verkürzt oder abwendet. Dies wird zum Beispiel über Fürbitten medialisiert, mit denen Maria ihren Sohn, der als richtende Instanz sündige Menschen bestraft, fast immer gnädig stimmen und so dafür sorgen kann, dass Gnade vor Recht ergeht. Die meisten Mirakel im *Magnet unserer lieben Frau* sind durch ein Erzählen geprägt, das Marias Nachsicht akzentuiert bzw. verdeutlicht, dass auf die Bereitschaft Marias zur Vergebung und ihre Unterstützung vertraut werden kann. Verbunden ist damit eine spezifische Struktur: Das hilfreiche Wunderwirken Marias setzt menschliche Hilfsbedürftigkeit voraus, auf die die Hilfsbereitschaft der Heiligen ‚antwortet'. Dies ist auch im ersten Handlungsabschnitt der *Udo*-Erzählung der Fall, denn hier wirkt Maria, wie einführend bereits erwähnt, für den jungen Udo ein hilfreiches Wunder:

---

25 Vgl. Haubrichs, Mirakel, S. 609.
26 Köbele, Illusion, S. 375.
27 Zu Maria als zuverlässiger Helferin vgl. Koch, triuwe, S. 351.
28 Vgl. Gerhardt, Individualgericht, S. 360.

> Wann in der gemelten stat maydenburg was eyn schuler mit namen udo · Der was fast eyns ungelirnigs syns Wie wol er von seynen meysteren ser geschlagen wurd / Und eynsmals gieng er nach grewlichen schlegen in die kirchen die gewicht ist in der ere sant maurizen · Und bat mit grosser andacht und zeheren · Die hymel konigyn und die hilff sant maurizen umb erleuchtung seyns syns Und die weyl er noch in dem gebett lag · Do entschlieff er Und zu dem lezten erschyn im die muter der barmherzikeyt maria · Und sprach Ich hab erhort dein gebett · Und sih ich gib dir nit alleyn die gab der kunst Sunder du wirst auch bischoff werden nach dem tod des yzigen bischoffs · Und so du das bistum wol regirst wirstu grossen lon darum empfahen Und nach disen worten verschwant sie
>
> (Bl. 455ʳ)

Durch Marias Hilfe wird der dumme Udo erleuchtet[29] und schließlich sogar zum Magdeburger Bischof gewählt. Doch schon die Überschrift des ersten Teils der Erzählung macht deutlich, dass die nachfolgende Bestrafung Udos auf seinem lässlichen Umgang mit dieser initial erfahrenen Gnade basiert: „maria gibt dem schuler udo grosse kunst und macht in bischoff aber er gebrauchet ir genad ubel darumb wirdter verdampt" (Bl. 455ʳ).

Den ersten Handlungsabschnitt, in dem Udo von Maria geholfen wird, ergänzt eine Episode, in der Udo sündigt. Nachdem er zum Bischof geweiht ist, beginnt Udo

> den ratt der junckfrawen marie zuversaumen · Wann er ward ungedechtlich des aygen heyls · Und verzeret die gutter der kirchen unnuzlich in wollust des fleyschs · und mit weiben Und nit alleyn sundet er mit weltlichen frawen Sunder auch mit closter frawen die got geweycht waren Und on alle forcht loset er auff die zugel zu allen lasteren
>
> (Bl. 456ʳ)

Sein zügellos-sündhaftes Handeln entspringt der Tatsache, dass Udo „ungedechtlich des aygen heyls" ist, also unbedacht, unachtsam oder nachlässig mit seinem Heil verfährt. Deutlich wird hier, dass Heil etwas ist, das den Umgang auf individuell-persönlicher Ebene fordert und das vom menschlichen Subjekt Aufmerksamkeit beziehungsweise Wachsamkeit verlangt. Udo aber kalkuliert seine Handlungen nicht im Hinblick auf ihre Heilswirksamkeit. Der Text führt aus, dass Udo sündigt, obwohl er mehrfach gewarnt wird. Während er mit der Äbtissin des Osterburger Klosters im Bett liegt, hört er eine Stimme:

> Mach ende des spils udo Wann du hast genug gespilt / Aber do er dise wort erhoret do lachet er / Und meynt es wer eyn erdicht ding Darnach an der anderen nacht horet er aber die vorigen stymm sprechend · Mach ende dem spil udo Wann du hast genug gespilt / Aber er verachtet dise wort · Und het keyn sorg darauff / Aber an der dritten nacht do er lag bey der

---

29 Vgl. Herzog, *Gretser*, S. 76.

gemelten ebtesyn · Und das unlauter laster mit ir volbracht hett Do erschal die stymm mit grossen gerewsch sprechent als vor · Mach ende dem spil udo · Wann du hast genug gespilt · Und do er dise stymm erhoret do erschrack er ser · Doch lyeß er nit von dem laster

(Bl. 456ʳ⁻ᵛ)

Udo ignoriert die hier in Form von Vigilanz-Appellen angebotene Hilfe. Die Ignoranz fällt ihm zunächst leicht, weil er die erste Warnung als „erdicht ding", das heißt als Einbildung, lachend abtut, doch die Wiederholungen verunsichern diese Einordnung. Bei der zweiten Warnung scheint Udo nicht mehr zum Lachen zumute zu sein, aber er „verachtet" die Warnung und sorgt sich noch immer nicht. Beim dritten Mal wird die Warnung mit stärkerem akustischem Nachdruck formuliert und Udo erschrickt, das heißt sie macht einen nachhaltigen Eindruck auf ihn. Doch auch wenn er sie nicht mehr leichtfertig abtun kann, verursacht auch die dritte Warnung keine Verhaltensveränderung: Udo bleibt unvorsichtig. Der vielleicht nicht mehr sorglose, aber gleichwohl problematische Verzicht Udos auf ein verantwortungsvoll-präventives Verhalten im Hinblick auf sein eigenes Heil führt dazu, dass die wunderbare marianische Hilfe, die er in der Jugend erfahren hat, durch „eyn erschrocklich wunderzeychen" (Bl. 455ʳ) ergänzt wird. Mit diesem wird die Differenz zwischen geforderter und praktizierter Frömmigkeit markiert und problematisiert sowie Vorsicht als Haltung profiliert, um diese Differenz zu vermeiden. Doch Udo setzt konsequent auf Ignoranz, die schließlich sanktioniert wird: Im Magdeburger Dom versammeln sich viele Heilige rund um Christus zu einem Gericht, das als Vision eines Magdeburger Chorherrn „mit namen fridericus / Der andechtig und eyns erlichen lebens was" (Bl. 456ᵛ) dargestellt wird. In der *visio Friderici* wird aus der Gruppe der versammelten Heiligen vor allem Mauritius herausgehoben, der Udo anklagt:

Und sehet zu dem lezten erschyn sant mauriz mit seyner legion sprechent zu dem herren jhesu / Aller gerechtigster richter gib eyn gerecht urteyl · [...] Do hyeß zu hant der richter bringen den bischoff udo Do giengen als bald zwyn die bey dem richter stunden / Und zogen den allerdurfftigsten bischoff udo von der seyten der ebtesyn · Und brachten in fur den richter Do sah in sant mauriz grewslich an Und sprach aller gerechtigster richter · Sih diser udo nit eyn bischoff Sunder eyn wolff nit eyn hirt sunder eyn verzerer seyner schoff Der ist auch dem unser fraw dein muter die kunst hat gegeben Und im bevolhen dise kirchen die in meyn und meyner gesellen ere geweycht ist / Und hat im vorgesagt · so er die wol regiret · Wurd er besizen das ewig leben So er aber die ubel regiret wurd im nachvolgen der tot der sel und des leybs Der ist auch der zu dem anderen und dritten mal ermant ist worden · Und hat sich nit besseren wollen Und hat nit alleyn dise kirchen sunder auch alle andre kleynod zenichte bracht · ja und hat sich nit geforcht deyn gesponsen zeschwechen Darumb gib urteyl aller gerechtigster richter Nach disen worten sah der herr seyn heyligen an · Und sprach was wirt euch gesehen in diser sach So schryen sie alle er ist wirdig des tots

(Bl. 457ʳ⁻ᵛ)

Dass Mauritius, den Patron des Magdeburger Doms, und Udo, den Magdeburger Bischof, ihre besondere Beziehung zum Ort des Geschehens verbindet, kommt in der Anklage zum Ausdruck: Der Patron schützt ‚seinen' Dom und die dazugehörige geistliche Gemeinschaft, weil der aktuelle Aufseher (gr. ἐπίσκοπος; lat. *episcopus*) Udo seine Aufsichts- und Schutzpflicht vernachlässigt. Mauritius agiert hier deshalb als Anwalt (lat. *patronus*). In seiner Rede wird dabei zunächst der Amtsmissbrauch des Angeklagten thematisiert: Obwohl er als Bischof der Stadt *maydenburg*, deren Name sie als Jungfrauenstadt bzw. Bastion der Jungfrauen ausweist,[30] gerade die keusch lebenden Nonnen beschützen sollte, hat Udo sexuelle Beziehungen mit ihnen. Weil Udo als Bischof seine Amtspflichten verletzt, verhält er sich wie „eyn wolff nit eyn hirt".[31] Desweitern bringt Mauritius die Jugendgeschichte Udos ins Spiel, die in seiner Figurenrede um einen wesentlichen Aspekt erweitert wird, der zuvor nicht erzählt wurde: Maria habe Udo nicht nur zum Bischofsamt verholfen und ihm verheißungsvoll in Aussicht gestellt, dass er belohnt werde, wenn er dieses gut ausübe, sondern auch gedroht, dass eine schlechte Amtsführung „tot der sel und des leybs" bedeutet. Udo, so wird damit verdeutlicht, habe gewusst, dass er durch seine Unkeuschheit Marias Gnade verspielt. Damit wird Udos Ignoranz im Hinblick auf sein Heil unterstrichen. Anders als der junge Udo, der als hilfloses Opfer seiner Dummheit erscheint, ist der erwachsene und mit der „gab der kunst" (Bl. 455^v) bedachte Udo keinesfalls hilflos. So wie Udo es hat an Vorsicht mangeln lassen, so kennen die Heiligen nun auch keine Nachsicht. Im Gegensatz zu vielen Hilfemirakeln schreitet hier Maria nicht als Anwältin des Sünders ein, um diesen vor ihrem Sohn zu verteidigen. Sie, deren wunderbaren Gnadenerweis Udo leichtfertig aufs Spiel gesetzt hat, verzichtet nicht nur auf barmherzige Nachsicht und Hilfe, sondern gesellt sich zu den heiligen ‚Geschworenen', die sich einstimmig für eine Todesstrafe aussprechen. Udo wird unnachsichtig bestraft: Christus schließt sich dem Votum der Heiligen an und verurteilt Udo zum Tod.[32] Nachdem man das „heyltum" (Bl. 457^v), also die Hostien, aus Udo herausgeprügelt hat, wird seine Ent-

---

[30] In der *Udo-von-Magdeburg*-Version, die in der Nürnberger Handschrift Stb., Cent. VI 43°, 1. Hälfte 15. Jahrhundert, aus dem Nürnberger Katharinenkloster (Bl. 109^r–116^v) überliefert ist, wird Magdeburg als *partinopellin* (Bl. 109^r u.ö.) bezeichnet. Weil er Bischof von Parthenopolis (dt. ‚Jungfrauenstadt') ist, erscheinen Udos sexuelle Verhältnisse mit Klosterfrauen besonders verwerflich. Dies dürfte sich gerade auch den Schwestern der Nürnberger Frauenklöster, aus dem die Handschriften stammen, vermittelt haben.

[31] Dass die Erzählung eine Kritik des Amtsmissbrauchs formuliert, betont Rädle, De Udone, S. 281f.

[32] Herzog verweist auf die historische Gerichtspraxis, die „streng zwischen Richtern und Urteilsfindern unterscheidet" (Herzog, Gretser, S. 67).

hauptung durch eine Art himmlischen Scharfrichter vollzogen.[33] Damit endet die *visio Friderici* und die heilige Gerichtsversammlung verschwindet. Der Chorherr findet Udos Leichnam danach am Ort der Enthauptung vor dem Altar vor und führt die wichtigsten Geistlichen und Laien Magdeburgs in den Dom, wo er ihnen „die grausame straff gots · Und den bischoff udo befleckt in seynem blut [zeigt] Und sagt in alles das · das er gehort und gesehen hett" (Bl. 458ᵛ). Die „grausame straff" hat die Form eines göttlichen Individualgerichts,[34] bei dem der Einzelmensch besonders fokussiert wird, doch geht es dabei nicht um das Einzelschicksal Udos,[35] denn Udo exemplifiziert eine unvorsichtige Haltung in Heilsbelangen und ihre Folgen.

Obwohl die meisten Mirakel von Hilfe, Beistand und Rettung geprägt sind sowie Erlösung verheißen, finden sich in der Mirakelsammlung des *Magnet unserer lieben Frau* einige Strafmirakel, in denen menschliche Verfehlungen wie „Blasphemie, Unglauben oder verbale Verunglimpfung des Heiligen"[36] vergolten werden.[37] Das Spektrum der Strafen reicht dabei von harmlosen und vorübergehenden Sanktionen, die auf Konversion und fromme ,Wiedergutmachungsleistungen' wie Reue, Buße oder Ablass zielen, bis hin zum grausamen Tod ohne die Möglichkeit zur Erlösung. Doch selbst im Mirakel mit dem Titel „Maria ließ erkicken den mertrer mercurius das er straffet den keyser der abdrunnig ward vom glauben" (Bl. 433ʳ–435ᵛ), das von einem mit dem Tode bestraften ungläubigen Tyrannen handelt, geht es vor allem um den erlösenden Effekt, den dessen Tod zeitigt: Die Tötung des Kaisers Julianus Apostata durch den Märtyrer Mercurius ist eine durch Maria vermittelte Hilfeleistung für die gläubigen Christen, die unter dem heidnischen Kaiser leiden mussten. Im Falle Udos, der die Grenzen marianischer Hilfsbereitschaft deutlich vor Augen stellt, hat das Strafszenario einen in anderer Hinsicht hilfreichen Charakter: Zwar profitiert auf der Handlungsebene des Textes niemand von Udos Enthauptung, doch die Erzählung verdeutlicht *ex negativo*, dass in Heilsbelangen nicht nur das Vertrauen auf heilige Hilfe nötig ist, sondern die eigene Vorsicht dabei hilft, Heilsverlust zu vermeiden.

---

33 Vgl. Gerhardt, Individualgericht, S. 359 f.
34 Vgl. Herzog, *Gretser*, S. 61–63.
35 Vgl. Gerhardt, Individualgericht, S. 361 und 366.
36 Krötzl, Crudeliter, S. 125. Vgl. zu Strafmirakeln auch Wittmer-Butsch/Rendtel, *Miracula*, S. 45.
37 Vgl. Kapitel 10 des 4. Buchs des *Magnet unserer lieben Frau*, das sechs Strafmirakel versammelt (*Prager Magnet*, Bl. 474ʳ–481ᵛ).

2.2 Abschrecken und warnen: Vom Freund Satans zum Mahnmal für Geistliche

Mit dem „urteyl gots" (Bl. 458ᵛ) und der Hinrichtung ist Udos Schicksal noch nicht besiegelt. Die der Gerichtsszene im Magdeburger Dom nachfolgende Teufelsszene hat die Forschung bereits als „Bestätigung und Fortsetzung"[38] des himmlischen Gerichts beschrieben. Das Szenario der Jenseitsstrafen im zweiten Teil der Erzählung, der im *Magnet unserer lieben Frau* mit der Überschrift „Von der peyn des gemelten bischoffs udo" (Bl. 458ᵛ) versehen ist, scheint nachdrücklich und nachhaltig auf den Effekt der Abschreckung ausgerichtet zu sein und damit zu einer gesteigerten Aufmerksamkeit im Hinblick auf das individuelle Heil aufzufordern.

Ein gerade außerhalb der Stadt befindlicher Magdeburger Kaplan „mit namen bruno" (Bl. 458ᵛ) nimmt zeitgleich mit der Vision des Chorherrn, der die Verurteilung und Hinrichtung Udos im Dom sieht, in einer Vision wahr, wie Udo dem Höllenfürsten vorgeführt wird. Die *visio Brunonis* ruft dabei verschiedene Topoi der Visionsliteratur auf:[39] Satan sitzt, ähnlich wie Christus in der Gerichtsszene, auf einem Thron, wie Christus von einer Heiligen- ist er von einer Teufelschar umgeben. Diese kündigt die Ankunft des Sünders schreiend an:

> weycht · weycht unser frewnd udo nehet herzu Nach disen worten brachten die knecht sathane den udo in leiblicher gestalt mit eyner fewryn keten an dem hals gebunden fur iren fursten Do stund der sathan als bald auff · und grusset in mit fridsamen worten · in argem list · sprechent Seyt wol kummen unser frewnd · und eyn außbrayter unsers reychs Sih wir sind bereyt dir um deyne dyenst zu lonen
>
> (Bl. 459ʳ)

Udo, der von den Teufeln bzw. „bosenveynt" mehrfach als „frewnd" bezeichnet wird, wird vom Höllenfürsten in gängiger Verkehrungslogik eine besondere Gastfreundschaft entgegengebracht. So wird ihm, weil ihn seine Reise wohl ermüdet habe, Essen serviert. Die freundliche Rhetorik wird allerdings durch die servierten Speisen konterkariert, denn Udo muss Schlangen und Kröten schlucken sowie ein Schwefelgetränk zu sich nehmen. Daraufhin ‚darf' er ein Bad nehmen. Auch hier leitet die freundlich erscheinende Geste zu einer Qual über: In einen Brunnen, aus dem eine Feuersbrunst herausschlägt,[40] werfen die Teufel

---

38 Herzog, *Gretser*, S. 69.
39 Vgl. Ebd., S. 69–74.
40 Im *Münchner Magnet*, der die Udo-Erzählung ebenfalls überliefert (*Münchner Magnet*, Bl. 314ʳᵃ–317ʳᵇ), erlebt Bruno seine Vision, während er in der Nähe eines Brunnens rastet

> die durfftigen sel · des bischoffs udo / Und namen sie darnach wider herauß ganz fewrich gleychsam eyn gluend eysen und brachten sie fur iren fursten dem sie in dem leben gedyenet hett Do sprach der sathan lachent zu im / Hastu nit eyn suß bad gehabt O unser frewnt wi wol ist dir in disem bad gewest
>
> (Bl. 459^{r-v})

Dass die Qualen, die Udo erfährt, als Wohltaten ausgegeben werden, stellt eine „ironisch-parodistische Kontrafaktur zum Empfang der Seligen im Himmel"[41] dar, wobei die Verspottung zur Erniedrigung Udos beiträgt. Die Teufel sorgen hier für den Sturz desjenigen, der zuvor mit Marias Hilfe zu Amt und Würden gekommen ist, aber eigentlich dem Höllenfürsten „gedyenet hett". Sie agieren damit als Strafvollzieher einer göttlichen Gerechtigkeit.[42] Udo, der in der Begegnung mit den Teufeln zunächst verstummt, ergreift schließlich doch das Wort, indem er auf die diabolischen Qualen mit Verfluchungen reagiert. Er verflucht die Teufel, Gott, die Erde, seine Eltern und

> alle creatur in hymel und in der erden Do schlugen alle boßveynt mit irem fursten die hend zusammen und sprachen Furwar der ist wirdig das er bey uns ewigklich beleib / Wann er kan fast wol unser gesang · der verfluchung singen / Darumb sol er gefurt werden zu der stat der verdampten das er seh hor und empfind und lerne baß diß gesang · und nit darauß gee ewigklich Und der sathan het kaum die wort volbracht · Und sehet do vielen sie an die durfftigen sel des udo Und warffen sie mit unstumikeyt in die hellischen grub gleychsam sich zusammen schutten der hymel und die erden · Und alle perg der welt
>
> (Bl. 459^v–460^r)

Durch den „gesang der verfluchung" weist sich Udo als Verdammter aus und bekommt Applaus von den hocherfreuten Teufeln, die ihn jetzt endgültig zur „stat der verdampten" führen.

Die beiden Visionsszenen funktionalisieren die Beobachtungssituation ähnlich. Der Chorherr und der Kaplan fungieren handlungslogisch als Zeugen für Udos Bestrafung. Außerdem entwerfen die Visionen Beobachtungsszenarien, die vorschlagen, wie die Bestrafung Udos rezipiert werden soll: Der Chorherr reagiert auf die Ereignisse im Magdeburger Dom „mit zitteren und erschrocken" (Bl. 458^r), obwohl er als frommer Geistlicher keine konkrete Strafe fürchten muss. Aus der zweiten Vision entwickelt sich eine bedrohliche Situation, denn die Teufel er-

---

(vgl. Bl. 315vb). So wird eine räumliche Nähe zwischen Beobachter und Visionsgeschehen hergestellt. Vgl. zur Topographie der Hölle in Jenseitsvisionen Benz, Himmel.
41 Herzog, Gretser, S. 72.
42 Dass der Teufel religionsgeschichtlich immer wieder als juridische Instanz verstanden wurde, beschreiben Klein [u. a.], Teufel.

kennen den Kaplan als einen Vertrauten Udos und wollen auch seine Seele ergreifen:

> Aber der capellan der alle dise ding im schlaff hett gesehen Der forcht sich ser Do zeyget der furst der vinsternuß mit eynem finger auff in Und sprach Sehett das der pfaff nit entflih · der uns ansicht · der albegen eyn mithelffer ist gewesen der bosenwerck des bischoffs udo Darumb sol er auch pillich teylhafftig werden der peyn · Darumb werfft in zu seynem herren Und do in also die bosenveynt wolten nemen
>
> (Bl. 460ʳ)

Damit wird deutlich, dass das grausame Schicksal, das Udos verurteilte Seele durch die Teufel erleiden muss, keinesfalls als abgeschlossener Einzelfall einzuordnen ist, sondern die Verdammnis als eine grundsätzliche Bedrohung für Menschen zur Verfügung steht, die ihrem Heil keine Aufmerksamkeit schenken. Das Individualgericht, das Udo erlebt hat, weist über sein Einzelschicksal hinaus, denn das Erschrecken der beiden Zeugen wird im weiteren Handlungsverlauf in ein kollektives Erschrecken überführt. Der Kaplan, den die Teufel als „mithelffer [...] der bosenwerck" ergreifen wollen, kann gerade eben entkommen, indem er aufs Pferd springt und nach Magdeburg flieht. Als er in der Stadt eintrifft und vom Tod Udos erfährt, berichtet auch er von seinen Erlebnissen, woraufhin die ganze Stadt in Angst und Schrecken versetzt ist. Man versucht, Udos Leichnam loszuwerden, doch die Teufel geben keine Ruhe:

> Und do die burger das aller hertest gericht gots horten · forchten sie sich ser · und wurffen den toten leychnam des bischoffs udo · weyt von der stat in eyn pfutschen · Und darumb machten die bosenveynt den lewten die dar bey wonten groß unrwikeyt · mit manigerley erschreckung Zu dem lezten wurden sie zu ratt · und zohen den verfluchten leychnam des bischoffs udo auß der pfutschen · und verprenten in zu pulver · und wurffen es in das fliessend wasser Eyn wunderlich ding Do verliessen all fisch das wasser und giengen in das meer so lang biß sie gott mit letaneyen und vasten beheglich machten Und kaum nach zehen jaren komen die fisch wider
>
> (Bl. 460ʳ⁻ᵛ)

Mit dem wundersamen Verschwinden der Fische aus der Elbe wird ganz Magdeburg in eine Art städtische Sippenhaft genommen, die erst nach zehnjährigem Büßen ein Ende findet. Für die „burger" mag damit der teuflische Schrecken gebannt sein, doch für die Geistlichen materialisiert sich in Form eines Blutflecks im Marmorboden des Magdeburger Doms eine Mahnung:[43]

---

[43] Vgl. Palmer, Udo, Sp. 1217. Unklar ist, ob und ggf. bis wann es einen entsprechenden Stein im Magdeburger Dom gegeben hat. Vgl. Rädle, De Udone, S. 285.

> Und zu ewiger gedechtnuß henckt das blut des bischoffs udo nach an dem merbelsteynen esdrich Und uber die stat do er enthaubt ist worden tut man tebich Und wenn man uber eyn erwelten bischoff das lob gesang Te deum laudamus singet nach gewonheyt So tut man den tebich danne das sich der erwelt bischoff da hyn leg zu dem gebett Und so er siht das blut seyns vorvoderen des udo Das er sich hwt vor laster · damit das er nit verderb als der udo
>
> (Bl. 460ᵛ)

Das Blut des Sünders auf dem Estrich des Doms ‚gerinnt' zu einem dauerhaften Mahnmal und kann, insbesondere durch die Einbettung in den Ritus, die Erinnerung an Udo lebendig und so seine Nachfolger dazu anhalten, Sünden „auf das möglichste zu vermeiden"[44] und somit Udos Schicksal zu entgehen. Schon eingangs macht der Text seine Stoßrichtung klar, indem er Kirchenoberhäupter kritisiert, die ihre Ämter missbrauchen:

> In sachsen bey der stat maydenburg ist geschehen eyn erschrocklich wunderzeychen · allen prelaten außder massen zu furchten / Auß dem clerlich erscheynt wie grosß ubel sey in dem stand der obrikeyt oder prelatur schentlich zeleben die guter der kirchen unrechtlich ausspenten und verzeren Den unterdenigen boß ergernuß geben Die gesponsen cristi das ist die closter frawen schwechen
>
> (Bl. 455ʳ⁻ᵛ)

In Bezug auf den Blutfleck wird nachdrücklich verdeutlicht, dass die Geistlichen nicht nur als Gegenstand der Kritik im Fokus stehen, sondern der Text auch an sie appelliert: Das Blut kann und soll die Aufmerksamkeit der Bischöfe immer wieder auf den Heilsverlust Udos lenken und damit zur Vorsicht im Umgang mit dem eigenen Heil animieren. Der Appell beschränkt sich nicht auf die Magdeburger Bischöfe, denn die Medialisierung der Vorsicht ist nicht allein an den Blutfleck gebunden. Auch unabhängig von der Blutspur, die räumlich fixiert ihre Wirkung visuell entfalten soll, fungiert Udo über die narrative Vermittlung als Negativexempel, das ortsungebunden vor einem verantwortungslosen Umgang mit kirchlichen Ämtern warnt und zu vorsichtigem Verhalten ermahnt:

> Von gott sind onzweyffel dise ding geschehen zu eynem schrecken nit alleyn der bischoff diser kirchen Sunder auch aller prelaten die · die guter irer kirchen unnuzlich verzeren Das sie furchten das erschrocklich gericht gots so sie horen das grausam wunderzeychen
>
> (Bl. 460ᵛ)

Wenn kirchliche Amtsträger „horen das grausam wunderzeychen", sollen sie sich fürchten und sich daraufhin besser vorsehen als Udo, das heißt ihr „gegenwär-

---

44 DWB, Vorsicht, Bd. 26, Sp. 1568.

tiges verhalten nach den folgen desselben ein[]richten und alles schädliche auf das möglichste [...] vermeiden".[45]

Bei der Bestrafung Udos durch die Teufel geht es um die unmittelbare emotionale Reaktion der Furcht, die nicht auf einen lustvollen und proto-ästhetischen Schrecken, sondern auf Abschreckung zielt.[46] Als negative Emotion soll der Schrecken eine erhöhte Aufmerksamkeit bzw. Wachsamkeit hervorrufen. Die Tegernseer Handschrift des *Magnet unserer lieben Frau* setzt an die Stelle von „schrecken" explizit die Warnung: Die Ereignisse sollen „zu ainer warnung" der Geistlichen geschehen sein.[47] So soll deutlich werden, dass durch eine vorsichtige Haltung das eigene Handeln auf eine Vermeidung von Heilsverlust bzw. auf eine bessere Heilsvorsorge ausgerichtet werden kann. Nicht nur *prelaten* sollen durch die Erzählung gewarnt werden, sondern schließlich werden

> auch ermant alle schuler andechtigklich zu dyenen der muter der ewigen weysheyt · und des ewigen liechts der seligen junckfrawen marie Da mit das sie geruch in ze erwerben synn und vernunfft zu lernen und die gelernte kunst zebrauchen zu der ere gots und seyner muter marie Da mit das sie hye gotliche genad · und nach disem leben die ewigen frewd erlangen mogen Die verleyh uns got allen Durch das vorbet marie Gegrusset seystu maria
> (Bl. 460ᵛ–461ʳ)

In dieser extranarrativen Schlusspassage wird ein Bezug zum initialen Hilfemirakel hergestellt, indem die Situation des Schülers Udo, der sich als angehender Geistlicher darum bemüht hatte, von Maria „synn und vernunfft" zu erhalten, aufgerufen wird. Die Erzählung schlägt damit am Schluss einen Bogen zum Handlungsbeginn und skizziert dabei zugleich einen alternativen Handlungsverlauf: Anders als Udo können „schuler die gelernte kunst" heilswirksam einsetzen bzw. sie „zu der ere gots und seyner muter marie" gebrauchen.[48] Die Schlusspassage illustriert, dass der geistliche Nachwuchs, wenn er die erworbenen Kenntnisse in diesem Sinne vorsichtig gebraucht, vor dem Schicksal Udos gefeit ist und die eigene Zukunft positiv gestalten kann. Statt der Verdammnis lassen sich durchaus „nach disem leben die ewigen frewd" erlangen. Dazu bedarf es aber eines umsichtigen und vorausschauenden Handelns, bei dem das eigene Heil nicht ignoriert, sondern bedacht wird.

---

45 Ebd., Sp. 1568.
46 Vgl. dagegen den Ansatz Axel Rüths, der in vormodernen Wundererzählungen „Vorformen des phantastischen Erzählens" (Rüth, *Imaginationen*, S. 11) nachweist, wobei die Evokationen des Schreckens auf ihr ästhetisches Potential hin in den Blick geraten.
47 *Münchner Magnet*, Bl. 317ʳᵃ.
48 Ähnliches beschreibt im Hinblick auf Jakob Gretser *Udo*-Drama Rädle, Frühzeit, S. 455.

3 Fazit

Mirakel sind oft durch fideales Erzählen[49] gekennzeichnet, das auf die Stärkung des Vertrauens in die Hilfsbereitschaft und die Beistandsleistungen von Heiligen zielt. Dabei ist ein im Sinne der Barmherzigkeit nachsichtiges Umgehen mit menschlicher Fehlbarkeit leitend. Dies gilt vor allem für Marienmirakel, in denen die *mater misericordiae* ihre besondere Güte unter Beweis stellt, wobei Appelle an die menschliche Eigenverantwortlichkeit bzgl. der Heilsvorsorge nicht unbedingt im Fokus stehen. Auch der Teufel, der in Mirakeln immer wieder als Marias Antagonist inszeniert wird,[50] trägt eher selten dazu bei, die menschliche Verantwortung für sündhaftes Handeln zu akzentuieren, denn er verleitet Menschen oft zu Sünden. So besteht in vielen Mirakeln die „Tendenz, die Verantwortlichkeit des Sünders durch den Antagonismus zwischen Maria und dem Teufel zu überlagern".[51] Dies ist bei Udo von Magdeburg nicht der Fall. Die Teufel, die Udo verdammen, erscheinen nicht als Antagonisten der Gottesmutter, sondern handeln im Sinne der göttlichen Verurteilung des Sünders, mit der auch Maria einverstanden zu sein scheint, weil dieser sein Schicksal selbst herbeigeführt hat. Udo wird ganz ohne teuflische Einmischung „ungedechtlich des aygen heils" (Bl. 456ʳ) und ist somit ganz allein für seine Sünden und den Heilsverlust verantwortlich. Der Bischof vernachlässigt Wachsamkeit und Vorsicht, die bereits für Gregor den Großen grundlegende christliche Selbsttechniken darstellen. Sie sind mit der Umsicht verwandt, die seit der Spätantike im Christentum als wesentliche Selbsttechnik bzw. wichtiger Selbststeuerungsmechanismus der Geistlichen gilt.[52] Bei Udo versagt die Selbststeuerung: Er handelt unvorsichtig. So agiert er nicht als Hirte seiner selbst und wird entsprechend auch zum „wolff" (Bl. 457ᵛ) für seine Magdeburger Schäflein. Damit wird Udo zum Negativexempel[53] für kirchliche Amtsträger und für angehende Geistliche. Kleriker dürften allerdings nicht die einzige Zielgruppe für diesen Text gewesen sein. Denn die Problematik, die hier verhandelt wird, weist eine Dimension auf, die etwa auch für die Nürnberger

---

49 Fideales Erzählen entwickelt Elke Koch als Kategorie, um ein „Erzählen aus dem Glauben heraus, um Glauben zu erzeugen oder zu stärken" (Koch, Erzählen, S. 100) in seiner Spezifik jenseits der binären Logik von fiktionalem und faktualem Erzählen besser beschreiben zu können.
50 Vgl. weiterführende Überlegungen dazu, dass der Teufel im legendarischen Erzählen als Antagonist heiliger Personen durchaus an der Heilsvermittlung beteiligt sein kann, in Nowakowski, Antagonist.
51 Spangenberg, *Maria*, S. 137.
52 Vgl. Kobusch, Umsicht, S. 95f.
53 Vgl. Williams-Krapp, Udo, S. 654.

Klarissen, für die der *Magnet unserer lieben Frau* entstanden ist, Relevanz besessen haben dürfte:

Die Kombination aus marianischem Hilfemirakel und teuflischen Jenseitsstrafen scheint, folgt man André Jolles' einflussreichen Überlegungen zur Legende, zwei vollkommen gegensätzliche Prinzipien miteinander zu verbinden. Für Jolles stellt die Strafe nämlich eine „Umkehrung des Wunders"[54] dar, weil mit ihr das Prinzip der *imitatio* in Abschreckung verkehrt werde. Doch rückt man nicht das Prinzip der *imitatio*, sondern das Prinzip der Heilsvermittlung in den Fokus, dann wird in der *Udo-von-Magdeburg*-Erzählung deutlich, dass mittels der Narrativierung von Wunder und Strafe unterschiedliche Aspekte des Umgangs mit Heil verhandelt werden: Udos Kindheitserfahrung macht klar, dass durch die wunderwirksame Nachsicht heiliger Personen Heil vermittelt werden kann. Die teuflischen Strafen, die der erwachsene Udo erfährt, sind als Schreckensszenario im Sinne eines Vigilanz-Appells an die Rezipienten funktionalisiert, denen durch Udos Schicksal verdeutlicht wird, dass unvorsichtiges Verhalten zum Heilsverlust führen kann. Vorsichtiges Verhalten, so wird damit zugleich illustriert, stellt eine Möglichkeit dar, Verantwortung für das eigene Heil zu übernehmen. Für die Verstetigung des individuellen Heils, so zeigt sich dabei, ist die Mitwirkung der Menschen erforderlich. Heil erweist sich damit als wunderbare Erfahrung, über deren Nachhaltigkeit das menschliche Subjekt im Diesseits entscheidet.

Literaturverzeichnis

Handschriften

[*Münchner Magnet*] München, Staatsbibliothek, Cgm 626, 1493, aus dem Kloster Tegernsee.
Nürnberg, Stadtbibliothek, Cent. VI 43°, 1. Hälfte 15. Jh., aus dem Nürnberger Katharinenkloster.
[*Prager Magnet*] Prag, Národní Knihovna, Cod. XVI E 9, nach 1487, aus dem Klarissenkloster Nürnberg, http://www.manuscriptorium.com/apps/index.php?direct=record&pid=AIPDIG-NKCR__XVI_E_9_____3DCG7RF-cs [letzter Zugriff: 21.02.2022].

---

54 Jolles, *Formen*, S. 54.

Sekundärliteratur

[Adelung] Adelung, Johann Christoph (Hrsg.): *Grammatisch-Kritisches Wörterbuch der Hochdeutschen Mundart* (Ausgabe letzter Hand, Leipzig 1793–1801), digitalisierte Fassung im Wörterbuchnetz des Trier Center for Digital Humanities (Version 01.2021), https://www.woerterbuchnetz.de/Adelung?lemid=N00221 [letzter Zugriff: 21.02.2022].

Benz, Maximilian: Art. ‚Himmel, Hölle'. In: Renz, Tilo/Hanauska, Monika/Herweg, Mathias (Hrsg.): *Literarische Orte in deutschsprachigen Erzählungen des Mittelalters. Ein Handbuch*. Berlin/Boston 2018, S. 271–285.

[Duden] Art. ‚Nachsicht'. Duden online, https://www.duden.de/node/100793/revision/100829 [letzter Zugriff: 21.02.2022].

[DWB] Art. ‚Vorsicht'. In: *Deutsches Wörterbuch von Jacob Grimm und Wilhelm Grimm*, digitalisierte Fassung im Wörterbuchnetz des Trier Center for Digital Humanities (Version 01.2021), https://www.woerterbuchnetz.de/DWB?lemid=V15111 [letzter Zugriff: 21.02.2022].

Gamper, Michael: *Vorsicht. Emergenz eines Dispositivs der Moderne*. Berlin 2015 (Labor der Phantasie, H. 4).

Gerhardt, Christoph: Individualgericht und das Ende der Geschichte. Die Exempelgeschichte ‚Udo von Magdeburg' als Abschluss des cgm 5. In: Delfosse, Heinrich P./Yousefi, Hamid Reza (Hrsg.): *‚Wer ist weise? der gute Lehr von jedem annimmt'. Festschrift für Michael Albrecht zu seinem 65. Geburtstag*. Nordhausen 2005, S. 347–368.

Haubrichs, Wolfgang: Art. ‚Mirakel'. In: Fricke, Harald [u. a.] (Hrsg.): *Reallexikon der deutschen Literaturwissenschaft*. Bd. 2. Berlin 2007, S. 608–612.

Helm, Karl: Die Legende von Erzbischof Udo von Magdeburg. In: *Neue Heidelberger Jahrbücher* 7 (1897), S. 95–120, und 9 (1899), S. 273–274.

Herzog, Urs: *Jakob Gretsers ‚Udo von Magdeburg' 1598. Edition und Monographie*. Berlin 1970 (Quellen und Forschungen zur Sprach- und Kulturgeschichte der germanischen Völker 33).

Janota, Johannes: *Geschichte der deutschen Literatur von den Anfängen bis zur Gegenwart*. Bd. III/1: *Die deutsche Literatur im späten Mittelalter. Epik, Lyrik, Didaktik, geistliche und historische Dichtung (1250–1350)*. München ⁵1997.

Jolles, André: *Einfache Formen. Legende, Sage, Mythe, Rätsel, Spruch, Kasus, Memorabile, Märchen, Witz*. Halle an der Saale 1930 (Forschungsinstitut für Neuere Philologie Leipzig, Neugermanistische Abteilung 2).

Jung, Bettina: *Das Nürnberger Marienbuch. Untersuchungen und Edition*. Tübingen 2004 (Texte und Textgeschichte 55).

Klein, Wassilios [u. a.]: Art. ‚Teufel'. In: Balz, Horst [u. a.] (Hrsg.): *Theologische Realenzyklopädie*. Bd. 33. Berlin/New York 2002, S. 113–147.

Köbele, Susanne: Die Illusion der ‚einfachen form'. Über das ästhetische und religiöse Risiko der Legende. In: *PBB* 134 (2012), S. 365–404.

Kobusch, Theo: Art. ‚Umsicht'. In: Ritter, Joachim [u. a.] (Hrsg.): *Historisches Wörterbuch der Philosophie*. Bd. 11. Basel 2001, S. 94–97.

Koch, Elke: ‚triuwe', ‚trôst' und ‚helfe'. Divergenzen und Konvergenzen geistlicher und weltlicher Konzeptionen in den Marienbüchern des Bruders Philipp und des ‚Passionals'. In: Lepsius, Susanne/Reichlin, Susanne (Hrsg.): *Das Mittelalter. Perspektiven mediävistischer Forschung*. Berlin 2015, S. 344–361.

Koch, Elke: Fideales Erzählen. In: *Poetica* 51 (2020), S. 85–118.

Krötzl, Christian: ‚Crudeliter afflicta'. Zur Darstellung von Gewalt und Grausamkeit in mittelalterlichen Mirakelberichten. In: Viljamaa, Toivo/Timonen, Asko/Krötzl, Christian (Hrsg.): *Crudelitas. The politics of cruelty in the ancient and medieval world*. Krems 1992 (Medium aevum quotidianum, Sonderband 2), S. 121–138.

Nowakowski, Nina: Der Antagonist als Heilsvermittler. Zum Teufel in der Hutepisode der ‚Reisefassung' des ‚Brandan'. In: Eming, Jutta/Fuhrmann, Daniela (Hrsg.): *Der Teufel und seine poietische Macht*. Berlin/Boston 2021, S. 25–50.

Öhgren, Edvin: *Die Udo-Legende. Ihre Quellen und Verbreitung mit besonderer Berücksichtigung ihrer Übersetzung ins Russisch-Kirchenslavische*. Uppsala 1954.

Palmer, Nigel F.: Art. ‚Udo von Magdeburg'. In: Ruh, Kurt (Hrsg.): *Die deutsche Literatur des Mittelalters. Verfasserlexikon*. Bd. 9. Berlin/New York ²1995, Sp. 1213–1220.

Rädle, Fidel: Aus der Frühzeit des Jesuitentheaters. Zur Begleitung einer Edition lateinischer Ordensdramen. In: *Daphnis* 7 (1978), S. 403–462.

Rädle, Fidel: ‚De Udone quoddam horribile'. Zur Herkunft eines mittelalterlichen Erzählstoffes. In: Bernt, Günter/Rädle, Fidel/Silagi, Gabriel (Hrsg.): *Tradition und Wertung*. Festschrift für Franz Brunhölzl zum 65. Geburtstag. Sigmaringen 1989, S. 281–293.

Rüth, Axel: *Imaginationen der Angst. Das christliche Wunderbare und das Phantastische*. Berlin/Boston 2019.

Schönbach, Anton E.: *Studien zur Erzählungsliteratur des Mittelalters*. Teil 3: *Die Legende vom Erzbischof Udo von Magdeburg*. Wien 1901 (Sitzungsberichte der Akademie der Wissenschaften in Wien. Philosophisch-Historische Klasse 144/2; Rädle, Fidel [Nachträge in: ebd. 145/6, Wien 1902, S. 78–91, und 156/1, Wien 1908, S. 337–352].

Spangenberg, Peter-Michael: *Maria ist immer und überall. Alltagswelten des spätmittelalterlichen Mirakels*. Frankfurt am Main 1987.

Weitbrecht, Julia [u. a.]: *Legendarisches Erzählen. Optionen und Modelle in Spätantike und Mittelalter*. Berlin 2019 (Philologische Studien und Quellen 273).

Williams-Krapp, Werner: Art. ‚Udo von Magdeburg'. In: Kühlmann, Wilhelm (Hrsg.): *Killy Literaturlexikon – Autoren und Werke des deutschsprachigen Kulturraumes*. 2., vollständig überarbeitete Auflage. Bd. 11. Berlin/Boston 2011, S. 645 f.

Wittmer-Butsch, Maria/Rendtel, Constanze: *Miracula. Wunderheilungen im Mittelalter. Eine historisch-psychologische Annäherung*. Köln/Weimar/Wien 2003.

Zapf, Volker: Art. ‚Udo von Magdeburg'. In: Achnitz, Wolfgang (Hrsg.): *Deutsches Literatur-Lexikon. Das Mittelalter*. Bd. 5: Epik (Vers – Strophe – Prosa) und Kleinformen. Berlin [u. a.] 2013, Sp. 1129–1134.

Natalie Ann Mlynarski-Jung
„se enwysten nicht, dat he was eyn deeff". Zur scheiternden Vigilanz im *Broder Rusche*

1

Der in der Forschung wenig bekannte Schwankroman *Bruder Rausch*[1] erzählt von einem Teufel, der in Gestalt eines Jünglings an einer Klosterpforte erscheint und den Abt des Klosters um eine Anstellung als Küchenknecht bittet. Der Abt kommt der Bitte des Jünglings, der sich als Rausch vorstellt, nach und nimmt ihn auf. Fortan erfüllt der junge Knecht auf Geheiß der Mönche allerdings die folgende Aufgabe: Er dient ihnen als Kuppler und arrangiert heimliche Treffen mit Frauen. Diesen Auftrag verfolgt er mit solchem Nachdruck, dass er eines Tages von dem Küchenmeister gezüchtigt wird, weil er dafür seine Küchendienste vernachlässigt. Aus Wut wirft Rausch den Küchenmeister in einen Kochkessel mit siedendem Wasser. Weil seine Tat unerkannt bleibt, wird er daraufhin zum neuen Klosterkoch befördert. Nach siebenjährigem Dienst wird er zum Ordensbruder ernannt, was ihm Gelegenheit zu listigen Schelmenstreichen gibt: Er schnitzt Knüppel für die Mönche, die sie im Streit um eine Frau nutzen, um sich zu prügeln. Dabei wirft Rausch eine Bank in die sich schlagende Menge, was zu gravierenden Verletzungen der Klosterbrüder führt. Schließlich wird er als Teufel enttarnt, nachdem er von einem Bauern, dessen Kuh er für die Versorgung des Ordens geschlachtet hat, bei einer Teufelsversammlung mit Lucifer belauscht worden ist. Rausch wird vom Abt in ein schwarzes Pferd verwandelt und aus dem Kloster verbannt. Sein Unwesen treibt er zuletzt in England, wo er in die Tochter des englischen Königs fährt. Vom Abt des Klosters ausgetrieben, wird er in eine Burg nahe dem Kloster verbannt, in der er bis zum Jüngsten Tag verharren muss.

In dieser Gestalt wird der Text im 15. und 16. Jahrhundert in Deutschland vielfach gedruckt und, in Form und Inhalt sukzessiv transformiert, schließlich auch in den Niederlanden, England, Dänemark und Schweden tradiert.[2] Als eines

---

[1] Im Folgenden greife ich immer dann auf den Titel *Bruder Rausch* zurück, wenn die Gesamtheit aller zum Textkorpus gehörenden Texte gemeint ist. Den niederdeutschen Titel *Broder Rusche* verwende ich hingegen explizit für die Analyse der niederdeutschen Inkunabel. Die Erträge der folgenden Untersuchung zum *Broder Rusche* müssen aufgrund der umfangreichen Transformationsprozesse der Texte jedoch nicht für andere textuelle Realisationen des Stoffes gelten.
[2] Eine ausführliche Bibliographie der Überlieferung findet sich bei Priebsch, *Bruder Rausch*, S. 51–72.

„der gelesensten Volksbücher"[3] seiner Zeit steht die erfolgreiche Rezeptions- und Überlieferungsgeschichte des Textes in einem eklatanten Missverhältnis zu seiner marginalen Rolle in der heutigen mediävistischen Forschung. Nur punktuell rückt der *Bruder Rausch*, insbesondere in Untersuchungen zur Gattungspoetik des Schwankromans, in den Vordergrund des Forschungsinteresses und wird damit ausschließlich im Zusammenhang mit den Vertretern seiner Gattung untersucht.[4] Neben seiner „komplex[en] und voller offener Fragen"[5] gebliebenen Tradierung wird die „antimonastische Tendenz"[6] des *Bruder Rausch* und seine Konzeption als „Satire auf die Verderbnis von Mönchen und Klöstern"[7] betont. „Gerade mit seiner beißenden Kritik", so Werner Röcke, „soll er wachrütteln, zur Umkehr mahnen, an die ursprünglichen Ziele klösterlichen Lebens erinnern."[8] Die „zeittypische mönchsfeindliche Einstellung"[9] des *Bruder Rausch* fußt auf der „Grundfabel (G)"[10] der Erzählung, die als Exempel in einem volkssprachigen geistlichen Prosatraktat des 13. Jahrhunderts überliefert worden ist.[11] Das „erbaulich-belehrende[] Mönchsexempel"[12] bestätigt *ex negativo* den ihm vorangestellten Lehrsatz zum göttlichen Frieden, so dass Kritik am Klerus geübt wird.[13] In Untersuchungen

---

3 Wimmer, Bruder Rausch, Sp. 866.
4 Vgl. zur Überlieferungsgeschichte des *Bruder Rausch:* Anz, Dichtung, S. 756–772; Anz, Broder Rusche, S. 76–112; Priebsch, *Bruder Rausch*. Arbeiten zur Gattungspoetik der Schwankromane, in deren Zusammenhang auch der *Bruder Rausch* untersucht wird, sind unter anderem: Röcke, *Freude*, S. 143–153; Melters, *Schwankroman*, S. 143–148. Nach umfangreichen Arbeiten zu dem Text(-korpus) und seiner Transformation sucht man jedoch vergeblich. In meiner Dissertation untersuche ich die Transformation des Stoffes innerhalb seiner im 13. Jahrhundert als Exempel eines geistlichen Prosatraktats einsetzenden und im 18. Jahrhundert in Schweden endenden Überlieferungsgeschichte sowie die Einpassung des Stoffes in die Gattung des Schwankromans. Bereits Werner Röcke weist darauf hin, dass die Transformation zur Gattung der Schwankromane in den deutschen Ausgaben noch nicht abgeschlossen ist und erst mit den niederländischen und englischen Drucken endet, vgl. Röcke, *Freude*, S. 32. Im Rahmen meiner Arbeit soll die Gattungszugehörigkeit des *Bruder Rausch* zu den Schwankromanen, von der in der Forschung ausgegangen wird, präzisiert werden.
5 Melters, *Schwankroman*, S. 143.
6 Harmening, Bruder Rausch, Sp. 1044.
7 Röcke, *Freude*, S. 152.
8 Ebd.
9 Harmening, Bruder Rausch, Sp. 1044.
10 Priebsch, *Bruder Rausch*, S. 9.
11 Das Exempel vom Teufel Albrecht ist in der fragmentarischen Handschrift London, Brit. Libr. MS Add 9048, die Robert Priebsch aufgrund ihres Inhalts als „Heilige Regel für ein vollkommenes Leben" betitelt, auf Bl. 30^{r-v} überliefert. Den Codex hat Priebsch ediert und kommentiert, vgl. *Heilige Regel*. Für das Exempel zum heiligen Frieden vgl. ebd., S. 48–50.
12 Harmening, Bruder Rausch, Sp. 1044.
13 Vgl. Röcke, *Freude*, S. 152.

zum *Bruder Rausch* wird dabei immer wieder der exemplarische „Nukleus"[14] des Stoffes fokussiert, der – unter Berücksichtigung der satirischen Zeichnung des geistlichen Figurenpersonals – die Interpretation des Textes als „Kritik an den Gravamina von Klerus und Kloster"[15] nahelegt.

Doch ist in der Erzählung neben dieser unterhaltend-kritisierenden Funktion noch eine belehrende Funktion angelegt, die sich an einen historischen Rezipienten richtet und diesen über die Möglichkeit der Entlarvung von Teufeln und Dämonen unterrichtet? Der Text verfügt über auffallend detaillierte Schilderungen zu den Listen des Teufels sowie zu seiner Fähigkeit, die Sinneswahrnehmung der geistlichen Gemeinschaft zu manipulieren. Konträr dazu wird in zahlreichen Erzählerkommentaren das Scheitern des Klerus an einer versäumten Enttarnung des Teufels vorgeführt. Aus diesem Grund möchte ich im vorliegenden Beitrag der Frage nachgehen, inwiefern der Schwankroman *Bruder Rausch* als eine Erzählung zu lesen ist, in der das Scheitern von Wachsamkeits- und Aufmerksamkeitsmechanismen der Figuren zur Entlarvung des Teufels narrativ inszeniert wird. Zu diesem Zweck greift der Beitrag auf den Terminus Vigilanz zurück, der im Folgenden nicht ausschließlich als körperlicher Zustand der Wachheit verstanden wird, sondern darüber hinaus als ein attentiver Modus,[16] der unter dem Einsatz von Sinneswahrnehmung ein aufmerksames Wahrnehmen der Außenwelt erfordert.[17] Vigilanz fungiert so als ein Instrument sozialer Überwachung und Selbst-

---

14 Melters, *Schwankroman*, S. 144.
15 Röcke, *Freude*, S. 152.
16 Dabei wird insbesondere im Christentum Wachsamkeit als wirksames Mittel propagiert, um diabolischer Einflussnahme zu entkommen und Sünden zu vermeiden, wie etwa im ersten Brief des Apostels Petrus zu lesen ist: „Seid nüchtern und wacht; denn euer Widersacher, der Teufel, geht umher wie ein brüllender Löwe und sucht, wen er verschlinge. Dem widersteht, fest im Glauben, […]" (1 Petr 5,8–9), Zitat nach der Lutherbibel von 2017 (https://www.die-bibel.de/bibeln/online-bibeln/lesen/LU17/1PE.5/1.-Petrus-5; letzter Zugriff: 18.03.2022). Als Unruhestifter im Kloster verhindert der Teufel Rusche mit seinem Wirken jedoch die Besinnung der Geistlichen auf ein besonnenes und wachsames Verhalten, vgl. hierzu auch Anm. 17.
17 Peter von Moos perspektiviert in seiner Arbeit die mittelalterliche Aufmerksamkeitslehre mit den Begriffen *devotio* (religiöse Dimension der *attentio*), *conscientia* (ethische Dimension der *attentio*) und *custodia* (politische Dimension der *attentio*); eine „wahrnehmungspsychologische[]" Dimensionierung fand unter „[m]ittelalterlichen Denker[n]", so Moos, weniger Beachtung (Moos, Attentio, S. 267). Die diskursive Engführung von *attentio* und *vigilantia* wird innerhalb der verschiedenen Dimensionen der *attentio*-Lehre implizit deutlich. So wird Wachsamkeit als mögliche Realisierungsform einer „Aufmerksamkeitsdisposition" (ebd., S. 283) innerhalb eines moraltheologischen Kontexts verstanden oder als „Wachen und Bewachen, Schutz und Überwachung" (ebd., S. 289) in einem politischen Sinne, was insbesondere in der biblischen Parabel vom „Dieb in der Nacht" beobachtbar ist. Für die Analyse des Schwankromans *Bruder Rausch* und die Untersuchung der Frage, ob und inwiefern der Text Wachsamkeits- und Aufmerksamkeitsphäno-

überwachung, um diabolische und dämonische Bedrohungen, die insbesondere im Spätmittelalter Furcht evozierten,[18] frühzeitig zu erkennen und ihnen zu entgehen. Am Beispiel des ältesten bekannten mittelniederdeutschen *Rausch*-Drucks (ca. 1488) des Stendaler Druckers Joachim Westval, den ich im Folgenden seiner mittelniederdeutschen Titelgebung entsprechend als *Broder Rusche* bezeichnen werde,[19] möchte ich skizzieren, inwiefern in der Erzählung Rezipientenwissen[20] zur Enttarnung des Teufels konstruiert und modelliert wird. Hierzu wird der *Broder Rusche* im Hinblick auf seine narrative Inszenierung der Sinneswahrneh-

---

mene *ex negativo* verhandelt, bietet sich die bei Moos einem funktionalen Zweck unterworfene wahrnehmungspsychologische Dimension von Aufmerksamkeit an. Denn es ist fraglich, ob ein Schwankroman, der sich gattungstypologisch unter anderem durch seine stereotype Figurengestaltung auszeichnet, eine narrative Abhandlung religiöser oder moraltheologischer Praktiken der Aufmerksamkeit intendiert. Die politische Kontextualisierung von Wachsamkeits- und Aufmerksamkeitspraktiken im *Bruder Rausch* erscheint hingegen insofern als durchaus denkbar, als der Teufel als Antagonist des Klerus auftritt und innerhalb der geistlichen Gemeinschaft einen unrechtmäßigen Eindringling darstellt, womit er die soziale Norm stört. Gleichzeitig überwacht der Teufel die soziale Gemeinschaft der Mönche und übt Macht über sie aus. Erst durch seine Bannung wird das Machtmissverhältnis umgekehrt und die Ordnung innerhalb des Klosters wiederhergestellt.

18 „Obwohl in der konkreten Ausgestaltung nur bedingt biblisch und theologisch nicht zwingend notwendig – das Böse in der Welt mußte überhaupt erst begründet werden –, ist der Teufel eine nicht wegzudenkende, zentrale Figur der religiösen Vorstellungswelt des Mittelalters [...]" (Goetz, *Gott*, S. 343 f.). Auch Peter Dinzelbacher betont in seinen Arbeiten zum Teufelsglauben im Mittelalter, dass die „Präsenz des Bösen und die Angst vor seinem Wirken" im hohen Mittelalter „in unerhörtem Maß" zunahm (Dinzelbacher, *Angst*, S. 100). In der insbesondere im spätmittelalterlichen geistlichen Spiel zu beobachtenden verharmlosenden Darstellung des Teufels als dumm und einfältig sieht Dinzelbacher zudem einen „Beleg für die wachsende Teufelsfurcht des ausgehenden Mittelalters [...]: man sucht seinen Gegner, dessen Wirken auf Erden die Leute mehr und mehr beschäftigte, lächerlich zu machen, seine Gefährlichkeit zu verdrängen" (Dinzelbacher, *Realität*, S. 164).

19 Als Primärtextgrundlage fungiert die kürzlich erschienene Edition der Deutschen Versnovellistik (*DVN*), in der neben der niederdeutschen Inkunabel *Broder Rusche* auch der älteste bekannte Vertreter der hochdeutschen Drucktradition des *Bruder Rausch* ediert worden ist: der Straßburger Druck Martin Flachs von 1508 mit dem Titel „DIs biechlin saget võ Bru∥der Rauschẽ vnd was er ∥ wunders getribẽ hat in einem Closter darin er. vij. jar. ∥ sein zeit vertribẽ vñ gedienet hat in eines kochs gestalt". Das deutsche Textkorpus ist mit neuen Siglen versehen worden. Im Folgenden werde ich Zitate aus der niederdeutschen Inkunabel unter Nennung der Versangabe und der Sigle ‚Ste' nachweisen. Der Straßburger *Rausch*-Druck von 1508 trägt wiederum die Sigle ‚Str²', vgl. Schwab, Bruder Rausch, S. 892–913.

20 Die Untersuchung beschränkt sich dabei nicht ausschließlich auf die Frage nach der narrativen Konstruktion und Modellierung von fehlendem Rezipientenwissen. Darüber hinaus soll auch geprüft werden, ob und auf welchen Ebenen im *Broder Rusche* an bereits bestehende Wissensbestände angeknüpft wird.

mung und des Wissensstands der Figuren sowie der Erzählerkommentare des heterodiegetischen Erzählers untersucht. Dabei wird sich mein Beitrag der Beantwortung folgender zentraler Fragen widmen: Welche Formen der sinnlichen Wahrnehmung unterliegen der diabolischen Einflussnahme und Kontrolle durch Rusche? Werden Beobachtungsverhältnisse zwischen den Figuren modelliert, die als visuelles Wahrnehmungsinstrument soziale Überwachung generieren? Wie wird die Entdeckung des Teufels erzählerisch inszeniert? Wie ist die Tatsache zu werten, dass seine Entlarvung einem dem Kloster unterstehenden Bauern zukommt? Welches Teufelsbild wird dem Rezipienten über die Erzählinstanz auf der intra- und extradiegetischen Erzählebene vermittelt?

2

Bevor ich zu der Analyse der Erzählung übergehe, soll das markante Titelblatt der acht Blatt schmalen, im Quartformat gedruckten Inkunabel einer kurzen Betrachtung unterzogen werden: Es besteht aus einem Holzschnitt, der eine Illustration und am Kopfende der Seite den Titeltext „Broder Rusche" mit rubrizierter Initiale enthält. Informationen zum Druckort oder -jahr, zum Drucker selbst und zum Verfasser fehlen.[21] Der hochrechteckige Holzschnitt mit einer Höhe von 10,5 cm und einer Breite von 8,9 cm am oberen beziehungsweise 8,8 cm am unteren Rand zeigt einen Teufel im Mönchshabit beim Schnitzen von Holzknüppeln. Der Teufel ist mit diversen tierischen Attributen ausgestattet,[22] worauf bereits Röcke verweist:

> Im Titelholzschnitt [...] ist die Verbindung menschlicher und tierischer Züge und damit der groteske Effekt gut getroffen, wie er für dämonisch-teuflische Figuren charakteristisch ist: Rusche besitzt die typischen Fledermausohren des Teufels, die weit aufgerissenen Augen, die gesträubten Haare, den Bocksbart und die mächtige Nase [...].[23]

---

21 Siehe hierzu den Stendaler Druck Westvals Broder Rusche, Bl. 8ʳ. Es befindet sich lediglich eine Druckermarke am Ende des Textes, über die Joachim Westval als Drucker erschlossen werden konnte. Zur Erschließung vgl. Anz, Dichtung, S. 758.
22 Peter Dinzelbacher führt die häufige Erscheinung von irdischen Teufeln in Tierform im Hoch- und Spätmittelalter auf die von wilden Tieren im Allgemeinen ausgehende Gefahr zurück, wodurch die Semantisierung des personifizierten Bösen als Bedrohung zusätzlich potenziert wird: „Im Mittelalter waren viele Tiere, die heute auf den Zoo beschränkt sind, noch tatsächlich Grund, eine verhaltensbiologisch sinnvolle Realangst auszulösen. Bären und Wölfe lebten in der Umgebung der Dörfer und konnten in strengen Wintern sogar in die Städte kommen. Es gab keine Tollwut-Impfungen, weswegen auch Hunde und Katzen faktisch gefährlich sein konnten, ganz zu schweigen von giftigen Schlangen" (Dinzelbacher, Angst, S. 107).
23 Röcke, Freude, S. 143.

Darüber hinaus verfügt Rusche neben gewaltigen Eberzähnen und unter seiner Kutte hervorragenden Teufelskrallen über menschlich geformte Hände, die die hybride Erscheinungsform des irdischen Teufels verstärken. Diese dienen dem Schnitzen von Knüppeln und damit vordringlich dem erfolgreichen diabolischen Listhandeln.[24] Die zwischen Mensch und Tier changierende hybride Gestaltungsform des Teufels folgt „weitgehend bekannten Stereotypen, die sich größtenteils mit der ikonographischen Tradition [...] decken."[25] Der Teufel steht linksseitig unter einem von zwei Säulen gestützten Rundbogen, der mit dem Bildrahmen korrespondiert. Im oberen Bildbereich der Illustration ist mittig eine bogenförmige Öffnung zu erkennen, durch die eine Wiese und ein Baum zu sehen sind. Diese Öffnung, die einen Blick nach außen erlaubt und hierdurch die Abgeschiedenheit des Klosters andeutet, markiert den Raum, in dem Rusche sich befindet, als einen Innenraum. Diese Darstellung wirft die Frage auf, inwiefern hierdurch bildlich eine Vorausdeutung auf die Entdeckung Rusches während der Teufelsversammlung auf einem hohlen Baum erfolgt.[26] Die Öffnung mit Blick auf den Baum ist im oberen Bildbereich relativ zentral angeordnet und befindet sich auf Blickhöhe des Protagonisten. Das Gesicht und der starre Blick des Teufels sind auf den Baum gerichtet, so dass er seinem Schicksal entgegensieht.

---

[24] Betrachtet man das Bildprogramm jüngerer *Rausch*-Drucke, erkennt man eine deutliche Anlehnung an die hybride, menschlich-tierische Darstellung des Teufels Rusche im Holzschnitt der niederdeutschen Inkunabel Ste.

[25] Hammer, Ordnung, S. 218. Ob der Teufel Rusche auch monströse Züge enthält, was Hammer für die Darstellungsformen des Teufels in der geistlichen Literatur des Mittelalters untersucht hat, kann im Zuge der folgenden Analyse nicht näher eruiert werden. Es fehlen allerdings – und dies sei in aller Kürze bemerkt – olfaktorische monströse Züge, wie der Schwefelgeruch infolge des Speiens von Feuer, während der Text die akustische Sinneswahrnehmung, nämlich Rusches Heulen im Zuge seiner Bannung (vgl. Ste, V. 296), durchaus thematisiert. Diskutabel ist jedoch, inwiefern dies als spezifisch monströse Eigenart einzuordnen ist und nicht etwa auch als typisch diabolische Gebärde infolge der Bannung verstanden werden kann.

[26] Von einem heilsgeschichtlichen Interpretationsstandpunkt ausgehend wäre ebenfalls zu überlegen, inwiefern die bildliche Darstellung des Baums im Titelholzschnitt nicht etwa auch den Baum der Erkenntnis und somit den Sündenfall des Menschen referenziert, der moraldidaktisch durchaus mit der Narration korrespondieren dürfte. Dieser Interpretationsansatz muss jedoch zurückgestellt werden, insofern die Narration keine expliziten Hinweise auf einen heilsgeschichtlichen Interpretationsrahmen vorgibt, während die bildliche Vorausdeutung auf Rusches Enttarnung als Rahmen für das nachfolgende Negativ-Exempel fungiert.

Abb. 1: Titelblatt der Inkunabel des *Broder Rusche*. Forschungsbibliothek Gotha der Universität Erfurt.

Insgesamt hat der Peritext[27] einen Verweischarakter und eine rahmengebende Funktion für die nachfolgende Narration: der Teufel wird als Schwankheld dargestellt, seine Listhandlung vorausgedeutet, der Handlungsort sowie der Enttarnungsort des Teufels dem Rezipienten suggeriert. Doch in der bildhaften Darstellung des Teufels korrespondiert der Titelholzschnitt nicht mit dem Inhalt der Verserzählung, es besteht eine, die Erscheinungsform des Teufels Rusche betreffende, deutliche Diskrepanz zwischen der Text- und der Bildebene. Während Rusche den Mönchen in der Erzählwelt stets in menschlicher oder in tierischer

---

27 Unter dem Begriff ‚Peritext' verstehe ich im genetteschen Sinne einen Text, der sich „im Umfeld des Textes, innerhalb ein und desselben Bandes, wie der Titel oder das Vorwort, mitunter in den Zwischenräumen des Textes, wie die Kapitelüberschriften oder manche Anmerkungen" befindet. Zusammen mit dem ‚Epitext', der nach Genette zwar noch „im Umfeld des Textes, aber in respektvoller (oder vorsichtiger) Entfernung", also „ursprünglich außerhalb des Textes angesiedelt" ist (z. B. Interviews, Briefwechsel, Kommentare etc.), bildet der ‚Peritext' den ‚Paratext' (Genette, *Paratexte*, S. 12). Zum Paratext und seiner Pluralisierung in der Frühen Neuzeit vgl. Ammon/Vögel, *Pluralisierung*, insb. S. VII–XIX.

Eigenart,[28] also nie als hybrides Wesen begegnet, wird dem Rezipienten die hybride Erscheinungsform des Teufels im Peritext bildlich präsentiert. Der Rezipient erkennt die Figur Rusche somit aufgrund ihrer stereotypen Gestaltung, die an geläufige spätmittelalterliche Darstellungsformen des Teufels anknüpft,[29] als *malum*. Der Titelholzschnitt nimmt hier eine informationsergänzende Funktion ein, indem der Peritext den Kerntext um zusätzliche Informationen zum Erscheinungsbild des Teufels komplettiert. Das Bildprogramm offenbart dem Rezipienten so das wahre Wesen des Teufels. Es entsteht ein Kommunikationsraum, in welchem dem Rezipienten bildhaft Wissen vermittelt wird, das in der Erzählwelt gänzlich ausgeklammert wird und das vor allem den Mönchen zur Entlarvung des Teufels fehlt.[30] Indem die Erzählung unverzüglich mit der Amoralität der Klostergemeinschaft einsetzt, die die Ankunft des Teufels provoziert, entsteht eine Referentialität zwischen Peri- und Kerntext, die nur unmittelbar zusammenhängend rezipiert ihre volle Bedeutung entfalten können: Der Schwankheld im *Broder Rusche* wird im Peritext als die Personifikation des Bösen eingeführt, der durch sein übernatürliches Wesen – im Vergleich zu Schwankhelden wie dem Pfaffen Amis, dem Ulenspiegel oder dem Pfaffen vom Kalenberg – ein gesteigertes Maß an Bedrohung darstellt. Gleichzeitig aber wird in der Narration „der Versuch unternommen, die Bedrohlichkeit der Figur durch die Verbindung mit komischen Zügen zu unterlaufen und abzuschwächen, also handhabbar zu machen."[31] So markiert der Kerntext den schwankhaften Erzählmodus der Erzählung gleich zu Beginn und relativiert das über den Peritext kommunizierte, furchterregende Bild des Teufels spätestens dann, wenn Rusche in der England-Episode zum unterwürfigen Diener des Abtes degradiert wird. Die Hybridität der Teufelsfiguration manifestiert sich folglich zum einen über ihre bildhafte Darstellung als Misch-

---

28 Der Teufel präsentiert sich den Mönchen anfangs noch als Jüngling (vgl. Ste, V. 11), nach seiner Entdeckung verwandelt er sich in ein schwarzes Pferd (vgl. Ste, V. 298f.).
29 „Im Übrigen zeichnen sie [die Teufel; Anmerkung N.M.-J.] sich durch die typischen Hybridformen aus: Sie sind z.T. geflügelt oder können sich durch die Luft bewegen, sind tiergestaltig bzw. tierköpfig: Züge, die besonders im Spätmittelalter wesentlich betont werden, wo der Teufel in Bild und Text vielfach mit Ziegenhörnern, Pferde- oder Hahnenfuß, Schwanz und Krallen dargestellt wird, also als Wesen, in dem die menschliche von mehreren verschiedenen tierischen Eigenarten überlagert wird" (Hammer, Ordnung, S. 218).
30 Fraglich ist, warum die Enttarnung des Teufels nicht durch die Mönche erfolgt, denn „jede menschliche Gestalt [des Teufels; Anmerkung N.M.-J.] ist [...] eine Larve, die die Teufelszeichen, Hörner, Schwanz-, Bocks- oder Pferdefüße, nicht verdecken kann" (Petzoldt, Teufel, S. 159). Solche markanten Teufelszeichen erwähnt der Text hingegen nicht; der Teufel erscheint in den Kerntexten aller deutschsprachigen Drucke des *Bruder Rausch*-Korpus ausschließlich in Gestalt eines Jünglings.
31 Röcke, *Freude*, S. 151.

wesen zwischen Tier und Mensch und zum anderen über die in der Erzählung zwischen Macht und Ohnmacht schwankende Figurengestaltung.

3

Die Verserzählung setzt mit einer aus den Promythien von Mären geläufigen „modellhaft reduziert[en]"[32] Konstellation ein:

> Eyn closter vor eyneme walde lach,
> dar vele wunders inne schach:
> dar weren monneke in eyn deyl,
> se weren junck unde geyl
> unde swarte kappen droghen se daer;
> se endeneden gode nicht eyn haer.
> eyn islick hadde dar eyn wyff,
> des quam under em mennich kyff.
>
> (Ste, V. 1–8)

Ort und Zeit sind unbestimmt, die Figuren sind namenlos und in ihrer stereotypen Gestaltung als sexuell umtriebige Pfaffen „Repräsentanten vorgegebener (Laster-) Gruppen".[33] Die Lasterspezifikation des Figurenpersonals im Texteingang deutet den sich anbahnenden Konflikt im *Broder Rusche* bereits voraus. Gerade weil die Mönche des Klosters allein an der Erfüllung ihrer sexuellen Begierden, nicht aber an Gott interessiert sind, erscheint der Teufel an der Klosterpforte: „de duvel ore levent alsusz vornam, | vor de porten dat he quam" (Ste, V. 9 f.). Der Teufel verfolgt das Ziel, die im Kloster herrschende Amoralität zu potenzieren, um das Seelenheil der Mönche gänzlich zu verhindern.[34]

---

[32] Grubmüller, *Ordnung*, S. 81.
[33] Ebd., S. 82.
[34] Indem die Präsenz des Teufels im Kloster auf die sündige Lebensweise der geistlichen Gemeinschaft zurückgeführt wird, ist der „Ausgangspunkt der Handlung", wie in den Stricker'schen Mären, „eine Störung des göttlichen Ordo". Die Restitution des Ordo erfolgt im *Broder Rusche* aber nicht über eine „direkte Restitution des als korrekt angenommenen Ausgangszustandes" – in der Verserzählung wird der Zustand gestörter Ordnung vielmehr, qua der narrativen Struktur der Schwankromane, episodenhaft erzählt und in der Auserzählung diverser Listhandlungen des Teufels sogar gesteigert (Grubmüller, *Ordnung*, S. 83). Zur Erzählstruktur der Schwankromane vgl. unter anderem Fischer, Gattungsform, S. 291–299; Strohschneider, Schwank, S. 151–171; Strohschneider, Kippfiguren, S. 163–190. Melters erschließt für die Gattung der Schwankromane eine offene Episodenstruktur als Gattungsmerkmal, verweist allerdings darauf, dass die Erzählstruktur im *Salomon und Markolf* wie im *Bruder Rausch* „von anderer Art als in den übrigen Schwankromanen [ist]. In beiden Texten wird stärker sukzessiv-logisch erzählt als in den übrigen Romanen.

Zu diesem Zweck muss der Teufel unerkannt im Kloster agieren. Er erscheint an der Klosterpforte „alse eyn jungelinck" (Ste, V. 11). Die Fähigkeit zur Metamorphose wertet Hans-Werner Goetz als „Kennzeichen des Teufels", gerade darin liege die „Effizienz seines Wirkens".[35] Den Geistlichen ist es nicht möglich, hinter Rusche den Teufel zu erkennen, solange er sich ihnen als Jüngling präsentiert. Sein transformiertes Auftreten entspricht einem „Trugbild",[36] welches die visuelle Wahrnehmung des Menschen zu täuschen vermag. Die Täuschung des Teufels beschränkt sich aber nicht nur auf sein Erscheinungsbild, auch sein konziliantes Auftreten gegenüber der Klostergemeinschaft ist fingiert. So betont der Erzähler mehrfach die manipulativen Fähigkeiten des Teufels in der Kommunikation mit den weiteren Figuren („den meyster he gr[o]tede wol, | alse eyn knecht van rechte doen schal", Ste, V. 22f.) und in der Fokalisierung der Intentionen Rusches („de duvel kunde wol reden, | synen heren wolde he bescheyden", Ste, V. 30f.). Die Täuschungen des Teufels vollziehen sich folglich auch auf einer sprachlichen Ebene. Der Teufel besitzt die Fähigkeit, neben der visuellen auch die auditive Wahrnehmung der Klostergemeinschaft zu manipulieren, indem er dem Konvent die Idealvorstellungen eines loyalen und gehorsamen Knechts optisch wie sprachlich vorgaukelt.

Dieses trügerische Auftreten des Teufels wiederum schließt die Möglichkeit seiner Entlarvung durch die Brüder keineswegs aus. So fällt Rusches Antwort auf die Frage nach seiner Herkunft nicht besonders präzise aus und deutet bereits an, dass der neue Küchenknecht etwas zu verbergen hat: „Ruszke byn ick genant, | ghekamen verne uth froemde lant" (Ste, V. 32f.). Der Teufel spielt mit der Verortung seiner Herkunft in der Fremdheit auf die Hölle an. Doch gerade diese Vagheit ist es, die einen aufmerksamen Gottesdiener durchaus hätte aufhorchen und Zweifel an der vermeintlichen Identität des Jünglings hegen lassen können. Einen „Anstoß zum Selbstdenken, zur eigenen Interpretation des [sprachlichen] Bildes", wie Peter von Moos in Bezug auf die philosophische Kommunikationslehre der „initialen Provokation durch Sinnhaftes"[37] formuliert, gibt Rusche durch die sinnverdunkelnde Vagheit seiner Aussage gewiss. Die potentielle Entdeckung der Teufelsfigur ist hier nicht nur an ein passives Hören, sondern an aktives Zuhören geknüpft, das einer „intentionalen Wahrnehmung"[38], einer aufmerksamen Zu-

---

Erst in den späteren Zeugnissen wird durch Eingliederung weiterer Episoden und durch ein ausgeprägtes typographisches Programm die Episodenstruktur stärker unterstrichen" (Melters, *Schwankroman*, S. 148).

35 Goetz, *Gott*, S. 229.
36 Hammer, *Ordnung*, S. 221.
37 Peter von Moos, *Attentio*, S. 270.
38 Ebd., S. 268.

wendung bedarf. Nur auf diese Weise können die Anspielungen des Teufels adäquat erfasst und interpretiert werden. Doch ein tiefergehendes Interesse an der Ergründung von Rusches Aussage hat der Abt nicht, er antwortet dem Teufel unvermittelt mit der Frage: „Ruszke, leve knecht myn, | kanstu my nicht roffen eyn frowelin fyn?" (Ste, V. 34 f.). Die Aufmerksamkeit des Abtes gilt alleine der Bitte um Rusches Kupplerdienste, die der Teufel schließlich dem gesamten Konvent zur Verfügung stellt: „de anderen monke vornemen de sake, | dat Ruszke kunde roffen wol, | des worden se aller froude ful" (Ste, V. 59–61).

Innerhalb der geistlichen Gemeinschaft besteht kein grundsätzlicher Mangel an Wachheit, die der Teufel, wie in den Predigtexempeln des Caesarius von Heisterbach vielfach exemplifiziert,[39] durchaus zu manipulieren vermag. Symptomatisch für den Konvent ist vielmehr die Fehlgerichtetheit von Aufmerksamkeit, die ausschließlich im Dienste der Erfüllung fleischlicher Begierden steht. Der vermeintliche Küchenknecht wird kurzerhand eben jenem regelwidrigen und amoralischen Zweck, dem Bruch des Zölibats, untergestellt und zum Kuppler umfunktioniert. Den Plänen des Teufels widerspricht dies keineswegs. Schon während seiner Ankunft im Kloster verfügt er über das Wissen um den sündhaften Lebensstil der Mönche und nutzt dieses besonders listenreich (vgl. Ste, V. 9). Bereits zu Beginn der Erzählung verweist er auf seine Qualitäten als Knecht, indem er dem Abt seine Schweigsamkeit und stete Bereitschaft zur Geheimhaltung darlegt: „ock kan ick wol swygen unde helen, | dat my de gude lude bevelen" (Ste, V. 17 f.). Durch diese argumentative Vorgehensweise sichert sich der Teufel nicht nur seine Anstellung im Kloster als Küchenknecht, er initiiert hierdurch auch die nachfolgende Bitte des Abtes um seine Kupplerdienste.[40] Die erfolgreichen Verkupplungstätigkeiten Rusches sind es letztlich, die seine Entlarvung verhindern. Darauf verweist der Erzähler pointiert, wenn er die Verkupplungserfolge des Teufels dem Nichtwissen des Klosterkollektivs über die Präsenz des Teufels in seinen eigenen Reihen narrativ gegenüberstellt:

---

39 Siehe Caesarius von Heisterbach, *Dialogus*, V,5. Die Teufel sorgen im fünften Exempel der fünften Distinktion für Dissonanzen während des Chorgesangs und für Schläfrigkeit während des Nachtgebetes.

40 Rusches überlegtes und planvolles Handeln ist, so Röcke, „das Zeichen des Schwankhelden, der den Denk- und Handlungsmustern seiner Gegner nicht mehr unterworfen ist, sondern im Gegenteil mit ihnen zu spielen vermag" (Röcke, *Freude*, S. 149). Röcke bezieht diese Überlegenheit des Schwankhelden Rusche in erster Linie auf seine souverän eingefädelte List, infolge welcher sich der Konvent mit den von Rusche geschnitzten Holzknüppeln gravierende Verletzungen zufügt. Affektgesteuertes Handeln des Schwankhelden wiederum, das durch Rache motiviert ist, sieht Röcke in der Ermordung des Klosterkochs (vgl. ebd., S. 149).

> welck monck eyn wyff wolde haen,
> de muste jo to Ruszken gaen,
> so brachte he em na den wyllen syn
> eyn schone juncfrouwelin.
> darumme hadden se em alle leeff,
> se enwysten nicht, dat he was eyn deeff.
>
> (Ste, V. 62–67)[41]

Schließlich bedient der Teufel Rusche das gesamte Feld sinnlicher Genüsse, wenn er die freitags zum Vegetarismus verpflichtete Klostergemeinschaft mit Fleischspeisen versorgt:

> he leeth den monken neynen brock:
> meyster Ruszck makede de spyse gued,
> des weren *de* monke wolgemoeth.
> des frydages plach de sulve Rusz
> to kakende eyn gued fleesz moesz.
>
> (Ste, V. 87–91)

Rusche verführt die Mönche durch das Kochen insgesamt, aber insbesondere durch die Zubereitung von Fleischspeisen, zu Völlerei und zur Missachtung des Fastengebots an Freitagen.[42] In seiner Position als Klosterkoch missbraucht er folglich auch die gustatorische und olfaktorische Sinneswahrnehmung der Brüder, die sich zunehmend den äußeren, irdischen Genüssen zu- und damit von einer *vita contemplativa* abwenden, für seine boshaften Zwecke. Im Fasten sieht Jesus, so Walter Dürig mit Verweis auf das Matthäusevangelium, „eine Waffe im Kampf gegen den Satan (Mt 17,21)",[43] den die Ordensbrüder infolge ihres sündhaften Verhaltens im Begriffe sind zu verlieren.

---

41 Henrike Schwab macht in der Edition des *Broder Rusche* (Ste) darauf aufmerksam, dass mittelniederdeutsch „deeff" auch als Beleidigung fungierte (vgl. Schwab, Bruder Rausch, S. 895), wobei die Bezeichnung Rusches als Dieb handlungslogisch insofern plausibel ist, als er die Kuh des Bauern nicht nur schlachtet, sondern „dat achterdeel van der ko" (Ste, V. 190) auch stiehlt, um es den Klosterbrüdern zuzubereiten. Im Straßburger Druck von 1508 wird die Bezeichnung Rusches als Dieb semantisch mit dem Mord des Klosterkochs sowie mit Rusches mörderischen Absichten in Bezug auf die Manipulation der geistlichen Gemeinschaft zur gegenseitigen Ermordung verknüpft: „sie westen nit, das er was ein mörder dieb | vnd sich darumb zů jn geselt, | das er sie in die hellen felt" (Str², V. 90–92).
42 Vgl. die Ausführungen Dürigs in seinem Artikel zu den biblischen Voraussetzungen und der Entwicklung des Fastens im Mittelalter (Dürig, Voraussetzungen, Sp. 304).
43 Ebd.

Neben der Zuwendung der Brüder zu fleischlichen Genüssen jeglicher Art trägt auch die von Vorsicht geprägte Planung der Listen Rusches zu seinem langjährig unentdeckten Aufenthalt im Kloster bei. Denn diese plant und vollzieht er stets innerhalb der Sphäre des Heimlichen.[44] Nach seiner Ernennung zum Mitbruder verlagert Rusche das Schnitzen der Holzknüppel in das dezentrale „porthusz" (Ste, V. 106) und stellt diese erst nach deren Fertigstellung „vor syne celle" (Ste, V. 112), um sie den Klostermitgliedern zugänglich zu machen. Während der mitternächtlichen körperlichen Auseinandersetzung der beiden um Prior und Abt gespaltenen Lager wird die sich schlagende Menge ihres visuellen Wahrnehmungsvermögens beraubt, indem Rusche das Licht heimlich löscht und dadurch erneut ungesehen agieren kann: „erer eyn kunde den anderen nicht seen" (Ste, V. 155), merkt der Erzähler an und fokalisiert hierdurch die Wahrnehmung der Brüder. Im Schutz der Dunkelheit wirft Rusche schließlich eine Bank auf die aufeinander einprügelnden Mönche, was zu fatalen Verletzungen führt und schließlich auch den diabolischen Missbrauch an der taktilen Wahrnehmung der Klosterbrüder offenlegt: „de eyne brack de knaken dar, | de ander den arm efte de hant; | erer eyn bleff dar nicht ungeschant" (Ste, V. 159–161). Diesen von Anonymität, Chaos und hemmungsloser Gewalt geprägten Zustand unterbricht Rusche abrupt, indem er „brachte under syner kappen eyn licht" (Ste, V. 166). Im Spiel mit der visuellen Wahrnehmung der Mönche wird die Machthoheit des Teufels deutlich. Rusche verlagert seine schalkhafte List in die Sphäre des Nicht-Sichtbaren, während er stets kontrolliert, welche visuellen Sinneseindrücke die Klosterbrüder wahrnehmen können. Darüber hinaus steuert Rusche zugleich das Vermögen der Klosterbrüder, die zuvor erfolgte Prügelei situativ einzuordnen und in einen Interpretationsrahmen zu setzen. Durch das Monieren der desolaten sozialen Verhältnisse innerhalb der Klostergemeinschaft und durch die anschließende Mahnung der Brüder zu „fruntschap" (Ste, V. 170) verschleiert der Teufel seine aktive Beteiligung an der körperlichen Versehrtheit der Mönche. Nicht nur sein äußeres Erscheinungsbild als Jüngling und Klosterbruder, sondern auch die Inszenierung seiner selbst als loyales und integres Klostermitglied entspricht folglich der Larve des Teufels. Mit dieser Strategie verfolgt der Teufel das Ziel, eine Beobachtung seiner Listhandlungen zu verhindern.

Aufgrund der akribischen Planung seiner Listen und der Kontrolle über die sinnliche Wahrnehmung der Mönche kann seine Entlarvung nur durch eine an-

---

44 Auch die Ermordung des Klosterkochs erfolgt ohne die Anwesenheit der Klostermitglieder. Sie ist jedoch eher als ein von Spontaneität und Affektivität gezeichnetes Vergehen zu bewerten und weniger als Teil der Planungen Rusches zu verstehen, vgl. hierzu Röcke, Freude, S. 149.

dere Figur erfolgen. Während der Tötung der Kuh handelt Rusche erneut affektiv und spontan, denn

> he hadde to der koken nicht gedacht,
> des quam he gelopen in groter jacht.
> by deme weghe vant he sunder waen
> eyne ko in der weyde gaen,
> he nam dat achterdeel van der ko
> unde jagede to deme kloster tho;
> de spyse bereyde he myt der farth,
> dat se tohant gaer warth.
>
> (Ste, V. 186–193)

Und diese spontane Handlung Rusches ist es schließlich, die den Bauern auf den Plan ruft. Ein „arme[r] huszman" (Ste, V. 195), wie es in der Erzählung heißt, begibt sich auf die Suche nach seiner Kuh. Dabei expliziert der Erzähler die Absichten des Bauern während seiner Nachforschungen wie folgt: „he wolde to male gerne weten, | war syne ko gekamen were" (Ste, V. 197 f.). Diese Explikation weist auf eine intentionale, zielgerichtete Aufmerksamkeit des Bauern hin, die er allein auf die Suche nach dem Tier richtet. Im jüngeren niederdeutschen Druck Hans Dorns von ca. 1519 ebenso wie in der hochdeutschen Drucktradition wird diese Lesart durch die Ergänzung des Verses „dar nach was alle syn boghere"[45] sogar noch verstärkt. Erst als der Bauer die verstümmelte, tote Kuh findet, ahnt er, dass für die Teilung und Schlachtung des Tiers kein Wolf verantwortlich ist (vgl. Ste, V. 201 f.). So findet sich der Bauer auf seiner langen Suche bei Einbruch der Nacht orientierungslos an einem unbekannten Ort wieder und beschließt, „dusse nacht" (Ste, V. 206) in einem hohlen Baum zu verbringen. Die Dunkelheit beraubt ihn seiner visuellen Wahrnehmung, so dass eine optische Enttarnung Rusches unmöglich wird. Von seiner akustischen Wahrnehmung hingegen kann der Bauer umso mehr Gebrauch machen und so wird er zum Zeugen der auf dem hohlen Baum stattfindenden Teufelsversammlung,[46] bei der Rusche sich seiner diabolischen Taten im Kloster rühmt:

> he sprack: „here Lucifer, tohant
> ick wyl kamen aver nicht lanck
> unde brengen iw al de broder myn;

---

[45] Schwab ergänzt in ihrer Edition den Stendaler Schwab, *Rausch*-Druck Joachim Westvals (Ste) um den zitierten Vers des Braunschweiger Drucks (Br), siehe Bruder Rausch, S. 900. Für die Spezifikation der Ambitionen des Bauern greift der Straßburger Druck Flachs interessanterweise auf Verben visueller Wahrnehmung wie „schawen" (Str², V. 248) und „sehen" (Str², V. 251) zurück.
[46] Zum Motiv des Teufelsrapports im *Bruder Rausch* vgl. Gerhardt, Teufelsrapport, S. 19.

se scholen erst al gemordet syn,
wente se doen wol na myneme rade
beyde fro unde spade!
erer eyn schal den anderen morden,
dat wyl ick to bringen myt worden."

(Ste, V. 254–261)

Mit Worten kann Rusche die Klostergemeinschaft nicht zur gegenseitigen Tötung anstiften; es sind aber die an Lucifer gerichteten Worte Rusches, die ihn letztlich entlarven. Der Bauer vernimmt die Aussage des Teufels und erstattet dem Abt am folgenden Tag Bericht über seine akustisch gewonnene Erkenntnis über die wahre Identität des vermeintlichen Klosterkochs, worauf im Text erneut explizit verwiesen wird: „ock sede he deme abbete al de wort, | de he in deme bome hadde gehort" (Ste, V. 276 f.). Auf Visualität als perzeptives Identifikationsmittel des Teufels wird in der Berichterstattung des Bauern gänzlich verzichtet, allein durch das Hören gelingt der Figur des Bauern die Entlarvung Rusches, die der Konvent in der siebenjährigen Dienstlaufbahn des Teufels versäumt hat. Die Narration stellt die Antagonisten des Teufels, den Klerus und den Bauern, in Bezug auf ihre Wahrnehmung einander diametral gegenüber. Während die Mönche durch die Manipulationen des Teufels eine verblendete Wahrnehmung aufweisen und ihre – eigentlich dem Glauben und Gott verpflichtete – Aufmerksamkeit allein sinnlichen Genüssen zuwenden, geht es dem Bauern, den Listen des Teufels nicht ausgesetzt, lediglich um die Sicherung seiner Existenzgrundlage, wenn er sich auf die Suche nach seinem Tier begibt. Die Figuren sind so Vertreter zweier unterschiedlicher Aufmerksamkeitsmodi: zum einen einer verblendeten, gelenkten, fremdbestimmten und zum anderen einer ungetrübten, keinen äußeren Beeinflussungen unterliegenden Wahrnehmung.[47] Erst die evidente akustische Identifikation des Teufels beendet den illusionären Zustand der Mönche, die umgehend handeln, indem sie Rusche beschwören und bannen, womit seine Listen – zumindest innerhalb des Klosters – ein jähes Ende nehmen.

---

[47] Der Text gibt keine Hinweise darauf, dass der Bauer als tölpelhafte Figur zu lesen ist, wie es typisch für die Figurengestaltung schwankhafter Erzählungen ist. Die Entdeckung des Teufels durch den Bauern legt ein spöttisches Verlachen der borniertten Naivität der Mönche daher nicht nahe. Vielmehr stehen die Figuren sich einander aufgrund ihrer differenten Wahrnehmungen diametral gegenüber. Zur Figur des Bauern im Schwank siehe Kramer, Bauer, Sp. 1327–1338, insb. aber Sp. 1329–1331.

4

In der Erzählung lassen sich diabolische Interventionen und Manipulationen des gesamten Spektrums der figuralen Sinneswahrnehmung beobachten. Die visuelle Täuschung sichert Rusche die Aufnahme im Kloster, während der geschickte Einsatz von Sprache die nachfolgenden Listhandlungen ermöglicht. Deren Logik ist wiederum eng an die Sinneswahrnehmung der Klostermitglieder geknüpft. Um die geistliche Gemeinschaft sukzessiv ins Verderben zu stürzen, steuert der Teufel mit seinen Listen die visuelle, auditive, gustatorische, olfaktorische und taktile Sinneswahrnehmung der Diener Gottes. Die Narration entfaltet zunächst eine unilaterale Machtkonstellation zwischen ihrem diabolischen und ihrem geistlichen Figurenpersonal, in der die Lenkung der figuralen Aufmerksamkeit Rusche zufällt. Erst mit dem Auftritt des Bauern wird diese temporäre asymmetrische Machtkonstellation zugunsten einer trilateralen Anordnung durchbrochen, so dass die Machthoheit des Teufels relativiert wird. Rusches Aufmerksamkeit ruht alleine auf den Mönchen und auf seinem Ziel, deren Seelenheil zu torpedieren. Indes ist die Aufmerksamkeit der Geistlichen – infolge der Einflussnahme des Teufels – ausschließlich auf die Erfüllung in der immanenten Welt gerichtet.[48] Außerhalb des diabolischen Aufmerksamkeitsradius steht der Bauer, der sich auf die Suche nach seinem Tier konzentriert – seine Handlungsmotivation ist die Existenzsicherung. Da aber Rusche für die Tötung der Kuh verantwortlich ist, liegt die Aufmerksamkeit des Bauern implizit auf dem Teufel. Dabei verlagert er seine Aufmerksamkeit nicht etwa reflexartig von der Frage nach der Ursache für die Tötung seiner Kuh auf die Zusammenkunft der Teufel mit Lucifer im Wald. Stattdessen offenbart sich die Ursache für das Verschwinden seines Tiers mit Rusches Erscheinen zur Teufelsversammlung. Nicht in der Figurenperspektive, aber aus der Sicht der Rezipienten erweist sich also die Aufmerksamkeit des Bauern im Nachhinein als durchaus zielgerichtet. Die Kontingenz des Geschehens ist in einer finalen Motivation aufgehoben. Bemerkenswert ist, dass die Enttarnung Rusches nicht im Zuge einer visuellen Wahrnehmungsoperation erfolgt, sondern akustisch stattfindet. Beobachtung als Form der intentionalen visuellen Wahrnehmung scheint in der Intradiegese keine Rolle zu spielen – sie obliegt weder dem geistlichen Figurenpersonal noch dem Teufel explizit. Rusche tritt zu keiner Zeit als lauernder Beobachter des Klerus auf. Sein Wissen um die Trieb-

---

[48] Die Erfüllung durch sinnliche Genüsse stellt Rusche höchstpersönlich sicher und torpediert dadurch den Einsatz von Technologien zur Abwehr des Bösen, die sich auf die Subjektivierung besinnen, so z. B. Kontemplation, Gottesschau und Selbstbeobachtung, vgl. hierzu die Beiträge von Michael Schwarzbach-Dobson und Maximilian Benz in diesem Band.

haftigkeit und Lasterhaftigkeit der Mönche, die Rusche durch seine Listen umso mehr verstärkt, macht eine Beobachtung des Klerus überflüssig. Es genügt, die Möglichkeit der visuellen Beobachtung seiner selbst durch die Lenkung und Täuschung der klerikalen Sinneswahrnehmung zu unterbinden. Die temporäre Machthoheit, die dem Teufel bis zu seiner Entlarvung zufällt, spiegelt die in der Narration zeitweise herrschende asymmetrische Wissensverteilung zwischen den Figuren wider. Rusches Machtausübung über die Ordensgemeinschaft endet da, wo ein Dritter durch einen final bedeutsamen Zufall Wissen über den Aufenthalt des Teufels im Kloster erlangt. Infolge von Rusches Affektivität und Unachtsamkeit, vor allem aber aufgrund fehlenden providenziellen Wissens, gibt er seine wahre Identität verbal preis.[49] Die auditive Wahrnehmung erweist sich somit als derjenige attentive Modus, durch den eine Identifikation Rusches als Teufel erst angeregt werden kann. Was dem Bauern akustisch offenbar wird, zieht so die visuelle Evidenz über das wahre Wesen des vermeintlichen Mitbruders nach sich.

Im *Broder Rusche* wird dem Rezipienten das klägliche Scheitern einer geistlichen Gemeinschaft an den Listen des Teufels vorgeführt. Über die redeeinleitenden und redebezogenen Erzählerkommentare zwischen der Figurenrede werden dem Rezipienten die Manipulationen, Täuschungen und Listhandlungen des Teufels, die dieser an den nichts ahnenden Mönchen vollzieht, explizit aufgezeigt. So werden das Nichtwissen und die infolge diabolischer Intervention manipulierte Sinneswahrnehmung des Klerus in der Erzählung vom extradiegetisch-heterodiegetischen Erzähler mehrfach fokalisiert. Über das typographische Druckprogramm wiederum kann der Rezipient die Bedrohlichkeit der Erscheinung des Teufels figurativ beobachten, die im Kerntext nicht expliziert wird. Mit dem Rückgriff auf zeitgenössische Teufelsattribute im Titelholzschnitt wird die Anschließbarkeit von Wissen, das zur visuellen Identifikation von Dämonen vonnöten ist, gewährleistet. Dem Rezipienten wird folglich bildlich über den Peritext und narrativ über den Kerntext dasjenige Wissen vermittelt, das den Figuren fehlt, um den Teufel Rusche zu entlarven. Über diese auktoriale Lenkung wird der Rezipient zum Beobachter[50] der scheiternden Ordensgemeinschaft, in der, verstärkt

---

49 Rusche, der Lucifer unterstellt und diesem gegenüber zum Abstatten eines Rapports verpflichtet ist, entlarvt sich letztlich aufgrund seiner Geschwätzigkeit. Diese wird im Exempel vom Bruder Albrecht noch explizit erwähnt: „Er waz gar ein cleffere und brach den orden und sine swien zu allen ziten" (*Heilige Regel*, S. 49).
50 Marina Münkler stellt in ihrer narratologischen Analyse der Faustbücher des 16. bis 18. Jahrhunderts unter Rückgriff auf Luhmann, demzufolge Beobachten als „Herstellung von Anschlußfähigkeit durch Unterscheiden" (Luhmann, *Religion*, S. 34) zu verstehen ist, komplexe Beobachtungsordnungen heraus. So verortet Münkler beispielsweise für den Schwankteil ein Beobachten der Figuren untereinander auf der Ebene der Intradiegese als Beobachtung erster

durch die diabolischen Manipulationen der klerikalen Sinneswahrnehmung, weder Tugendhaftigkeit und Frömmigkeit zur Entlarvung diabolischen Wirkens noch Wachsamkeits- und Aufmerksamkeitspostulate internalisiert sind. Bedenkt man überdies die im Kern des *Broder Rusche* angelegte exemplarische Struktur der Erzählung, auf die bereits Röcke verweist,[51] wird deutlich, dass die narrative Inszenierung scheiternder Vigilanz „das Wesen des Teufels vor Augen"[52] führt. Die Erzählung demonstriert damit *ex negativo*, anhand welcher Kriterien diabolische Einflussnahme zu erkennen ist. Die Narration erprobt und bestätigt in ihrer strukturellen und narrativen Anlage als Negativexempel die Wirksamkeit eines auf mangelnden Aufmerksamkeitsstrukturen fußenden Wissens, das dem Rezipienten über die Diegese vermittelt wird. Der Rezipient kann sich dieses Wissenskanons bedienen, um sich vor diabolischen Interventionen zu schützen und diese frühzeitig als solche zu erkennen. Die scheiternde Vigilanz der Ordensgemeinschaft kommuniziert dem Rezipienten *ex negativo* Verhaltensmuster erfolgreicher Vigilanz- und Aufmerksamkeitspostulate. In dieser warnenden Funktion lässt sich der *Broder Rusche* als eine exemplarische Handlungsanweisung zur Enttarnung des Teufels verstehen.

Literaturverzeichnis

Primärliteratur

Broder Rusche. [Stendal ca. 1488: Joachim Westval.] Ex.: Gotha, Forschungsbibliothek der Universität Erfurt, Sign.: Mon.typ s.l.et a. 4° 136.

Ordnung, eine Beobachtung zweiter Ordnung durch den Erzähler und eine Beobachtung dritter Ordnung durch den Rezipienten (vgl. Münkler, *Ambiguität*, S. 117, insb. Anm. 128). Eine ähnliche Beobachtungsanordnung, in welcher der Leser zum Beobachter dritter Ordnung wird, macht Münkler auch im 17. Kapitel der *Historia* aus: „Durch die gewählte Erzähltechnik kann der Leser beobachten, wie sich wiederum Faustus und Mephostophiles wechselseitig beobachten und sich das Machtgefälle innerhalb der Beziehung immer weiter zugunsten vom Mephostophiles verschiebt. Dadurch wird der Leser nicht nur als Beobachter zweiter Ordnung (er beobachtet), sondern auch als Beobachter dritter Ordnung (er beobachtet beim Beobachten) etabliert" (ebd., S. 272). Anhand von Faustus' Scheitern wird dem Leser *ex negativo* vorgeführt, dass er von Zusammenschlüssen mit dem Teufel ablassen soll. Ob sich im *Broder Rusche* eine vergleichbare Wissensvermittlung wie in der *Historia* konstituiert, wäre im Einzelnen zu untersuchen, muss an dieser Stelle aber offen bleiben.
51 Vgl. hierzu Röcke, *Freude*, S. 152.
52 Ebd., S. 148.

[*Von Bruder Rauschen*] *DIs biechlin saget vō Bru||der Rauschē vnd was er wunders getribē hat in einem Closter darin er. vij. jar. sein zeit vertribē vñ gedienet hat in eines kochs gestalt.* Straßburg 1508: Martin Flach. Ex.: München, Bayerische Staatsbibliothek, Sign.: Rar. 108.

[*Bruder Rausch*] *Eyn kloster vor einem walde lach / Dar vele wūders ynne schach / Dar weren moniken in ein deel / se werē iunck vñ dar tho gheil* [...]. [Braunschweig 1519: Hans Dorn.] Ex.: Krakau, Biblioteka Jagiellońska, Sign.: Berol. Yg 6031 R.

[*Bruder Rausch*] Schwab, Henrike: Nr. 124: Bruder Rausch. In: Ridder, Klaus/Ziegeler, Hans-Joachim (Hrsg.): *Deutsche Versnovellistik des 13. bis 15. Jahrhunderts (DVN)*. Edition und Kommentar. Bd. 3. Berlin 2020, S. 892–913.

Caesarius von Heisterbach: *Dialogus miraculorum. Dialog über die Wunder.* Bd. 3. Eingeleitet von Horst Schneider. Übersetzt und kommentiert von Nikolaus Nösges und Horst Schneider. Turnhout 2009 (Fontes Christiani 86/3).

Die heilige Regel für ein vollkommenes Leben: eine Cistzienserarbeit des XIII. Jahrhunderts. Aus der Handschrift Additional 9048 des British Museum. Hrsg. von Robert Priebsch. Berlin 1909 (Deutsche Texte des Mittelalters 16).

Sekundärliteratur

Ammon, Frieder von/Vögel, Herfried (Hrsg.): *Die Pluralisierung des Paratextes in der Frühen Neuzeit. Theorie, Formen, Funktionen.* Berlin 2008 (Pluralisierung & Autorität 15).

Anz, Heinrich: Die Dichtung vom Bruder Rausch. In: *Euphorion* 4 (1897), S. 756–772.

Anz, Heinrich: Broder Rusche. In: *Jahrbuch des Vereins für niederdeutsche Sprachforschung* 24 (1898), 1899, S. 76–112.

Dinzelbacher, Peter: Realität des Teufels im Mittelalter. In: Segl, Peter (Hrsg.): *Der Hexenhammer. Entstehung und Umfeld des Malleus maleficarum von 1487.* Köln/Wien 1988 (Bayreuther historische Kolloquien 2), S. 151–175.

Dinzelbacher, Peter: *Angst im Mittelalter. Teufels-, Todes- und Gotteserfahrung: Mentalitätsgeschichte und Ikonographie.* Paderborn 1996.

Dürig, Walter: Art. ‚Fasten, -zeiten, -dispensen'. A. Lateinischer Westen; I. Biblische Voraussetzungen; Entwicklung. In: *Lexikon des Mittelalters* 4 (1989), Sp. 304.

Fischer, Hanns: Zur Gattungsform des ‚Pfaffen Amis'. In: *Zeitschrift für deutsches Altertum und deutsche Literatur* 88 (1957–1958), S. 291–299.

Genette, Gérard: *Paratexte. Das Buch vom Beiwerk des Buches.* Mit einem Vorwort von Harald Weinrich. Aus dem Französischen von Dieter Hornig. Frankfurt am Main/New York 1989.

Gerhardt, Christoph: Teufelsrapport und belauschte Teufelsversammlung. Zum Nachwirken eines Exempel-Motivs im geistlichen und weltlichen Spiel. In: Blum, Lothar/Hölter, Achim (Hrsg.): ‚*daß gepfleget werde der feste Buchstab'*. Festschrift für Heinz Rölleke zum 65. Geburtstag am 6. November 2002. Trier 2001, S. 1–25.

Goetz, Hans-Werner: *Gott und die Welt. Religiöse Vorstellungen des frühen und hohen Mittelalters.* Teil I, Bd. 3: *IV: Die Geschöpfe: Engel, Teufel, Menschen.* Göttingen 2016 (Orbis mediaevalis 16).

Grubmüller, Klaus: *Die Ordnung der Witz und das Chaos. Eine Geschichte der europäischen Novellistik im Mittelalter: Fabliau – Märe – Novelle.* Tübingen 2006.

Hammer, Andreas: Ordnung durch Un-Ordnung. Der Zusammenschluss von Teufel und Monster in der mittelalterlichen Literatur. In: Geisenhanslüke, Achim/Mein, Georg (Hrsg.):

Monströse Ordnungen: zur Typologie und Ästhetik des Anormalen. Bielefeld 2009 (Literalität und Liminalität 12), S. 209–256.

Harmening, Dieter: Art. ‚Bruder Rausch'. In: Ruh, Kurt (Hrsg.): *Die deutsche Literatur des Mittelalters. Verfasserlexikon.* Bd. 1. Berlin/New York 1978, Sp. 1043–1045.

Kramer, Karl-S.: Art. ‚Bauer'. In: Ranke, Kurt/Bausinger, Hermann [u. a.] (Hrsg.): *Enzyklopädie des Märchens. Handwörterbuch zur historischen und vergleichenden Erzählforschung.* Bd. 1. Berlin/New York 1977, Sp. 1327–1338.

Luhmann, Niklas: *Die Religion der Gesellschaft.* Hrsg. von André Kieserling. Frankfurt am Main 2002.

Melters, Johannes: ‚ein frölich gemüt zu machen in schweren zeiten...'. *Der Schwankroman in Mittelalter und Früher Neuzeit.* Berlin 2004 (Philologische Studien und Quellen 185).

Moos, Peter von: ‚Attentio est quaedam sollicitudo'. Die religiöse und politische Dimension der Aufmerksamkeit im Mittelalter. In: Melville, Gert (Hrsg.): *Rhetorik, Kommunikation und Medialität. Gesammelte Studien zum Mittelalter.* Bd. 2. Berlin 2006 (Geschichte: Forschung und Wissenschaft 15), S. 265–306.

Münkler, Marina: *Narrative Ambiguität. Die Faustbücher des 16. bis 18. Jahrhunderts.* Göttingen 2011 (Historische Semantik 15).

Petzoldt, Leander: Art. ‚Teufel'. In: Ders. (Hrsg.): *Kleines Lexikon der Dämonen und Elementargeister.* München 1990, S. 158–160.

Priebsch, Robert: *Bruder Rausch. Facsimile-Ausgabe des ältesten niederdeutschen Druckes (A) nebst den Holzschnitten des niederländischen Druckes (J) vom Jahre 1596.* Zwickau 1919. (Zwickauer Facsimile-Druck 28).

Röcke, Werner: *Die Freude am Bösen. Studien zu einer Poetik des deutschen Schwankromans im Spätmittelalter.* München 1987 (Forschungen zur Geschichte der älteren deutschen Literatur 6).

Strohschneider, Peter: Schwank und Schwankzyklus, Weltordnung und Erzählordnung im ‚Pfaffen vom Kalenberg' und im ‚Neithart Fuchs'. In: Johnson, L. Peter/Steinhoff, Hans-Hugo (Hrsg.): *Kleinere Erzählformen im Mittelalter.* Paderborner Colloquium 1987. München 1988 (Sprache- und Literaturwissenschaft 10), S. 151–171.

Strohschneider, Peter: Kippfiguren. Erzählmuster des Schwankromans und ökonomische Kulturmuster in Strickers ‚Amis'. In: Müller, Jan-Dirk (Hrsg.): *Text und Kontext. Fallstudien und theoretische Begründungen einer kulturwissenschaftlich angeleiteten Mediävistik.* München 2007 (Kolloquien 64), S. 163–190.

Wimmer, Erich: Art. ‚Bruder Rausch'. In: Ranke, Kurt/Bausinger, Hermann [u. a.] (Hrsg.): *Enzyklopädie des Märchens. Handwörterbuch zur historischen und vergleichenden Erzählforschung.* Bd. 2. Berlin/New York 1979, Sp. 865–868.

Maximilian Benz
Luther, der Teufel.
Die Selbstbeobachtung im Prozess der Herausbildung moralischer Subjektivität

> Mach dich selbs nicht trawrig / vnd plage dich nicht selbs / mit deinen eigenen gedancken. Denn ein frölich hertz ist des Menschen leben / Vnd seine freude ist sein langes leben. Thu dir guts / vnd tröste dein hertz / vnd treib trawrigkeit ferne von dir / Denn trawrigkeit tödtet viel Leute / vnd dienet doch nirgent zu. Eiuer vnd zorn verkürtzen das Leben / vnd sorge macht alt vor der zeit.
>
> (Sir. 30, 22–26)

1

Zunächst 1516 in unvollständiger, 1518 dann in vollständiger Form beförderte Martin Luther einen Traktat in den Druck, von dem er in der Vorrede bekennt, dass ihm „nehst der Biblien vnd S. Aug[ustino] nit vorkummen eyn buch / darauß ich mehr erlent hab vnd will / was got / Christus / mensch vnd alle ding seyn". Luther warnt jeden,

> der diß buchleyn lißt / das er seynen schaden nit vorwircke / vnd sich ergere / yn dem schlechten deutsch adder vngefrenßeten ungekrentzten worten / dann diß edle Buchleyn / alß arm vnd vngesmuckt / es ist / yn worten vnd menschlicher weißheit / alßo vnd vill mehr / reycher vnd vbirkostlich ist es / in kunst vnd gotlicher weißheit / [...].
>
> (Bl. Aᵛ)

Es handelt sich um die von dem Augsburger Drucker Silvan Otmar pointiert genannte *Theologia deutsch* („Theologia Teütsch"), einen wohl im 14. Jahrhundert verfassten Text, dessen allesamt der zweiten Hälfte des 15. Jahrhunderts entstammende Überlieferungszeugen überwiegend keinen Titel tragen.[1]

Der Traktat, der sich in die spätmittelalterliche Eckhart- und Taulerrezeption fügt, aber – wie Lydia Wegener gezeigt hat – im Fortführen einiger Argumente und ihrer Kombination *contra intentionem* zu weitreichenden Diskursverschiebungen beiträgt,[2] wurde von Luther als Kompendium von Taulers Theologie begriffen,

---

[1] Dies nach Wegener, *Frankfurter*, S. 2–5 u. 12 f. Zitate folgen dem Druck von 1518; Nachweise im Haupttext.
[2] Es ist das Verdienst der Arbeit von Wegener, *Frankfurter*, dies herausgearbeitet zu haben.

dabei aber dezidiert „aus der Perspektive der sich entfaltenden Wittenberger Theologie"[3] betrachtet. Der Traktat dient dementsprechend der Absicherung eigener theologischer Überzeugungen. Luther versucht mit der Publikation auch den Vorwurf zu kontern, dass die „Wittenbergischen Theologen" sich „new ding furnhemen" wollten, „gleych alß weren nit vorhyn vnd anderwo auch leut / geweßen / Ja freylich seynn sie geweßen" (Bl. A^v). Dies gilt insbesondere für den Druck von 1518:

> Hatte die Publikation der *Theologia deutsch* Ende 1516 primär das Ziel gehabt, einer an Tauler orientierten Gnadentheologie zur Verbreitung zu verhelfen, so diente die vollständige Edition derselben Schrift Mitte 1518 dazu, den Kampf der Wittenberger gegen die scholastische Theologie und für eine paulinisch-augustinische Gnadenkonzeption zu untermauern.[4]

Im elften Kapitel der *Theologia deutsch* findet sich ein besonderer Konvergenzpunkt mit der Taulerschen Theologie: Es geht um die *resignatio ad infernum*, die zu einer weitreichenden Verschiebung der Jenseitskonzeption – vor allem der Hölle und des Fegfeuers – führt und deren Implikationen die Frage nach dem Umgang mit dem Teufel, insbesondere die dabei wirksamen Vigilanzregimes, entscheidend beeinflussen.[5] Die *resignatio ad infernum* meint das Aufgeben jedes eigenen Willens und die Zustimmung zur maximalen Gottferne – dies ist die Hölle –, aus der die gläubige Seele dann zu Gott gerettet wird (oder – in der radikalen Abstiegsmystik Taulers: „in den Abgrund Gottes gezogen"[6] wird). In der *Theologia deutsch* wird die *resignatio* eingangs mit dem *descensus Christi* analogisiert: „Christus sele mußt yn die helle / ee dann sie zu hymel kam" (Bl. C ij^r). Entsprechend der flexiblen Anwendbarkeit einzelner Elemente aus dem Christusleben nach dem Prinzip der *imitatio Christi*, kann bei der Übertragung auf den Menschen die eschatologische Fixierung des Geschehens aufgegeben und der heilsgeschichtliche Zusammenhang zum Muster für einen seelischen Prozess transformiert werden.

Das Einverständnis in den Willen Gottes, dass der Mensch „ewiglich verdampt sol sein / vnd auch ein fußschemel sol sein aller teuffel yn der helle" (Bl. C ij^r), wird zum Indikator für wahre Reue:

---

[3] Wegener, *Frankfurter*, S. 75; vgl. ebd., S. 69–80, zu den Parametern der Lutherschen Rezeption des Traktats, die maßgeblich durch die Lektüre der antipelagianischen Schriften Augustins mit ihren Implikationen für die eigene Anthropologie bestimmt ist.
[4] Kaufmann, *Mitte*, S. 558 f.
[5] Zur *resignatio ad infernum* vgl. bes. Otto, *Tauler-Rezeption*, S. 110–115, und Schiewer, *Zagel*.
[6] Schiewer, *Zagel*, S. 232. Vgl. grundsätzlich zur Abstiegsmystik bei Tauler: Langer, *Mystik*, S. 377–390.

> [...] dis ist vnd heyset ware rew vmb die sund / Vnd wer alßo yn der tzeit yn die hell kumpt / der kumpt nach der tzeyt yn das hymelreych / vnd gewint sein yn der tzeit einen vorsmack / der vbertrifft allen lust / vnd freude die yn der tzeit von zeitlichen dingen ye geward / oder gewerden mag [...].
>
> (Bl. C ij^r)

Die ewige Hölle, aus der es kein Entrinnen gibt, wird immanentisiert, temporalisiert und interiorisiert; der Aufenthalt in ihr und das Leiden unter dem Teufel werden funktionalisiert. Dies ist ein Aspekt des spätmittelalterlichen Diskussionsstands zu den Letzten Dingen, an den auch Luther anschließt. Besondere Bedeutung erlangen die Zusammenhänge im Rahmen der *ars moriendi*, der Kunst des Sterbens. Sie ist entlang des Arguments, dass die Vorbereitung auf das Sterben eine Lebensaufgabe ist, für Immanentisierung, Temporalisierung und Interiorisierung der eschatologischen Räume im Einklang mit den Akzenten der Taulerschen Mystik wesentlich verantwortlich.

Die Differenzierung zwischen der Hölle „yn der tzeit" und dem Jenseits „nach der tzeyt" konnte im Zeichen teuflischer Anfechtung vertieft werden. Dies ist im *Libellus auro praestantior de animae praeparatione in extremis laborantis, deque praedestinatione et tentatione fidei*, der eventuell bereits 1518 gedruckt wurde und dessen Verhältnis zu Luther und Luthers Theologie komplex ist,[7] ebenso der Fall wie in Luthers *Sermon von der Bereitung zum Sterben* (1519). Der *Sterbesermon* wurde erstmals 1523 von Nickel Schirlentz in seine Neuausgabe des *Betbüchleins* aufgenommen[8] und erlangte weite Verbreitung. In ihm bringt Luther zum einen die „tugent der sacrament"[9] gegen die Bilder von Tod, Sünde und Hölle in Stellung, differenziert aber zum anderen zwischen Zeit und Unzeit der Meditation.[10] Während zu Lebzeiten die Todesmeditation empfohlen wird, muss man in der Todesstunde die so immer schon meditierten Bilder von Tod, Sünder und Hölle, mit denen man angefochten wird, wegschlagen:

> Die helle wirt groß vnd wechst auch durch yhr zuvill ansehen vnd hartes bedencken zu unzeit. Da zu hilfft ubir die maß seer, das man gottis urteyl nit weyß, da hin der boße geyst

---

7 Vgl. Schottroff, *Bereitung*, S. 33–40.
8 Vgl. Kaufmann, *Mitte*, S. 678–680.
9 Luther, *Sermon*, S. 686.
10 Vgl. Chinca, *Death*, S. 217–219, und Luther, *Sermon*, S. 687: „Alßo vorkeret unß der boße geyst alle ding, am leben, da wir solten des todts, der sund, der helle bild stetig vorauge haben, Als ps. 50 stet, Meyn sund seyn mir alzeit vorauge, ßo thut er unß die augen zu und vorbirget die selben bild, Am todt, da wir solten nur das leben, gnad und selickeit vorauge haben, thut er unß dan aller erst die augen auff und engstet unß mit den unzeitigen bilden, das wir der rechten bilden nit sehen sollen."

> die seel treybet, das sie sich mit ubrigem unnutzen furwitz, Ja mit dem aller ferlichsten furnhemen beladet und forschen sol gotlichs radts heymlickeit, ob sie vorsehn sey odder nit. Hie ubet der teuffel seyn letzte, groste, listigiste kunst und vormugen.[11]

Der eschatologische Ort der Hölle wird aus erkenntnistheoretischen wie seelsorgerischen Gründen zurückgestellt; die Hölle und ihre Imagination erscheinen als immanente Reflexionsfigur. Diese Verschiebungen lassen sich auch an der reformatorischen Rezeption des Genres der Jenseitsreisen zeigen – so kannte Luther die *Visio Tnugdali* respektive ihre gedruckten Transformationen (*Tondolus der Ritter*) und rekurrierte auf die evozierten Bilder, sah aber, wie Friedrich Vollhardt jüngst gezeigt hat, vom eschatologischen Bezug ab zugunsten einer Anwendung „auf das irdische Leben des Christen [...], dessen Glauben und künftiges Heil beständig vom Teufel bedroht werden".[12]

Unterschiedliche und durchaus heterogene Traditionsbestände, deren *tertium* in seelischen Umgangsweisen mit der Hölle liegt, werden – dieser Aspekt ist in der bisherigen Forschung wohl zu wenig beachtet worden – von Luther mit Blick auf die teuflische Anfechtung pointiert sowie in paränetischer Absicht zusammengebunden, und zwar aus gutem Grund: Während Teufelsvorstellungen vielfältig funktional sein können, etwa in der Flugschriftenpublizistik eingebunden wurden, um den mit der Reformation einhergehenden Umbruch zu akzentuieren,[13] erlangt der Teufel, so meine These, gerade im Zuge der seelsorgerischen Kollateralschäden der für die Reformation so zentralen gnadentheologischen Vorstellungen Luthers neue Bedeutung. Die Position, die der Teufel in Luthers Satanologie einnimmt, erhellt diese. Wenn es darum geht, für das 16. Jahrhundert im Ganzen sowohl die Kollateralschäden wie auch die *remedia* in den Blick zu nehmen, muss freilich über Luther hinausgegangen werden.

Möchte man des Näheren verstehen, was es bedeutet, dass angesichts des ‚Verführungsaktivismus' (Niklas Luhmann) des Teufels das „Beobachtungsverhältnis" zwischen Mensch und Teufel nicht als vertikales, sondern als ein „laterale[s]' und potenziell wechselseitige[s]" zu denken sei,[14] sind die oben aufgeworfenen Stichworte von Immanentisierung, Temporalisierung und Interiorisierung weiterführend. Topologisch kann man hier unterschiedlich akzentuieren. So steht der Teufel, wie Hans-Martin Barth herausgearbeitet hat, „nach Luther primär nicht *neben* Gott *über* dem Menschen, sondern *zwischen* Gott und dem Menschen, an der Stelle, die ihm von dem ‚Mittler' Christus abgerungen

---

11 Luther, *Sermon*, S. 688.
12 Vollhardt, Bußtheologie, S. 238.
13 Vgl. Löhdefink, *Zeiten*.
14 Vgl. die Einleitung zu diesem Band, S. 7.

wird und um deren Wiedergewinnung er sich immer neu bemüht."[15] Die Anfechtung durch den Teufel gewinnt somit für jeden Gläubigen existentielle Bedeutung: Er muss sich auf dem schmalen Grat zwischen fataler Heilsgewissheit und ebenso fataler Verzweiflung bewegen.

Als Reflexionsraum dient dem Gläubigen das eigene Gewissen, was in der notorischen Pointe aus Luthers Jona-Auslegung kulminiert, dass „eyn iglicher [...] seyne helle mit sich"[16] führe. Auch in diesem Zusammenhang wird die eschatologische Spekulation abgewehrt und der Fokus auf das Diesseits gelegt:

> Was aber die helle sey fur dem jungsten tage, bin ich noch nicht alzu gewis. Denn das eyn sonderlicher ort sein solte, da die verdampten seelen itzt ynnen seyen, wie die maler malen und die bauch diener predigen, hallt ich fur nichts. Denn die teuffel sind ja noch nicht ynn der hellen, sondern, wie Petrus sagt, ‚mit stricken zur hellen verbunden'. So heyst sie S. Paulus ‚der welt regenten und gewaltigen, die droben ynn der lufft schweben', Christus auch den teuffel ‚der welt fursten' nennet. Und ja nicht seyn kundte, wenn sie ynn der hellen weren, das sie die welt regierten und so viel buberey und jamer trieben; die peyn wurde yhn wol weren.[17]

Die heilsgeschichtliche Funktion der Hölle im Gewissen – diesseits einer müßigen Spekulation über Eschata – ist ein Gedanke, der sich in dieser Form auch dem Kapitel zur *resignatio ad infernum* aus der *Theologia deutsch* entnehmen ließe, bei Luther aber, der nach 1518 „keinerlei Anzeichen eines weitergehenden Interesses an der *Theologia deutsch*"[18] zeigt, im Jahr der Jona-Auslegung 1526 sich gewiss der anhaltenden Wirkung Taulers verdankt: Eine Beispielerzählung aus Taulers Predigt über die Kanaanäerin (Mt. 15) hat Luther „noch 1534 als ein exemplum insigne nacherzählt".[19]

Es gab nun unterschiedliche Möglichkeiten gerade der Lutheraner strenger Observanz, an diesen Komplex anzuschließen. Selbstverständlich sind die ab der Mitte des 16. Jahrhunderts in großer Zahl erscheinenden, weithin verbreiteten Teufelbücher hier einschlägig.[20] Sie setzen das Ineinander einer ‚Veräußerlichung des Bösen' und einer gleichzeitigen Interiorisierung um, wie Romy Brüggemann herausgestellt hat:

---

15 Barth, *Teufel*, S. 208. Entsprechend hat bei Luther das „Reden vom Teufel [...] seinen Ort im Zentrum der Theologie" (Ebeling, *Lutherstudien*, S. 260, zu Luthers Satanologie vgl. ebd. insgesamt S. 246–271).
16 Luther, *Prophet*, S. 225. Vgl. Münkler, *Ambiguität*, S. 310, mit weiteren Belegen bei Luther.
17 Luther, *Prophet*, S. 225.
18 Kaufmann, *Mitte*, S. 564.
19 Moeller, Tauler, S. 162.
20 Vgl. Grimm, Teufelbücher.

> So sind die protestantischen Teufelbücher neben der äußeren Ermahnung der Sünden und deren Indienstnahme für ein normiertes Leben durch ein verinnerlichtes, im Gewissen des Einzelnen verankertes Sündenbewusstsein charakterisiert; gepredigte Religiosität, Verinnerlichung und Kontemplativität, die meist zu einer inneren Einkehr im Gebet und der Liebe zu Christus gipfelt, stehen stets im Zusammenhang mit einer klerikalen oder staatlichen Kontrolle, die die Prediger mit ihren Texten gleichzeitig ausüben wollen, da sie den Normierungsdiskurs des frühneuzeitlichen Alltags durch die Ermahnung der von ihnen ausgewählten Vergehen bestimmen wollen.[21]

Gerade wenn es aber nicht um Didaxe beziehungsweise Disziplinierung – oder auch um die angesichts der innerprotestantischen Streitigkeiten prekär gewordene ‚Identität' der Reformation[22] – gehen soll, resultiert aus der Notwendigkeit eines Umgangs mit dem „verinnerlichte[n], im Gewissen des Einzelnen verankerte[n] Sündenbewusstsein" gerade in seelsorgerischer Hinsicht ein enormer Druck.

2

Ganz anders, als es in überaus deutlich vernehmbarer apologetischer Absicht der Hamburger Theologe Johann Anselm Steiger formuliert hat, der sich überzeugt gibt, dass Luthers Satanologie „die Bedingung der Möglichkeit dafür [sei], die Melancholie anders als in der mittelalterlich-scholastischen Theologie nicht mehr als eine Todsünde, nämlich als tristitia (Traurigkeit), zu moralisieren, sondern sie im Kontext der Rechtfertigungslehre neu zu thematisieren",[23] kann man umgekehrt feststellen, dass die Zumutungen der gnadentheologischen Konzeptionen wohl den einen oder anderen Gläubigen in tiefe Melancholie gestürzt haben. Jedenfalls versucht Simon Musäus mit seinem 1569 erstmals gedruckten *Melancholischen Teufel*, um den es im Folgenden ausführlich gehen soll,[24] als erster, „die Luthersche Seelsorge und die eher verstreut aufzufindenden Aussagen Luthers über die Therapiemöglichkeiten der Melancholie zu systematisieren und die reformatorische Seelsorge auf das spezielle Phänomen der Schwermut zuzuspitzen".[25] Und er versucht es nicht, ohne einen konkreten seelsorgerischen Grund zu

---

21 Brüggemann, *Angst*, S. 145.
22 Vgl. Vollhardt, Bußtheologie, S. 252 f.
23 Steiger, *Melancholie*, S. 11. Vgl. hingegen schon Breuer, *Melancholie*, S. 89, Anm. 5: „Das Buch reagiert auf die Verunsicherungen der Gläubigen im Gefolge der Reformation."
24 Zitiert wird die Edition von Steiger (Musäus, *Nützlicher Bericht*); Nachweise im Haupttext werden ergänzt durch die entsprechende Stellenangabe im Druck von 1569.
25 Steiger, *Theologie*, S. 210.

haben: Explizite Erwähnung findet vor allem der schnelle Umschlag von – einerseits – der „vermessenheit", dass „wir vns lauter Götter düncken / vnd beten das Werck vnser hende an", in – andererseits – die „recht grewliche Melancholey", dass Gott alles vorherbestimmt habe, man mithin gegen das eigene Verderben sowieso nichts unternehmen könne (S. 220 [Bl. A 8ᵛ]) – im *Sterbesermon* hatte Luther gerade vor dieser Gefahr teuflischer Anfechtung bei der Meditation über die Hölle nachdrücklich gewarnt.

Damit kommt dem melancholischen Teufel eine besondere Bedeutung zu: Gegenüber den in den übrigen Teufelbüchern wahrnehmbaren Emphasen auf Fragen der Disziplinierung und Sozialkontrolle wendet Musäus ein,

> das gleichwol nicht jederman / mit dem nassen gesindtlich vnter des sauff vnd Fraßteufels Fehnlein werden sitzen / sondern etliche werde sich vber der betrübten zeit bekümmern / vnnd vonn dem Melancholischen Teuffel grewlich zuplaget / vnnd eines theils auch verschlungen werden / die sich nicht wissen zu trösten.
>
> (S. 214 [Bl. A 3ᵛ])

Musäus verbindet diese Abgrenzung mit einer Hierarchisierung, die den Zusammenhang mit der Gnadentheologie offenlegt: Die Melancholie rührt an das Erste Gebot, das über den anderen Geboten steht, weswegen dem ‚melancholischen Teufel' auch eine größere Bedeutung zukommt als dem „Saufteuffel / Geitzteuffel / PloderhosenTeuffel / vnd dergleichen Gesellen" (S. 215 [Bl. A 4ʳ]). Vor dem Hintergrund dieser Abgrenzungen und einer auch veränderten Textstruktur mag es doch nicht, wie von Sebastian Speth vermutet, bloße „Willkür"[26] sein, wenn etwa auf dem Verlegerplakat von Nicolaus Basseus (1577), das sieben unterschiedliche Kategorien aufführt,[27] Musäus' *Melancholischer Teufel* von den übrigen Teufelbüchern – dem *Bann Teuffel*, *Faul Teuffel*, *Gesind Teuffel*, *Hauß Teuffel*, *Hochffarts Teuffel*, *Huren Teuffel* und *Tantz Teuffel* – geschieden wird. Weshalb aber der *Melancholische Teuffel* ausgerechnet in der Kategorie „Historien vnd andere Bůcher Teutsch" mit *Eulenspiegel*, *Fincken Ritters*, *Gauchmath*, *Hertzog Ernst*, den *Officia Ciceronis*, der *Respublica der Stedt Venedig*, dem *Rollwagen* und vielem mehr erscheint und nicht wie die übrigen Teufelbücher unter „Theologische Bůcher Teutsch", muss fraglich bleiben.

Wie dem auch sei: Musäus rekurriert auf den schwierigen Mittelweg, den er nicht nur, wie bereits angedeutet, zu Beginn des Traktats zwischen den Polen „vermessene sicherheit" einerseits, „trawrigkeit vnd verzweifflung" (S. 218

---

26 Speth, *Dimensionen*, S. 105.
27 Die Kategorien von Basseus lauten: „Libri Theologici", „Theologische Bůcher Teutsch", „Libri in Iure", „Bůcher im Rechten Teutsch", „Bůcher in der Medicin Teutsch", „Libri varij generis" sowie „Historien vnd andere Bůcher Teutsch"; vgl. Richter, *Verlegerplakate*, Tafel 9.

[Bl. A 7ʳ]) andererseits verortet, sondern gegen Schluss seiner Ausführungen deutlich auch auf die Gnadentheologie hin perspektiviert:

> So ist nun nützlich vnd nötig darbey zu wissen / wie vns GOtt widerumb von solchen Holtzwegen ziehe / zur Mittelstrassen seiner furcht vnnd vertrawens. Denn er wil der keines haben / weder Furcht one Glauben / noch den Glauben one Furcht / sondern alle beide bey einander. Das wir die Furcht gegen seinem Zorn temperieren mit dem Glauben ahn seine Genade / damit wir nicht verzweifeln. Vnd widerumb den Glauben an seine gnade / temperiren mit der furcht gegen seinem zorn.
>
> (S. 245f. [Bl. E 2ʳ⁻ᵛ])[28]

Es ist dieser Mittelweg, von dem etwa Doktor Faustus in doppelter Weise abkommen wird,[29] da – so zumindest der Kommentator in einer denunziatorischen Marginalglosse („Judas Rew")[30] – Faustus' Reue angesichts der ablaufenden Zeit als bloße Furchtreue erscheint, er also ‚Furcht one Glauben' zeige, wohingegen zuvor seine Sorg- und Furchtlosigkeit nichts anderes als falsche und fatale *securitas* ist.

Bei Musäus wird der Mittelweg konkretisiert durch die Topologie eines immanentisierten Jenseitsraums, wie er in der Denkfigur der *resignatio ad infernum* konfiguriert wird. Dem poimenischen Duktus des Traktats entsprechend wird die Hölle dabei allerdings weniger in ihrer absoluten Gottferne hervorgehoben, sondern einerseits die Notwendigkeit akzentuiert, sich in Gottes Willen zu fügen, andererseits aber auch die Möglichkeit der Rettung hervorgehoben.[31]

Dies lenkt den Blick auf die Konfiguration des dreigliedrigen Jenseitsraums, wie ihn auch Luther akzeptiert hat. Dieser Raum wird evoziert durch das Bewegungsmuster der Höllenfahrt, das dem Prinzip einer Jenseitsreise eigentlich widerspricht.[32] Gerade aus dieser Inkongruenz heraus wird aber letztlich die Hölle zum Fegfeuer umgedeutet:

---

[28] Dabei werden Holzwege und Mittelweg genau nicht auf die horizontale und die vertikale Ebene verteilt; anders Breuer, *Melancholie*, S. 90.

[29] Zu den konfessionsspezifischen Implikationen der *Historia von D. Johann Fausten* vgl. Benz, Faustus. Der Prosaroman ist insofern zu Recht als „Indiz der intellektuellen Krise des Jahrhunderts" (Wei, Synergie, S. 138) bezeichnet worden.

[30] Vgl. Baron, *Mythos*, S. 225f.

[31] Vgl. S. 247 (Bl. E 4ʳ): „Füre ich gen Himel / so bistu da / Betet ich mir in die Helle / sihe / so bistu auch da" usf.

[32] In den Jenseitsreisen ist die Hölle auch nicht zugänglich, da es aus ihr kein Entrinnen gibt. Was so mit Hölle gefasst wird, ist das Purgatorium der Jenseitsreisen, was durchaus auch thematisiert wird. Zur Unterscheidung von Fahrt und Reise Colpe, Himmelfahrt, Sp. 213.

> Die böse tage nennet sie [d.i. Samuels Mutter] zwar eine Hellefahrt / aber niemandt soll dafür erschrecken / gleich als füre er dadurch in die rechte ewige Helle. Wie es inn jener Welt geschicht / wer ein mahl darein gestossen wirdt / der kömpt nimmermehr herauß. Dise Helle aber / in welche vns Gott in diesem leben durchs Creutz füret / ist eine gnedige Helle / vnd ein rechts heilsames Fegfewer.
>
> (S. 250 [Bl. E 7ʳ])

Die Dichotomie von Himmelreich und Hölle wird noch synchronisiert mit der Gegenüberstellung von Neuem und Altem Testament, wodurch die pädagogische Funktion ewiger Strafandrohung („wer ein mahl darein gestossen wirdt / der kömpt nimmermehr herauß") in den Blick rückt, die bei näherer Betrachtung schon früh wesentlicher Aspekt der Höllenimagination war.[33]

Was das Vigilanzregime betrifft, führt die beschriebene Konstellation dazu, dass der Mensch mit einer referentiellen Verwirrung zwischen Gott, Teufel und Seele umgehen muss. Es ist der melancholische Teufel, der sich an der Stelle Christi zwischen Gott und den Menschen drängt und letzteren zwar in eine temporäre Hölle stößt oder mindestens zu stoßen droht, in der sich die Seele „von dem Melancholischen teufel mit hefftigen sorgen vnd schmertzen gemartert / gebraten vnd gesoten" fühlt (S. 221 [Bl. B 1ᵛ]) sowie „auß seinem Hellischen Rachen" angehaucht wird (S. 223 [Bl. B 4ʳ]). Musäus legt hierbei allerdings offen, dass es sich beim Teufel um eine Reflexionsfigur handelt, die schließlich zu Gott zu führen vermag – ist es doch einerseits Gott, der ‚vns in dise Helle füret'. Andererseits aber ist es die Seele selbst, die sich als „TeuffelsMärterer auß diesem leben [...] gar eine Helle" mache (S. 225 [Bl. B 5ᵛ]) und deshalb von einer Hölle in die andere fahre. Vor dieser (Selbst-)Verstoßung muss sich der Gläubige schützen, indem er das Treiben des Teufels beobachtet, was angesichts der Internalisierung von Hölle und auch Teufel bedeutet, dass er sich selbst beobachtet und spezifische Selbsttechniken ausbildet, die zu Gott führen. Diese bestehen – konventionell – darin, dass der Gläubige durch die Meditation entsprechender, im Traktat ausführlich zitierter Passagen der Heiligen Schrift ‚gelassen' wird und alles eigene Wollen zugunsten von Gottes Willen aufgibt.

Darüber hinaus – und hier fügt sich Musäus durchaus in spätmittelalterliche Erbauungskontexte ein, wie sie etwa im Zusammenhang der *Devotio moderna* entstanden sind – operationalisiert er Umgangsweisen mit der fundamentalen Heilsverunsicherung durch einen Rekurs unter anderem auf die *vita Christi* oder auch auf weitere *exempla fidei*, als welche die Heiligen auch im reformatorischen Rahmen noch gelten können. Neben ‚Selbstvergleichungspraktiken' – man vergleicht sich selbst mit Leitbildern –, die in konkreten Situationen der Reflexion

---

[33] Vgl. unter diesem Aspekt zur *Petrus-Apokalypse:* Benz, Gesicht, S. 80–89.

über Umgangsweisen mit der Anfechtung weiterführen,[34] weist Musäus auf ein von Gott geoffenbartes „zweyerley Ostern" hin, das auf die „Melancholische Marterwoche" folge (S. 233 [Bl. C 5ᵛ]). Er unterscheidet vorderhand äußerliche und geistliche Mittel gegen die Melancholie; tatsächlich installiert er aber ein Vigilanzregime, das auf einer Unterscheidungskunst gründet. Diese Unterscheidungskunst versucht den durch die Ubiquität teuflischer Anfechtung ausgelösten Druck zu vermindern, indem Alltagspragmatiken ein eigenes Recht diesseits der Unterscheidung von Heil und Verdammnis eingeräumt wird. Durch diese Entdramatisierung werden Vigilanz und Resilienz miteinander verbunden.

Ein in diesem Sinne „gar gůt vnnderschaid" spielte etwa schon im *Münchner Eigengerichtsspiel*[35] eine wesentliche Rolle, das 1510 zusammen mit einem Weltgerichtsspiel in München aufgeführt wurde und das sich im Rahmen der *ars moriendi* verorten lässt. Darin beruhigt ein Doktor der Theologie den Kaufmann, dass auch diesseits der Sorge um den Heilsstatus die Pragmatiken des Lebens eine eigene Bedeutung haben:

> Ach lieber freünd, zů got hab gůten gedingen!
> Der wirt dir hillffelich sein in deiner arbait.
> du darfft nit allso an den tod gedencken zů aller zeyt;
> Sonder wenn dich dein aygen fleisch raiczt zůn sünden
> oder die wellt bewegt mit jren bősen fünden,
> Oder der teüfel mit seinem falschen list,
> dann so gedennck eben, das du sterblich bist![36]

Diese Unterscheidung greift auch Musäus auf, wenn er betont, dass Gott den Menschen „die Sorge für die außrichtung vnsers Beruffs" (S. 229 [Bl. 2 C^{r-v}]) geboten habe.

Das Ineinander von Vigilanz und Resilienz zeigt sich gerade angesichts der *remedia* gegen die Melancholie, bei denen Musäus nicht eine „Geistliche[]" gegen eine weltliche „Trinckstube[]" (vgl. S. 240 [Bl. D 4ᵛ])[37] ausspielt, sondern durchaus neben Gespräch oder Musik auch den Genuss von Wein empfiehlt. Vigilanz ge-

---

34 Vgl. S. 229 [Bl. C 1ᵛ]: „Jn diesen vnd dergleichen Exempeln vnnd zeugknissen der heyligen Schrifft / solten wir vns billich spiegeln." Zur ‚Selbstvergleichung' befinden sich weitere Studien von mir, besonders auch im Rahmen des Bielefelder SFB 1288 „Praktiken des Vergleichens", in Vorbereitung.
35 Vgl. hierzu Chinca, Norm, und Benz, München. Zitat nach: *Das Münchner Spiel*, S. 11, V. 310 (*Münchner Eigengerichtsspiel*, Bl. b ijʳ).
36 *Das Münchner Spiel*, S. 11, V. 294–300 (*Münchner Eigengerichtsspiel*, Bl. b ijʳ).
37 Zur Zusammenführung vormals getrennter Phänomene in dem leiblich-geistlichen Doppelphänomen der Melancholie im reformatorischen Diskurs vgl. Münkler, *Ambiguität*, S. 305–307.

genüber dem melancholischen Teufel bedeutet in diesem Sinne den Aufbau von Resilienz; die Verbindung von beidem gründet auf der Herausbildung einer in der aktuellen Situation gründenden Entscheidungskompetenz, die nicht in der Exekution einfacher Regeln oder Gebote aufgeht, sondern die Urteilsfähigkeit des Subjekts fordert. Melancholie und Verzweiflung, aber auch gefährliche Sicherheit werden durch dieselben Mittel ausgelöst, die auch zu ihrer Bekämpfung eingesetzt werden. Eben diese fehlende Urteilsfähigkeit wird Doktor Faustus zum Verhängnis, der Heilsungewissheit und legitime innerweltliche *remedia* nicht zuletzt im Zeichen teuflischer Anfechtung nicht balancieren kann: Auf das „säuisch und Epicurisch leben" folgt die *desperatio* und als *desperatus* ist Faustus des Teufels. Musäus rekurriert an dieser für die Vigilanz besonders wichtigen Passage auf den Prediger Salomo. Die Passage verdient ein ausführliches Zitat:

> Dergleichen redet er auch im dritten / vierdten vnd allen folgenden Capiteln / fast mit einerley worten / vonn essen / trincken / frölich sein / also / das ein ansehen hat / als billiche er das Epicurische leben / mit prangen vnnd prassen / Fressen vnd Sauffen / Spielen / Bulen vnd Paschkallen [wohl Pokulieren, M.B.] / welches die weltkinder one das allzu wol könen / vnd muß bey jhnen alles heissen / frölich vnd leichtsinnig / vnd die Melancholey vertreiben.
> (S. 235f. [Bl. C 8ʳ])

Die Schrift stellt hier also – wie im drastischen Referat mehr als deutlich wird – keine unumwunden klare Reflexions- und Handlungsanweisungen bereit, so sehr Musäus auch in Momenten der Anfechtung die Meditation gerade anhand von Psalmen empfiehlt. Die axiologische Indifferenz der anzuwendenden Mittel delegiert die Verantwortung an das Subjekt: Dies macht die enorme Gefahr aus, die vom melancholischen Teufel ausgeht, der zwar als externe Figur gedacht wird, die sich zwischen Gott und den Menschen stellt, der aber zugleich im Menschen selbst *ist*, und zwar nicht nur, wenn es darum geht, angesichts aller Anforderungen des Alltags die Differenz von Heil und Verdammnis pragmatisch bearbeiten zu können.

3

Schon die mystische Literatur hebt darauf ab, dass angesichts der Unverfügbarkeit des göttlichen Willens dem Gläubigen nur übrigbleibt, sich – unter Absehung des eigenen Willens, vollkommen ‚gelassen' – der göttlichen Gnade zu öffnen. Äußerste Konkretion findet dieses Aufgeben des Willens um Gottes willen in der Denkfigur der *resignatio ad infernum*, der Bereitschaft, in der Hölle zu sein, solange es nur Gottes Wille ist. Mit der ebenfalls dem mystischen Denken eigenen Entzeitlichung von Heilsgeschichte wird dieser Vorstellung aber auch ein Großteil ihres Schreckens genommen, nämlich die eschatologische Endgültigkeit, die im Großen und Ganzen gleichwohl nicht zur Disposition steht. Die sich im Spätmittelalter im Zuge der überaus breiten und produktiven Rezeption der Schriften etwa Eckharts oder Taulers abzeichnenden Konsequenzen, die punktuell auch in der *Theologia deutsch* greifbar werden,[38] führen in Verbindung mit den Tendenzen der ars moriendi dazu, dass die Topologie des Jenseits – Himmelreich, Fegfeuer, Hölle – zu seelischen Zuständen im Diesseits wird. Damit erhält die Bewährung gegenüber der teuflischen Anfechtung – das heißt in umgekehrter Perspektive: die Aufrechterhaltung der über Christus gesicherten Verbindung zu Gott – den Charakter einer lebenslangen Aufgabe, wobei die Differenz von Heil und Verdammnis nicht in jeder Sekunde auf dem Gläubigen lasten muss.

Die lebenslange Aufgabe erfordert Wachsamkeit gegenüber der Anfechtung, die durch die Unbedingtheit der Lutherschen Gnadentheologie noch verschärft wird: Wo es nichts auf der Seite des Menschen gibt, das zur Rechtfertigung beiträgt, wohl aber der Glaube an Christus nötig ist, wird es schwer, den geforderten Mittelweg einzuhalten. Um sich auf diesem Mittelweg zu bewähren, sind im Sinne der Resilienz neben geistlichen auch weltliche Mittel nötig, deren Einsatz allerdings nicht einfach vorgeschrieben werden kann. Es kommt auf das gläubige Subjekt an, das in jeder Situation die Maßstäbe seines Handelns wie die Normen der vorgängigen Reflexion aus sich selbst heraus in ein Verhältnis bringen muss. Dabei mag der Rekurs auf Christus oder andere *exempla fidei* hilfreich sein; der Ort der Aushandlung ist aber nicht die soziale Interaktion oder ein jenseitiger Raum der Kompensation und Bewährung, sondern das Gewissen des Gläubigen selbst.

In diesem Zusammenhang steht die Reformation in einem langwierigen ideen- und sozialgeschichtlichen Prozess, der maßgeblich durch Veränderungen des Hochmittelalters angestoßen wurde, für die verschiedene Aspekte der Personenmetaphysik im Allgemeinen[39] und der Gewissenskonzeption im Besonderen eine wichtige Rolle spielen.[40] Dies im Einzelnen nachzuzeichnen, ist hier nicht der Ort und angesichts der Vielfalt der Entwicklungslinien auch kaum möglich.

Zum Schluss soll aber wenigstens angedeutet werden, dass die durch die Interiorisierung der Hölle und die Ubiquität des Teufels stimulierten Vigilanzregimes Implikationen aufweisen für den Prozess der Herausbildung moralischer Subjektivität,[41] die bekanntlich darin besteht, Grundsätze des Handelns ‚aus sich heraus' zu entwickeln. Die eingangs angesprochene *Theologia deutsch* ist auch in

---

38 Zu den weitreichenden Folgen dieses Traktats vgl. Vollhardt, Reformation.
39 Vgl. hierzu jetzt grundlegend Perler, *Person*.
40 Vgl. Störmer-Caysa, *Gewissen*, bes. S. 67–72.
41 Vgl. Röcke, Subjekt, sowie Münkler, *Ambiguität*, S. 316. Zu den ‚produktiven' Effekten der Teufelsfigur vgl. Eming/Fuhrmann, *Teufel*.

diesem Zusammenhang einschlägig. Deutlicher noch als bei Musäus entstehen hier aus der kontrastiven Gegenüberstellung von *natura hominis* und *vita Christi* Imperative einer Lebensführung, die – dies nun wiederum wie bei Musäus – ganz auf Praxisvollzüge (*üebunge*[42]) abstellen. So werden in der *Theologia deutsch* (und ihrem historisch signifikanten Lavieren) „Möglichkeiten moralischer Eigenverantwortlichkeit"[43] des Menschen denkbar, die sich zunächst wohl weniger als Befreiung, sondern viel eher als Bürde erwiesen. Musäus versucht in der spezifischen historischen Situation die Konsequenzen seelsorgerisch abzumildern.

Aber gerade auch dabei zeugt Musäus von den „Möglichkeiten moralischer Eigenverantwortlichkeit": Der zu beschreitende Mittelweg ist nicht markiert durch einfach umsetzbare Gebote, sondern wird beschritten im Anschluss an und begleitet von Reflexionen, die der Gläubige in seinem Gewissen selbst anstellt. Das Moment teuflischer Anfechtung setzt diese Reflexionsbewegung in Gang, indem es bei der Abwägung im Subjekt selbst qua Externalisierung den Ausgangspunkt für ein Selbstverhältnis stiftet, das über Christus dann zu Gott führt. Anders als es Michel Foucaults Reihe zu *Sexualität und Wahrheit* nahelegt, geht es damit auch bei Musäus nicht mehr ausschließlich um die Absorption des Selbst durch die „kodifizierenden oder normalisierenden Instanzen der Religion";[44] vielmehr finden sich hier – und sicher verschärft durch die Anforderungen der Gnadentheologie an das Subjekt – Ansatzpunkte für eine moralische Subjektivität, die gerade in Handlungsvollzügen Freiräume der Positivierung erkennt.

Die jüngste Foucault-Rezeption übrigens hat im Anschluss an den eben erst publizierten vierten Teil von *Sexualität und Wahrheit* unter dem Titel *Die Geständnisse des Fleisches* (*Les Aveux de la chair*) genau diesen Gesichtspunkt herausgestellt. Man kann hier über die ehedem von Foucault gezeichnete Dichotomie von paganer Antike einerseits, Christentum andererseits hinausgehen, da – so Karsten Schubert – im „‚Wahrsprechen über sich selbst' des christlichen Bußrituals [...] zum ersten Mal eine Praxis einer kritischen Machtreflexion [entsteht]. Das Selbst soll sich rein halten und dafür ständig fremde, teuflische Mächte in seinem Inneren aufspüren und kritisch überprüfen".[45] Dies gilt freilich nicht nur für die Bußpraktiken, die Foucault ja selbst mit Blick auf das Vierte Laterankonzil in den Blick genommen hat, sondern auch für die Selbsttechniken, die sich einerseits im Spätmittelalter, dann aber auch in der Reformation ausbilden:

---

42 Vgl. zu diesem Begriff Wegener, *Frankfurter*, S. 142, Anm. 290.
43 Ebd., S. 303.
44 Kammler/Plumpe, Ethos, S. 191.
45 Schubert, Wurzeln, S. 69.

Das Christentum – und nicht die antike Ethik oder *parrhesia* – praktiziert Subjektivität zum ersten Mal als kritische Selbstreflexion von fremder und innerlich wirkender Macht (Böses) und kontinuierlicher Selbsttransformation (Wahrheit).[46]

Die Verortung eines jenseitigen Kompensationsraums, dessen Herausbildung maßgeblich damit zusammenhing, dass ein immanenter „Tun-Ergehen-Zusammenhang" problematisch wurde, und der dazu beitragen sollte, mit den Ungerechtigkeiten dieser Welt besser umgehen zu können, eben die Verortung dieses Kompensationsraums im Subjekt selbst hat zwar neue Wege sowohl zur Gotteserfahrung (so wohl die Perspektive des Spätmittelalters) als auch zur Emergenz eines moralischen Subjekts (so gewiss die Perspektive der Moderne) eröffnet, dabei aber eben diesem Subjekt auch viel zugemutet.[47] Jedenfalls ist diese Form von Freiheit mit dem Teufel erkauft.

Literaturverzeichnis

Primärliteratur

Luther, Martin (Hrsg.): *Eyn deutsch Theologia. das ist Eyn edles Buchleyn / von rechtem vorstand / was Adam vnd Christus sey / vnd wie Adam yn vns sterben / vnd Christus ersteen sall.* Wittenberg 1518 (VD16: T 896).
Luther, Martin: *Ein Sermon von der Bereitung zum Sterben* [1519]. In: ders.: *Werke. Kritische Gesamtausgabe. Bd. 2: Schriften 1518/19.* Weimar 1884, S. 680–697.
Luther, Martin: *Der Prophet Jona ausgelegt* [1526]. In: ders.: *Werke. Kritische Gesammtausgabe. Bd. 19: Schriften 1526.* Weimar 1897, S. 169–251.
[Münchner Eigengerichtsspiel] *Got zů lob dem menschen zu besserung sind dise figur vnd Exempel vom aygen gericht vnd Sterbenden menschen zu munichen gehalten worden.* München 1510 (VD16: G 2679).
Das Münchner Spiel von 1510. In: *Drei Schauspiele vom sterbenden Menschen.* Hrsg. von Johannes Bolte. Leipzig 1927, S. 1–62.
Musäus, Simon: *Nůtzlicher Bericht / vnnd Heilsammer Rath aus Gottes Wort / wider den Melancholischen Teuffel / Allen schwermůtigen vnnd trawrigen hertzen / zum sonderlichen beschwerten trost / Labsall vnnd Ertzney gestellet […].* Nürnberg 1569 (VD16: M 5041).
Musäus, Simon: *Nützlicher Bericht […] wider den Melancholischen Teuffel (1569).* In: Steiger, Johann Anselm: *Medizinische Theologie. Christus medicus und Theologia medicinalis bei Martin Luther und im Luthertum der Barockzeit.* Leiden/Boston 2005, S. 212–256.

---

46 Schubert, Wurzeln, S. 70.
47 Die Frage nach einem vor diesem Hintergrund historisch adäquaten Subjektbegriff ist offen und soll im Rahmen meines DFG-Heisenberg-Projekts an der Universität Bielefeld, in dessen Zusammenhang auch dieser Beitrag entstanden ist, sowie im Rahmen meines Fellowships am Wissenschaftskolleg zu Berlin weiter bearbeitet werden.

Sekundärliteratur

Baron, Frank: *Der Mythos des faustischen Teufelspakts. Geschichte, Legende, Literatur.* Berlin/Boston 2019.
Barth, Hans-Martin: *Der Teufel und Jesus Christus in der Theologie Martin Luthers.* Göttingen 1967.
Benz, Maximilian: Faustus infaustissimus. Kontroverstheologisches aus der Hölle des Jesuitendramas. In: *Deutsche Vierteljahrsschrift für Literaturwissenschaft und Geistesgeschichte* 87 (2013), S. 299–322.
Benz, Maximilian: *Gesicht und Schrift. Die Erzählung von Jenseitsreisen in Antike und Mittelalter.* Berlin/Boston 2013.
Benz, Maximilian: München 1510. Ein Schauspiel vom Tode. In: Kiening, Christian/Stercken, Martina (Hrsg.): *Medialität. Historische Konstellationen.* Zürich 2019, S. 247–256.
Breuer, Ulrich: *Melancholie und Reise. Studien zur Archäologie des Individuellen im deutschen Roman des 16.–18. Jahrhunderts.* Münster/Hamburg 1994.
Brüggemann, Romy: *Die Angst vor dem Bösen. Codierungen des ‚malum' in der spätmittelalterlichen und frühneuzeitlichen Narren-, Teufel- und Teufelsbündnerliteratur.* Würzburg 2010.
Chinca, Mark: Norm und Durchschnitt. Zum ‚Münchner Eigengerichtsspiel' von 1510. In: Brüggen, Elke [u. a.] (Hrsg.): *Text und Normativität im deutschen Mittelalter.* Berlin/New York 2012, S. 217–231.
Chinca, Mark: *Meditating Death in Medieval and Early Modern Devotional Writing. From Bonaventure to Luther.* London/New York 2020.
Colpe, Carsten: Art. ‚Himmelfahrt'. In: *Reallexikon für Antike und Christentum* 17 (1997), Sp. 212–219.
Ebeling, Gerhard: *Lutherstudien.* Bd. II: *Disputatio de homine.* Dritter Teil: Die theologische Definition des Menschen. Kommentar zu These 20–40. Tübingen 1989.
Eming, Jutta/Fuhrmann, Daniela (Hrsg.): *Der Teufel und seine poietische Macht in literarischen Texten vom Mittelalter zur Moderne.* Berlin/Boston 2021.
Foucault, Michel: *Die Geständnisse des Fleisches (Sexualität und Wahrheit IV).* Hrsg. von Frédéric Gros. Berlin 2019.
Grimm, Heinrich: Die deutschen ‚Teufelbücher' des 16. Jahrhunderts. Ihre Rolle im Buchwesen und ihre Bedeutung. In: *Archiv für Geschichte des Buchwesens* 2 (1960), S. 513–570.
Kammler, Clemens/Plumpe, Gerhard: Antikes Ethos und postmoderne Lebenskunst. Michel Foucaults Studien zur Geschichte der Sexualität. In: *Philosophische Rundschau* 34.3/4 (1987), S. 186–194.
Kaufmann, Thomas: *Die Mitte der Reformation. Eine Studie zu Buchdruck und Publizistik im deutschen Sprachgebiet, zu ihren Akteuren und deren Strategien, Inszenierungs- und Ausdrucksformen.* Tübingen 2019.
Langer, Otto: *Christliche Mystik im Mittelalter. Mystik und Rationalisierung – Stationen eines Konflikts.* Darmstadt 2004.
Löhdefink, Jan: *Zeiten des Teufels. Teufelsvorstellungen und Geschichtszeit in frühreformatorischen Flugschriften* (1520–1526). Tübingen 2016.
Moeller, Bernd: Tauler und Luther. In: Centre d'études supérieures spécialisé d'histoire des religions de Strasbourg (Hrsg.): *La Mystique Rhénane.* Paris 1963, S. 157–168.
Münkler, Marina: *Narrative Ambiguität. Die Faustbücher des 16. bis 18. Jahrhunderts.* Göttingen 2011.

Otto, Henrik: *Vor- und frühreformatorische Tauler-Rezeption. Annotationen in Drucken des späten 15. und frühen 16. Jahrhunderts.* Heidelberg 2003.

Perler, Dominik: *Eine Person sein. Philosophische Debatten im Spätmittelalter.* Frankfurt am Main 2020.

Richter, Günter (Hrsg.): *Verlegerplakate des XVI. und XVII. Jahrhunderts bis zum Beginn des dreißigjährigen Krieges.* Wiesbaden 1965.

Röcke, Werner: Das Subjekt und das Böse. Rituelle Abwehr und Verrechtlichung des Teufels als Formen der Subjektkonstitution im Spätmittelalter. In: Baisch, Martin [u. a.] (Hrsg.): *Inszenierungen von Subjektivität in der Literatur des Mittelalters.* Königstein 2005, S. 288–308.

Schiewer, Regina D.: Der ‚zagel' Luzifers und das Paradies in der Hölle. Abstiegs- und Aufstiegsmystik von Mechthild von Magdeburg über Johannes Tauler und Meister Eckhart zu Martin Luther. In: Leppin, Volker/Löser, Freimut (Hrsg.): *Von Meister Eckhart bis Martin Luther.* Stuttgart 2019, S. 221–244.

Schottroff, Luise: *Die Bereitung zum Sterben. Studien zu den frühen reformatorischen Sterbebüchern.* Göttingen 2012.

Schubert, Karsten: Die christlichen Wurzeln der Kritik. Wie Foucaults Analysen der Kirchenväter neues Licht auf die Debatte um Macht und Freiheit werfen. In: *Zeitschrift für philosophische Literatur* 7.2 (2019), S. 60–71.

Speth, Sebastian: *Dimensionen narrativer Sinnstiftung im frühneuhochdeutschen Prosaroman. Textgeschichtliche Interpretation von ‚Fortunatus' und ‚Herzog Ernst'.* Berlin/Boston 2017.

Steiger, Johann Anselm: *Melancholie, Diätetik und Trost. Konzepte der Melancholie-Therapie im 16. und 17. Jahrhundert.* Heidelberg 1996.

Steiger, Johann Anselm: *Medizinische Theologie. Christus medicus und Theologia medicinalis bei Martin Luther und im Luthertum der Barockzeit.* Leiden/Boston 2005.

Störmer-Caysa, Uta: *Gewissen und Buch. Über den Weg eines Begriffes in die deutsche Literatur des Mittelalters.* Berlin/New York 1998.

Vollhardt, Friedrich: Zweite Reformation? Die Mystik des späten Mittelalters und der Spiritualismus um 1600. In: Schmidt-Biggemann, Wilhelm/Vollhardt, Friedrich (Hrsg.): *Ideengeschichte um 1600. Konstellationen zwischen Schulmetaphysik, Konfessionalisierung und hermetischer Spekulation.* Stuttgart 2016, S. 33–60.

Vollhardt, Friedrich: Bußtheologie für Laien? Die Jenseitsvision in der Literatur des Spätmittelalters und der *Reformationszeit.* In: Leppin, Volker/Michels, Stefan (Hrsg.): *Reformation als Transformation? Interdisziplinäre Zugänge zum Transformationsparadigma als historiographischer Beschreibungskategorie.* Tübingen 2022, S. 225–257.

Wegener, Lydia: *Der ‚Frankfurter' / ‚Theologia deutsch'. Spielräume und Grenzen des Sagbaren.* Berlin/Boston 2016.

Wei, Ziyang: Teuflische Synergie. Das Faustbuch (1587) zwischen Determinismus und Willensfreiheit. In: Eming, Jutta/Fuhrmann, Daniela (Hrsg.): *Der Teufel und seine poietische Macht in literarischen Texten vom Mittelalter zur Moderne.* Berlin/Boston 2021, S. 131–155.

Michael Schwarzbach-Dobson
Technologien der Selbst- und Teufelsbeobachtung im 16. Jahrhundert. Ignatius von Loyola, Johann Weyer, Jodocus Hocker

1 Einführung: Teufelsbeobachtung – Selbstbeobachtung

Als Sigmund Freud sich im Jahr 1923 mit dem Fall des Malers Christoph Haitzmann (1651/1652–1700) auseinandersetzt und seine Ergebnisse unter dem Titel *Eine Teufelsneurose im siebzehnten Jahrhundert* veröffentlicht,[1] lässt sich dies als Endpunkt eines Transformationsprozesses lesen, der das Beobachtungsverhältnis von Mensch und Teufel strukturell invertiert hat: Aus der äußeren Bedrohung inneren Seelenheils durch den Teufel wird ein innerer Prozess psychischer Krankheit, der sich nach außen körperlich artikuliert, wobei der Teufel nur noch als Simulacrum irrationaler Vorgänge erscheint.[2]

Es verwundert allerdings, dass Freud in seiner Analyse, die im Wesentlichen an psychischen Verdrängungs- und Verschiebungsmechanismen interessiert ist, zwar auf Zeugnisse anderer über Haitzmann zurückgreift, sich aber kaum für dessen eigene Tagebuchaufzeichnungen interessiert. Von Haitzmann (der vorgab, mehrfach Pakte mit dem Teufel geschlossen zu haben) sind Tagebucheinträge überliefert, in denen er Träume und Visionen vom Teufel akribisch notiert und durch Berichte über eigene Krankheitsgefühle und Mittel gegen den Teufel wie Gebet, Beichte, Kommunion und so weiter ergänzt hat.[3] Jenseits medizinischer oder theologischer Deutungsmodelle öffnet sich hier nochmal eine neue Perspektive: Ein Beobachter richtet den Blick auf sich selbst, nimmt über diese Selbstbeobachtung aber gleichzeitig auch die Angriffe des Teufels wahr und entwickelt praktische Techniken, um sich vor diesem zu schützen. Um solche

---

[1] Vgl. Freud, Teufelsneurose. Vgl. zu Freuds hier exemplarisch fassbarer Konzeption historischer Diskurse: Certeau, *Schreiben*, S. 217–239 (Kap. 6: „Was Freud aus Geschichte macht: ‚Eine Teufelsneurose im siebzehnten Jahrhundert'").
[2] Vgl. dazu auch die Analysen bei Alt, *Exorzismen*, S. 167 f.
[3] Vgl. die Abdrucke in Macalpine/Hunter, *Schizophrenia 1677*. Vgl. zu den zeitgenössischen Reaktionen Midelfort, *Reactions*, S. 623–648.

Formen der Selbstbeobachtung und die aus ihnen resultierenden Selbsttechniken wird es im Folgenden gehen.

Dabei wird die Anregung aufgenommen, unter Rückgriff auf Luhmanns religionssoziologische Arbeiten die Inszenierung von wechselseitigen Beobachtungsverhältnissen zwischen Mensch und Teufel genauer in den Blick zu nehmen.[4] Wenn Mensch und Teufel sich gegenseitig beobachten, so entsteht eine Beziehung der Reziprozität, die nicht allein als metaphysisches Verhältnis, sondern auch als ein soziologisches Problem verstanden werden kann. Letzteres bietet einen anschlussfähigen und perspektivenreichen Ansatz, der hier nur um ebendiese Frage nach dem Status der Selbstbeobachtung ergänzt werden soll: Inwiefern resultiert aus der allgegenwärtigen Präsenz des Teufels eine Notwendigkeit, das eigene Selbst, also das eigene Denken und Verhalten zu beobachten, zu kontrollieren und gegebenenfalls neu auszurichten? Welche Techniken der Selbstformung (sich selbst prüfen, sich selbst führen, sich selbst Rechenschaft ablegen) gehen mit dieser Selbstbeobachtung einher?

Luhmanns religionssoziologische Annahmen sind bekanntlich weitestgehend auf eine funktionale Fragestellung bezogen: Ein soziales Problem verlangt eine Lösung; diese ist als funktionales Verhältnis aufzufassen, aus dem sich bei Verstetigung Strukturen bzw. Systeme entwickeln. Grundlage dieser Prozesse sind Beobachtungsverhältnisse, die Luhmann als Vorgänge des Unterscheidens versteht:[5] „Der Mensch, der nun seinerseits den Teufel beobachtet, kann dies nur, indem er ihn als Böses vom Guten, von Gott unterscheidet."[6] Im Zentrum des Systems ‚Religion' sieht Luhmann eine sogenannte Kontingenzformel, das heißt eine Form, durch welche die konstitutive Unterscheidung von Immanenz und Transzendenz festgeschrieben wird.[7] Solche Kontingenzformeln finden sich grundsätzlich „in allen Funktionssystemen, deren Codes sie für Kontingenz [...] und [...] Selbstbeobachtungsmöglichkeiten öffnen".[8] Selbstbeobachtung wird dabei zu einem zentralen Aushandlungspunkt sozialer Handlungsmöglichkeiten einerseits (auch die Selbstbeobachtung ist für Luhmann eine kommunikative Operation),[9] andererseits auch zu einem wichtigen Ansatz für die Beschreibung des Systems durch einen externen Beobachter. Das trifft in besonderer Weise für

---

4 S. dazu die Einleitung zu diesem Band, S. 6f.
5 Vgl. Luhmann, *Gesellschaft*, S. 882.
6 Luhmann, Sthenographie, S. 66f.
7 Vgl. Luhmann, *Religion*, S. 150f.
8 Ebd., S. 148.
9 Vgl. Luhmann, *Gesellschaft*, S. 883.

das Religionssystem zu, das für Luhmann ausschließlich durch die Beobachtung seiner Selbstbeobachtung adäquat erfasst werden kann.[10]

Soziale Systeme sind bei Luhmann eng an psychische Systeme gekoppelt: Soziale Systeme ermöglichen Kommunikation, psychische Systeme generieren hingegen häufig die Inhalte dieser Kommunikation. Als systeminterne Operation findet Beobachtung in beiden Systemen gleichermaßen statt. Wie an den Tagebucheinträgen Haitzmanns ablesbar, zieht der Modus der Selbstbeobachtung im psychischen System dabei häufig Praktiken des Selbst nach sich, die in soziale Systeme ausgreifen: Das Subjekt beobachtet sich, und es transformiert das Resultat der Beobachtung in eine darauf abgestimmte Verhaltensweise. Haitzmann erkennt, wie sehr sein Inneres unter den Angriffen des Teufels leidet, er befragt sich selbst und antwortet darauf mit bestimmten Bußübungen. Es erscheint daher in diesem Kontext sinnvoll, neben Luhmanns Überlegungen auch neuere Ansätze der Religionssoziologie hinzuzuziehen, die Religion stärker als ein System von Praktiken verstehen. Hier wird – wie etwa in den Arbeiten Riesebrodts[11] – die Frage nach der „Funktion" von religiöser Kommunikation noch einmal in praxeologischer Perspektive reformuliert: Welche Praktiken der Selbstführung und der sozialen Habitualisierung gehen mit religiösen Anforderungen einher? Buße, Diätetik, Askese usw. zeigen sich so als diejenigen Handlungskonzepte, durch die sich religiöses Wissen in den Körper der Gläubigen einschreibt. Auch die Selbstbeobachtung lässt sich diesem Kanon der Selbstpraktiken eingliedern.

Als Vorläufer beider Ansätze – und gewissermaßen auch als deren Synthese – wäre die Idee der in den späten Texten Michel Foucaults entwickelten „Technologien des Selbst" anzuführen, die in einem ähnlichen Kontext der Selbstbeobachtung, Übung und Selbstbeschreibung zu verorten sind.[12] Diese Technologien des Selbst lassen sich – sehr grob – verstehen als Techniken eines Subjekts, „aus eigener Kraft oder mit Hilfe anderer eine Reihe von Operationen an seinem Körper oder seiner Seele, seinem Denken, seinem Verhalten und seiner Existenzweise vorzunehmen, mit dem Ziel, sich so zu verändern, daß [es] einen gewissen Zustand des Glücks, der Reinheit, der Weisheit [...] erlangt".[13] Foucault begreift dies

---

10 Luhmann, *Religion*, S. 15: „Angesichts eines solchen Sachverhalts kann Religion extern nur im Modus der Beobachtung zweiter Ordnung, nur als Beobachtung ihrer Selbstbeobachtung definiert werden – und nicht durch ein Wesensdiktat von außen." Vgl. zu Luhmanns Konzeption von Religion, die im Laufe seiner Arbeiten mehrere Schritte durchlaufen hat: Pollack, Probleme. Vgl. für eine perspektivenreiche Anwendung des Luhmann'schen Ansatzes auf die mediävistische Textanalyse: Scheuer, Formen, v. a. S. 748f.
11 Vgl. etwa Riesebrodt, *Cultus*.
12 Vgl. beispielsweise Foucault, Technologien, S. 24–62; und ders., Zur Genealogie, S. 461–497.
13 Foucault, Technologien, S. 26.

auch als eine Hermeneutik des Selbst, als Selbstüberprüfung, die zugleich eine Subjektivierung bewirkt. Während Foucault dies bevorzugt an spätantiker Briefkultur und christlicher Beichtpraxis herausstellt, lässt sich die Frage nach Technologien des Selbst auch produktiv an Beobachtungsverhältnisse im Teufelsdiskurs des 16. Jahrhunderts stellen.[14] Es geht dabei weniger um eine direkte Applikation des Foucault'schen Modells denn um die generelle Frage, inwiefern die Präsenz des Teufels zu einer Selbstbeobachtung anleitet, die mit gewissen Techniken und Praktiken des sich selbst beobachtenden Subjekts einhergeht.

2 Selbstbeobachtung und Imagination: Ignatius von Loyola

Ein prägnantes Beispiel dafür stellen die *Geistlichen Übungen* (*Ejercicios espirituales*) des Ignatius von Loyola dar. Ignatius' in den 1520er Jahren entstandener Text besteht aus einer Vielzahl an minutiös beschriebenen Anweisungen, die ihr Subjekt, den ‚Übenden', über vier Wochen zahlreichen inneren Praktiken unterwerfen. Schon Roland Barthes hat – natürlich ohne Bezug auf Luhmann – darauf hingewiesen, dass die Technik der Unterscheidung die Grundlage dieser Exerzitien bildet: Alles wird begrenzt, klassifiziert, eingeordnet, getrennt, notiert und so weiter.[15] Der Übende fügt sich dabei einer sinnlich-visuellen Praxis, die ebenso Anforderungen an seine Selbstbeobachtung wie an seine Imagination richtet. So muss er sich etwa täglich erinnern, wie oft er eine bestimmte Sünde vom Zeitpunkt des Aufstehens bis zum Zeitpunkt der Reflexion begangen hat, indem er jede Stunde vor seinem inneren Auge durchgeht und die Zahl der Sünden schließlich schematisch für sich notiert, um seinen Fortschritt in den nächsten Tagen dokumentieren zu können.[16]

In diesem Kontext relevant ist ein Abschnitt am Ende des Textes, in dem Ignatius über den Einfluss des Teufels auf die Seelenbewegungen des Übenden reflektiert. Denn auch der Teufel verfügt über Techniken der ἐνάργεια, des Vor-Augen-Stellens, über die er auf den Übenden einzuwirken versucht: „Bei den Personen, die von Todsünde zu Todsünde schreiten, pflegt der böse Feind ge-

---

14 Foucault selbst hat sein Projekt im Rahmen einer bis in die Moderne reichenden „Genealogie der Ethik" verortet, die er selbst jedoch nur für antike und spätantike Texte ausführlicher dargestellt hat. Er betont hier aber, dass Fragen der Selbstüberprüfung und der Selbsttechnik gerade im 16. Jahrhundert wieder Konjunktur hätten (vgl. Foucault, Genealogie, S. 464).
15 Vgl. Barthes, *Sade*, S. 63.
16 Vgl. Ignatius von Loyola, *Übungen*, S. 27 f. Nachweise im Folgenden im Haupttext.

meinhin augenscheinliche Lust vor Augen zu führen, indem er Bilder sinnlicher Genüsse und Lüste hervorruft" (S. 104). Der Teufel befindet sich daher in einem konstanten Zustand der Beobachtung und Unterscheidung, um möglichst wirksam agieren zu können:[17]

> Denn wie ein Hauptmann [...] die Stärke oder den Zustand einer Burg ausspäht und sie dann an der schwächsten Stelle angreift, auf die gleiche Weise schleicht auch der Feind der menschlichen Natur umher und belauert ringsum alle unsere Tugenden.
> (S. 108)

Aufschlussreich ist Ignatius' Empfehlung, wie mit dieser – an sich eher konventionellen – konstanten Beobachtung und Bedrohung durch den Teufel umzugehen sei: Der Verlauf der Gedanken, so Ignatius, vollziehe sich im Idealfall in einer Abfolge von Anfang, Mitte und Ende. Wenn der Teufel Einfluss nehme und die Gedanken auf Abwege führe, empfehle es sich, sofort den Gang der eigenen Gedanken „zu betrachten, und zwar deren Anfang, und wie er [= der Teufel] dafür sorgte, daß sie [= die übende Person] aus der geistlichen Anmut und Freude, darin sie sich befand, sich herabziehen ließ, bis er sie schließlich zu seiner verderblichen Absicht verführte" (S. 109). Reaktion auf die Beobachtung und die Einflussnahme des Teufels ist also eine Selbstbeobachtung, die als Technik der Wiederholung den richtigen Verlauf der Gedanken wiederherstellen soll. Ort der Konfrontation mit dem Teufel ist dabei ein virtuell erzeugter innerer Erfahrungsraum, in dem der Übende mittels eigener sinnlicher Aktivität den sinnlichen Verführungen des Teufels entgegenwirken kann.[18]

Es sind mithin die inneren Sinne, die nicht nur die eigenen Erlebnis- und Erfahrungsmöglichkeiten prägen, sondern die auch durch den Teufel affiziert werden. Selbst dann, wenn die Seele sich gegen jede Sünde wehrt, „sucht der Feind, da er sie nicht in etwas zu stürzen vermag, was Sünde scheint, sie wenigstens eine Sünde sich einbilden zu lassen" (S. 113). Die Zurückweisung des Teufels erfolgt daher auch nicht primär durch sich direkt körperlich manifestierende Praktiken, sondern vielmehr durch innere der Evokation, Beherrschung und Lenkung von Affekten. Typisch für Ignatius scheint es hier, die Grenze zwischen inneren und äußeren Sinnen als durchlässig zu sehen: Nicht nur versteht er

---

17 Vgl. zur Relation von Teufel und Übendem bei Ignatius auch: Feld, *Ignatius*, S. 48–50.
18 Vgl. dazu auch: Largier, *Kunst*, S. 35–68; vgl. zum Status von geistlichen Exerzitien als Aufmerksamkeitsübungen, die immer wieder eine Unterscheidung verlangen, ob etwas Aufmerksamkeit erfordert (da es die Askese des Übenden betrifft) oder ob es von der Natur abhängt und daher gleichgültig ist: von Moos, *Attentio*, S. 272.

die geistlichen Übungen auch als Form körperlicher Praxis,[19] sondern auch das, was in der Imagination nur simuliert wird, soll tatsächlich geschmeckt, gerochen, gefühlt werden, das heißt: von den inneren auf die äußeren Sinne umschlagen.[20]

Das Durchschreiten des inneren Erfahrungsraums ist daher auch eine Praxis, die Selbstbeobachtung mit einer Offenlegung des Selbst verbindet. Der Teufel agiert nicht nur selbst, sondern auch in seinen Einwirkungen auf den Übenden im Verborgenen – es wünscht „der Feind der menschlichen Natur, wenn er seine Listen und Einflüsterungen der gerechten Seele einflößt, daß sie im geheimen aufgenommen und geheimgehalten werden" (S. 107). Die neue Sinnlichkeit, die durch Übung und Unterscheidung gewonnen wird, versetzt den Übenden dann aber in die Lage, die Anfechtungen des Teufels aufzudecken und sich so einen neuen Horizont des Erlebens und Erfahrens zu kreieren, der dem Teufel verwehrt bleibt.

3 Selbstbeobachtung und Unterscheidung: Johann Weyer

Eine Pointe der *Geistlichen Übungen* ist, dass sie das Verhältnis von Subjekt und Regel invertieren: Die Disziplin habe sich der Disposition des Einzelnen anzupassen, nicht umgekehrt. Dies scheint erst die Grundlage zu bilden für die bei Ignatius zu findende Verbindung von Selbstbeobachtung, Selbstoffenbarung und Selbsttechnik. Christiane Krusenbaum-Verheugen hat gezeigt, dass diese technische Herstellung von Innerlichkeit im 16. Jahrhundert auch im protestantischen Milieu zu finden ist und hier ebenfalls in „Technologien des Selbst" mündet.[21] Krusenbaum-Verheugen untersucht dazu sowohl eine Reihe von Luthers Schriften als auch die *Historia von D. Johann Fausten*: In Bezug auf protestantische Buß- reflexion zeige sich in den Wehklagen des Faustus eine Hermeneutik des Selbst, die sich als eine rudimentäre Geschichte des eigenen Ichs artikuliere. Während aber Faustus die in hermeneutischer Selbstreflexion gewonnene Selbsterkenntnis nicht dazu nutzen könne, durch radikalen Verzicht auf das Selbst einen Wechsel in der Axiologie der eigenen Geschichte zu erreichen, fordere Luthers *soliloquium animae* genau diese Distanzierung vom Ich ein.

---

19 Vgl. Largier, *Kunst*, S. 35.
20 Vgl. Wodianka, *Betrachtungen*, S. 27.
21 Vgl. Krusenbaum-Verheugen, *Ich*. Ich danke Christiane Krusenbaum-Verheugen für das freundliche Überlassen des Manuskripts.

Krusenbaum-Verheugens Beobachtungen sollen hier zum Ausgangspunkt genommen werden, um neben Ignatius von Loyola auch zwei Autoren mit protestantischem Hintergrund[22] auf die in ihren sogenannten Teufelbüchern entworfene Verbindung von Selbstbeobachtung, Teufelsbeobachtung und Selbsttechnik zu befragen. In den 1560er Jahren veröffentlicht der Arzt Johann Weyer[23] den monumentalen Text *De praestigiis daemonum*,[24] dessen Bedeutung für den Teufelsdiskurs des 16. Jahrhunderts die Forschung immer wieder betont hat, auch wenn die Weyer teils zugeschriebene Rolle eines Aufklärers *avant la lettre* wohl nicht ganz zutreffend ist.[25]

Weyers Beschreibung von Kommunikationsverhältnissen zwischen Mensch und Teufel beziehungsweise Dämonen lässt sich oberflächlich als traditionell augustinisch verstehen: Interesse des Teufels ist es, den Gläubigen zu täuschen (wie es ja schon der Titel von Weyers Text andeutet), was aber nur möglich ist, sofern dieser die Trugbilder auch zulässt.[26] Weyer entwirft dabei für den Teufel eine komplexe Machtposition: Einerseits könne dieser nur innerhalb eines ihm von Gott zugestandenen Rahmens agieren, andererseits lasse sich der Teufel aber nicht vom Menschen kontrollieren, weswegen gerade Berichte über Teufelsbündner, die über dämonisch ermöglichte Praktiken verfügen, von Weyer stark zurückgewiesen werden. Vielmehr machten bestimmte ‚mentale' Dispositionen, wie die Melancholie, es dem Teufel leicht, Einfluss auf Menschen zu nehmen, welche insofern nicht als Täter, sondern als Opfer anzusehen seien. Menschen, die in Kommunikations- oder Beobachtungsverhältnisse mit dem Teufel eintreten, erscheinen damit bei Weyer weniger als Subjekte einer Tat, denn als Objekte eines

---

22 Die konfessionelle Ausrichtung von Weyer war immer wieder Gegenstand größerer Debatten; als *communis opinio* scheint sich herauszukristallisieren, dass Weyer zwar nicht zum Protestantismus übertrat, diesem aber nahestand. Zusammenfassend dazu: Müller, Wierus; vgl. auch: Waardt, Witchcraft, und Valente, Devil, S. 105–108. Vgl. generell zu Protestantismus und Dämonologie: Clark, Demonology.
23 Teils auch Weier oder Wier geschrieben, latinisiert Wierus.
24 Weyers Text ist schon zu seinen Lebzeiten in einer Vielzahl lateinischer, vom Autor immer wieder überarbeiteter Auflagen und deutscher Übersetzungen erschienen. Hier wird die in der Forschung häufig zitierte deutsche Ausgabe von 1586 herangezogen: Weyer, *Teuffelsgespenst*. Im Folgenden werden die Nachweise im Haupttext durch Angabe der entsprechenden Parallelstellen in der sechsten überarbeiteten Auflage des lateinischen Textes von 1583 ergänzt. Diese bildet die umfangreichste noch zu Weyers Lebzeiten erschienene lateinische Textfassung: Wierus, *Praestigiis*. Vgl. für einen ersten Überblick zu den verschiedenen Fassungen Müller, *Wierus*, der völlig zurecht auf die Notwendigkeit der Erarbeitung einer kritischen Ausgabe verweist (Sp. 561).
25 Vgl. Schwerhoff, der den anachronistischen Blick auf Weyer schon früh kritisiert hat: Rationalität im Wahn, S. 73–75.
26 Vgl. dazu: Bockmann/Gold, Kommunikation, S. 3f.

Prozesses, der durch gezielte Wahrheitsproduktion ausgelöst werden könne:[27] Er beginnt bei einer Selbstbeobachtung der inneren Bilder und führt über die Erkenntnis der falschen Imaginationen des Teufels hin zur Unterscheidung von „phantasey" und wahrem Glauben.

Zentral für diesen Prozess sind dabei Beobachtungsvorgänge, die sich bei Weyer auf unterschiedlichen Ebenen ausfindig machen lassen. Einerseits vollzieht sich dabei Beobachtung als empirische Akkumulation einer Erfahrung, die der praktizierende Mediziner Weyer auch für sich selbst beansprucht:

> Denn das ist je deß Teuffels kunst / alle hendel vnd sachen mit subtilen stricken zuuerwirren [...]. Jch hab selbst auß langwiriger vnnd vielfaltiger erfahrnusse / deßgleichen auch mancherley dingen fleissiger betrachtung vnd abnemmung / war genommen vnd erfahren / daß man sich gleich von anfang hinder den hag (wie man spricht) enthalte [...] damit dem leidigen Teufel so von anfang her ein Todschläger vnd Lügener gewest [...].
> (S. 419; vgl. lat., Sp. 687)

Andererseits hat die Beobachtung aber auch im Luhmann'schen Sinn als Unterscheidung einen prominenten Stellenwert, nämlich in Bezug auf den gefährdeten Menschen (1), auf Teufel beziehungsweise Dämonen (2), und auf die *historia*, die Geschichte (3). Unterschieden werden muss also erstens zwischen Wahnvorstellungen und tatsächlichem dämonischem Wirken bezüglich des Betroffenen: Handelt es sich um einen vom Teufel Besessenen oder einen saturnischen Melancholiker?[28] Zweitens unternimmt Weyer eine weitreichende Klassifizierung der dämonischen Gegenspieler, die sich in die lange Tradition einer ‚Unterscheidung der Geister' (*discretio spirituum*) einreiht.[29] Er betont immer wieder, „das zwischen den zåubern / Hexen vnd Gifftbereitern (welche doch bißher in ein Zunfft vnd Gesellschafft gerechnet) langer / breiter vnnd dicker vnderscheid sey" (Vorrede, Bl. (?)(?) iiij^v; vgl. lat., S. 9), wodurch die Unterscheidung auch zu einer Technik der Pluralisierung wird: Je mehr unterschieden wird, desto größer zeigt sich das Feld der dämonischen Gegenspieler. Die dritte Form der beobachtenden Unterscheidung setzt sich von den ersten beiden fundamental ab. Sie bezieht das vom Teufel bedrängte Subjekt aktiv ein, welches in einen Bezug zur *historia*, zu einem weiten Archiv an Beispielfällen, gesetzt wird: Der vergleichende Blick in die Geschichte, so Weyer in einer seiner Vorreden, führt zu einer besseren „erkanntnus des Teuffels" (Vorrede, Bl. (?)(?) ij^r). Die Masse der in *De praestigiis daemonum* in monumentaler Zahl angeführten historischen Exempel, Anekdoten und Bei-

---

27 Vgl. zu ähnlichen Prozessen: Krusenbaum-Verheugen, *Ich*, S. 17.
28 Vgl. Klinnert, Besessene, S. 96–99.
29 Vgl. dazu exemplarisch: Largier, Rhetorik, S. 249–270; Caciola, *Spirits*; Kelly, *Devil*, S. 114–122.

spielfälle nimmt hier den Platz ein, der bei Ignatius noch der Regel zukam: ein Reservoir an möglichen Handlungs- und Beobachtungstechniken, das bei Weyer weniger in allgemeingültigen Vorschriften gefasst ist, als es sich stärker an der Exemplarik des Einzelfalls orientiert. „Das Exempel wird zur Darstellungsform der Geschichte, der medizinische Beispielfall auch zum politischen Paradigma."[30]

Dass der Einzelfall Vorrang vor der Regel gewinnt, tritt selbst in der vom Teufel ausgeführten Beobachtung hervor. Der Teufel sei zwar generell dort wirksam, wo die Menschen „schlåffrig / unsorgsam vnnd hinlessig sind" (Vorrede, Bl. (?)(?) i^v; vgl. lat., S. 4), er passe sich aber zugleich der Disposition des Einzelnen an: Er weiß „sich nach eines jeden menschen Temperament / alter / geschlecht vnd anderen dergleichen umbstenden / wol zu halten" (S. 161; vgl. lat., Sp. 260).[31] Referenzrahmen für das Wirken des Teufels ist für Weyer dabei vor allem die Humoralpathologie: Über eine Beeinflussung des humoralen Gleichgewichts wirke der Teufel auf die Seele und besonders die Vorstellungskraft ein.[32] Menschen, deren Körpersäfte sowieso schon ungünstig – wie beim Melancholiker[33] – verteilt seien, erscheinen daher besonders gefährdet:

> Denn es ist die imagination oder einbildung / also zu reden / ein Schatzkammer aller deren gestalten / so durch die eusserlichen sinn / als durch Fenster / zur Seel hinein scheinend. Auff solche weise mögen nun die bösen Geister gar leichtlich die Spiritus vnnd Feuchtigkeiten der innerlichen vnd eusserlichen sinnen bewegen / vnnd in die Organa oder Instrument derselben etliche gestalten einführen / daß den Menschen / er schlaffe oder wache / nicht anderst / dann als wenn er solche warhafftig sehe / bedůnckt.
> (S. 162f.; vgl. lat., Sp. 262f.).

Die natürliche Schwäche des Menschen erscheint so einerseits medizinisch typisiert (gerade Frauen tendieren laut Weyer zur Melancholie und können daher leichter von dämonischen Einflüssen affiziert werden),[34] andererseits wird sie aber auch durch die Beobachtung des Teufels singulär identifiziert. Demgegenüber muss eine entsprechende Beobachtung des Selbst gesetzt werden, die nicht explizit aus den tendenziell verführbaren äußeren Sinnen resultiert. Weyers Argumentation erinnert dabei insofern an die von Foucault herausgearbeiteten

---

30 Friedrich, Geschichte, S. 95.
31 Vgl. dazu Klinnert, Besessene, S. 95.
32 Vgl. ebd., S. 92.
33 „[...] so wirstu sehen vnd erfahren / wie alle sensus / von wegen der Melancholey / so jhnen das hirn eingenommen vnnd besessen / deßhalben auch das Gemůt verwandelt / an jnen [...] geschwecht vnd verderbt sind [...]" (S. 158; vgl. lat., Sp. 256).
34 Vgl. zu Weyers Thematisierung von Frauen und Hexen: Scholz Williams, *Dominion*; Schwerhoff, Rationalität, S. 76–79.

Selbsttechniken, als diese in der griechischen Polis vor allem die Sorge um sich selbst in ihr Zentrum gestellt haben.[35] Während Foucault der späteren christlichen Moraltradition eine Selbsterkenntnis, die auf Selbstlosigkeit zielt, zuordnet,[36] sieht er in den antiken Selbsttechniken stärker ein Achtgeben auf sich selbst, das sich als andauernde gesundheitliche Fürsorge artikuliert.[37] Weyers Rekurse auf Humoralpathologie greifen dies wieder auf: Fasten und eine gesunde Lebensführung bilden hier die zentralen, auf das Körperregiment ausgerichteten Selbsttechniken:

> Es wirdt auch das fasten zu diesem handel dienstlich seyn / als denn nemlich / wenn das Fleisch seines wolstandes halb wie ein böser Esel von vberflüssigem futter zu frech / geil vnd mutwillig worden: es also baldt durch das fasten / als einen zaum vnnd biß hinder sich gehalten werde.
>
> (S. 380; vgl. lat., Sp. 624)

Neben die körperlichen treten geistige Techniken. Konträr zur regulären Praxis wendet sich Weyer entschieden gegen das Hinzuziehen von Exorzisten und Teufelsaustreibern bei der Behandlung einer vermeintlich besessenen Person: Allein innere Glaubenstechniken helfen gegen äußere Bedrohungen. Als zentrales Exempel führt Weyer dasjenige des Heiligen Antonius an, der in seinem Widerstand gegen die Visionen und Heimsuchungen des Teufels als Vorbild genommen werden kann (vgl. S. 302 und 378; vgl. lat., Sp. 494 und 619 f.). Analog dazu zitiert Weyer aus dem ersten Petrusbrief (1 Petr 5,8–9): „Seyt nůchtern / spricht er / vnd wachet / denn ewer Widersacher der Teuffel gehet vmbher wie ein brůllender Lŏuw / vnnd sucht welchen er verschlinge […]" (S. 302; vgl. lat., Sp. 494). Die konstante Präsenz des Teufels macht die innere Überprüfung und Aufmerksamkeitslenkung erst notwendig. Die von Weyer angeführten Glaubenspraktiken zur inneren Stärkung sind dabei an sich nicht besonders ungewöhnlich, sie bestehen im Wesentlichen aus dem regelmäßigen Aufsagen von Grundgebeten wie „Vaterunser" und „Ave Maria". Interessant ist jedoch ihre Funktionalisierung als aktive Techniken der inneren Abwehr, das heißt als apotropäische Handlungen. Der sich über Fasten und Gebete selbst regulierende Mensch gibt dem ihn beobachtenden Teufel keine Möglichkeit zum Angriff mehr: „Man soll dem Teuffel widerstand thun / so wirdt er von vns weichen / soll jhm auch keinen raum vnd platz geben" (S. 377; vgl. lat., Sp. 618).

---

35 Vgl. Foucault, Technologien, S. 28.
36 Vgl. ebd., S. 31.
37 Vgl. ebd., S. 41.

Die von Weyer beschriebenen Beobachtungsverhältnisse zwischen Mensch und Teufel depotenzieren somit vordergründig den Teufel, indem Weyer ihm nur beschränkte Machtbefugnisse zuschreibt. Die verbleibende Bedrohung des Teufels ergibt sich dann in erster Linie aus der Schwäche des Menschen, welche der Teufel beobachtet und für sich ausnutzt. Demnach muss der Mensch zuallererst sich selbst beobachten, sich über entsprechende Techniken stärken und seine besondere Disposition durch den vergleichenden Blick in die Geschichte stärken:

> Damit [...] eines Menschen hertz in solcher vnůberwindtlicher gedult wol vnd leichtlich erbauwen vnd gesterckt werde / wieder alles anrennen der bösen Geistern [...]: so mag man auch ganz kömmlich der Ritterlichen Exempel der heiligen alten Våttern anziehen [...].
> (S. 377; vgl. lat., Sp. 619)

Wenn die Exempel der Geschichte zum Vorbild werden, wird das Lesen in der Geschichte zur Selbsttechnik, welche die Urteilskraft stärkt. Weyer empfiehlt schon in der Vorrede, Fälle „zu vergleichen / auch nach der vergleichung ein vrtheil zu fellen" (Bl. (?)(?) ij^v; vgl. lat., S. 5).[38] Gerade da dem Einzelfall Priorität vor der Regel eingeräumt wird, lässt sich das Archiv der *historia* auch als erkenntnisgenerierendes Archiv an Beobachtungen verstehen, das den Möglichkeitshorizont an Teufels- und Selbstbeobachtungen, an schützenden Praktiken und Resultaten aufzeigt:[39] Der Blick in die Geschichte demonstriert, dass es immer mehrere Optionen gibt. Damit öffnet und verschränkt Weyer auch die Diskurse, in denen er sich bewegt: Neben die gewissermaßen autoritativen Vigilanz-Diskurse von Recht und Religion treten mit Medizin und Geschichte zwei Felder, in denen das Verhältnis von Regel und Fall offener gestaltet ist. Weyer überblendet – nicht untypisch für die Vormoderne, aber hier besonders markant – verschiedene Diskurse[40] und pluralisiert damit deren Deutungsmöglichkeiten: Krankheit ist kein allein medizinisches Problem, der Teufel kein allein theologisches Problem und so weiter.

Wenn aber keine allgemeingültige Regel mehr formuliert werden kann, wird es umso wichtiger, das eigene Selbst zu beobachten, um die jeweils adäquate

---

[38] Vgl. dazu auch: Friedrich, Geschichte, S. 95.
[39] Der Blick in die Geschichte kann dabei durch Empirie, durch Beobachtung, verstärkt werden: „In summa / es möchte ein ganze anzahl Exempel / durch welche das Gesicht / Gehör / vnnd andere Sensus allein durch die Melancholey vnderweilen verletzt / offenbar auß vielen glaubwirdigen historien angezogen / vnnd durch die tägliche erfahrnis bestetigt werden" (S. 161; vgl. lat., Sp. 260).
[40] Vgl. dazu auch Valente, die vier hauptsächliche Disziplinen identifiziert, welche bei Weyer zusammengebracht werden: Philosophie, Recht, Naturwissenschaft und Theologie (Valente, Devil, S. 114).

Technik zur Abwehr des Teufels zu finden. Wie auch Ignatius von Loyola interessiert sich Weyer dabei vor allem für innere Techniken, die zur Disposition des Einzelnen passen. Im Kontext einer Überlegung zum Angriff des Teufels auf ein ganzes Nonnenkloster fordert Weyer etwa, man solle jede der Frauen einzeln betrachten und ihnen so nicht, wie das Sprichwort sagt, allen den gleichen Holzschuh anziehen.[41] Wo aber Ignatius seine geistigen Übungen als Vorsorge und Widerstand gegen Versuchungen des Teufels versteht, geht Weyer umgekehrt vor: Er verhandelt erst die Attacken des Teufels und fragt dann, wie eine besessene Person sich helfen kann. Während der Kleriker Ignatius prophylaktische Selbsttechniken der Imagination beschreibt, geht der Arzt Weyer vom Krankheitsfall aus und fragt nach Techniken der körperlichen Heilung – beide aber verorten den Kampf mit dem Teufel in dem sich als spezifisches Subjekt konstituierenden Menschen selbst.

Bezeichnend für Weyer ist dabei, dass die Beobachtung nicht allein vom bedrohten Subjekt geleistet wird. Geistliche können die Selbstschau unterstützen wie anleiten und die sich daran anschließenden Selbsttechniken auf die jeweilige Prädisposition abstimmen. Weyer sieht dafür einen mehrstufigen Prozess vor, der nicht nur nach bisheriger Glaubensfestigkeit, sondern auch nach Lebensführung und ‚mentaler' Prägung fragt. Dieser Prozess soll hier in der lateinischen Fassung zitiert werden, da dort mehrfach das Stichwort der *vigilantia* fällt:

> Ille tum de obsessi uel maleficio laesi uita & moribus, item de eius in religione Christiana, institutione, & in praecipuis fidei nostræ capitibus, & qua fuerit, uel etiamnum sit in Deum confidentia, uigilanter inquiret. Qua de re ubi penitius fuerit instructus, procliuior, & propemodum strata erit restitutionis uia. [...] Vbi ergo uigilanti inquisitione & artificiosa coniectura, affectus causam aliquatenus cognouerit Ecclesiæ minister, conueniens huic medicamentum applicet [...].
>
> (Sp. 613f.; vgl. dt., S. 374)

Weyers gesamter Text beschreibt damit ein dichtes Netz unterschiedlicher, ineinandergreifender Beobachtungsverhältnisse, die alle auf Unterscheidungen beruhen: Teufel und Dämonen suchen beständig nach Einfallstoren über äußere Sinne, indem sie die jeweilige ‚mentale' Disposition der Menschen nach inneren Schwächen (Melancholie etc.) unterscheiden. Die Kleriker, aber auch die Mediziner beobachten sowohl die Dämonen wie die Menschen: Erstere werden je nach

---

41 „[...] damit ein jede besonders dester kőmmlicher vnnd trewlicher vnderrichtet vnd geheilet mōge werden. Wie aber einer jeden zu helffen / vnd sie widerumb zu recht zu bringen sey / solle man nach dem vnd es die notturfft erfordert / fleissig betrachten vnnd erkennen / darmit vnd daß sie nicht allesampt mit einem holdschuch / wie das Sprichwort lautet / beschūcht [...] werde[n]" (S. 383; vgl. lat., Sp. 628f.).

Typus (Hexe etc.) unterschieden und klassifiziert, während die Beobachtung befallener Menschen auf die jeweilige Vorgeschichte und das jeweilige Verhalten zielt, damit Heilungsweg und Gegenmittel entsprechend an das Subjekt angepasst werden können. Der einzelne, vom Teufel bedrohte oder befallene Mensch schließlich beobachtet sich und das Wirken des Teufels in sich selbst und gibt darüber Auskunft. Das Subjekt unterscheidet also sein eigenes Tun im Vergleich zu den Anforderungen, die der medizinische und der religiöse Diskurs an es herantragen: Selbstbeobachtung bedeutet dann immer auch, über die eigene Lebensführung Rechenschaft abzulegen. Weyers komplexes System gegenseitiger Beobachtungen umfasst somit nicht nur unterschiedliche Vigilanz-Verhältnisse, es bringt auch konventionelle Glaubenspraktiken und Selbsttechniken wie Fasten und Selbstbeobachtung miteinander in Verbindung.

4 Selbstbeobachtung und Zeichendeutung: Jodocus Hocker

Ergänzend, aber auch kontrastiv zu Weyer lassen sich hier die Teufelbücher Jodocus Hockers anführen. Hocker legt ebenfalls in den 1560er Jahren, kurz nach der Publikation von *De praestigiis daemonum*, zwei Schriften vor: *Wider den Bannteuffel* von 1564[42] und *Der Teufel selbs*, 1568 posthum erschienen (Hocker verstarb 1566 an der Pest).[43] Hocker, der als Prediger in Lemgo tätig war, nimmt in beiden Texten eine entschieden lutherische und anti-päpstliche Position ein, die sich auch auf seine Konzeption der Teufelsbeobachtung auswirkt. Wie auch Weyer spricht sich Hocker gegen externe Techniken des Exorzismus aus und verlagert die Kommunikation mit und den Kampf gegen den Teufel direkt in das Subjekt selbst: „Lehret vnd vermanet euch selbs" (*Bannteuffel*, Bl. 24ᵛ) zitiert Hocker aus dem Kolosserbrief des Paulus.

Hockers Darstellung der Beobachtungssituation zwischen Mensch und Teufel reiht sich dann in eine lange Tradition ein, welche die fünf äußeren Sinne, und speziell das Sehen, als Einfallstor für das Dämonische versteht:

> Weil denn nu der Teuffel nicht allein ein mechtiger / sonder auch ein erfarner Geist ist / in allen natürlichen dingen / so ists jm nicht schwer / der Menschen Augen vnd Sinne also zu

---

[42] Im Folgenden nachgewiesen im Haupttext (*Bannteuffel*).
[43] Hier relevant ist vor allem der erste und der zweite Teil des Werks; sie werden im Folgenden ebenfalls im Haupttext nachgewiesen (*Teufel*). Der dritte Teil, den Hocker selbst nicht mehr fertigstellen konnte, ist von Hermann Hamelmann verfasst, der auch die Vorreden zu den ersten beiden Teilen schrieb.

> effen vnd zuuerzeubern / das sie ein ding anders ansehen vnd halten / denn es an jm selbs ist.
>
> (Hocker, *Teufel*, T. 2, S. 226)

Diese Skepsis gegenüber dem Sehsinn, der sich vor Versuchungen zu verschließen hat,[44] wird bei Hocker zu einem Paradox der Teufels-Beobachtung: Je mehr wir versuchen, den Teufel mit unseren äußeren Sinnen zu beobachten, desto stärker werden wir vom Dämonischen affiziert. Erst durch eine Modifikation der Wahrnehmung, die innere Selbstbeobachtung und protestantisch aufgefasste Selbsttechniken des Gebets und der Buße voraussetzt, kann das Wirken des Teufels überhaupt erst beobachtet werden.

Diese Beobachtung ist dann ganz im Luhmann'schen Sinn eine Unterscheidung, die man als Selbsttechnik lernen muss. Hocker stellt dies als eine Art semiotischen Leseprozess dar, in dem es darum geht, göttliche von teuflischen Zeichen zu unterscheiden. Dazu habe man eine Reihe an *causae* zu beachten,[45] deren Analyse Aufschluss über das jeweilige Wirken gebe:

> Zum andern / sol man fleissig achtung haben auff das ende der zeichen vnd Wunder. Denn aller falschen Zeichen *Causa finalis*, oder endtlich meinung ist [...] das der Teufel seine lügen damit bestetigen wil.
>
> (Hocker, *Teufel*, T. 2, S. 127)

In diese basale Grundunterscheidung zwischen den immanenten Zeichen des Teufels und den transzendenten Zeichen Gottes schreibt sich jedoch eine zusätzliche Leitdifferenz ein. Denn Hocker erweitert den Akt des Unterscheidens, der gewissermaßen Luhmanns Kontingenzformel in eine Selbsttechnik umsetzt, beständig um eine konfessionelle Differenz:

> Darumb lerne ein jeder die Zeichen recht richten vnd vrtheiln / das er nicht Dreck für Silber bekome. Vnd hiemit kan man auch die Papisten zurück schlahen / die mit [...] so viel Zeichen vnd Mirackeln her scharren / dadurch sie jhr ding wöllen bestetigt haben [...].
>
> (Hocker, *Teufel*, T. 2, S. 131)

---

44 Vgl. die lange Tradition der *concupiscentia oculorum*; dazu Largier, *Sinnlichkeit*, S. 13–19. Seit Augustinus gilt, dass die äußeren Sinne vor Versuchungen und vor dem Dämonischen zu verschließen sind: Die Sünden der *curiositas* und der *concupiscentia oculorum* sind hier eng verbunden. Erst durch eine Veränderung in der Aufmerksamkeitslenkung, etwa durch Kontemplation, lässt sich dies lösen, indem die Sinne des Menschen nicht nach außen, sondern nach innen genutzt werden. Vgl. zum Zusammenhang von körperlichen Sinnen und Aufmerksamkeit auch: von Moos, *Attentio*.

45 Vgl. Hocker, *Teufel*, T. 2, S. 125–132.

Der über die Differenz göttlich-teuflisch mit Bedeutung aufgeladene Akt des Unterscheidens wird hier noch einmal neu funktionalisiert und als eine zusätzliche Form des Beobachtens fixiert: Wer innerlich unterscheiden kann, der sieht nicht nur das Blendwerk des Teufels, er erkennt auch das Blendwerk des Papsttums. Ganz im Sinne des reformatorischen Revelationsschemas werden hier verschiedene Ebenen der Offenbarung überblendet: „Die lutherische Antichristvorstellung offenbart etwas längst Existentes, aber bislang Verhülltes."[46] Der Teufel agiert somit nicht offensichtlich widerchristlich, sondern subtil, indem er sich scheinheilig gibt, was erst durch die ‚zweite Offenbarung' des Protestantismus aufgedeckt wird. Daraus ergibt sich gerade für die Protestanten die Notwendigkeit, den Teufel noch deutlich genauer zu beobachten und zu unterscheiden: Die Gegenwart ist geprägt durch die Präsenz des Antichrist, die aber nur durch eine konfessionelle Einübung in das Lesen von Zeichen beobachtet werden kann.[47]

Hockers Herleitung dieser Beobachtungstechniken ist deutlich durch Weyers *De praestigiis* geprägt; teils zitiert er direkt aus Weyers Text (vgl. etwa *Teufel*, T. 2, S. 267), teils nähert er sich ihm argumentativ an: Die Macht des Teufels sei durch Gott begrenzt, man könne sich mit dem Teufel nicht vereinigen, der Teufel verursache nicht direkt böses Handeln, sondern verleite die Menschen durch Einbildungen dazu und so weiter.[48] Da auch laut Hocker „gewislich ein vnterscheid vnter den Teuffeln ist" (*Teufel*, T. 1, S. 321), greift er auf das Ordnungsmuster der neun Engelschöre zurück, welche nun – diametral verkehrt – als neun Teufelschöre die Abstufungen und Differenzen zwischen den dämonischen Gegenspielern anzeigen (ebd., S. 320–324).[49] Darüber hinaus ordnet Hocker nicht nur bestimmten Sünden je spezifische Teufel zu, er bedient sich auch ‚ethnologischer' Vorstellungen, um eine je länderspezifische Typik der Teufel zu entwerfen. So herrsche etwa im „Welschland" der „hoffart Teuffel", in deutschen Ländern der „fres vnd Saufteuffel", in Frankreich der „Huren vnd Meineidigen Teufel" (ebd., S. 325). Hocker bedient sich somit religiöser, moralischer und geographischer Register, um ein möglichst diffiziles Netz der Teufels-Unterscheidung zu ziehen, welche auch hier wieder als Technik der Pluralisierung fungiert: Jede Sünde und jedes Land hat einen eigenen Teufel. Fluchtpunkt dieses Netzes an dämonischen Differenzierungen ist dabei wie bei Weyer die individuelle Disposition des gläubigen Subjekts: „Also hat in einem jedern Menschen ein jedes laster seinen

---

46 Löhdefink, *Zeiten*, S. 244.
47 Vgl. generell zur „Revelation" ebd., S. 243–251.
48 Vgl. dazu Ahrendt-Schulte, *Zauberinnen*, S. 102; Ohse, *Teufelliteratur*, S. 94f.; Roos, *Devil*, S. 94–97.
49 Vgl. dazu auch: Brüggemann, *Angst*, S. 175f.

Teufel / vnd sonderlich des Lasters Teuffel / zu welchem Laster der Mensch am meisten geneigt ist" (ebd.).

Zu diesen feinen Abstufungen stellt Hocker – in direktem Bezug auf eine Luther-Predigt – die allgegenwärtige Präsenz dieser Teufel:

> Aber ein Christ sol das wissen / das er mitten vnter den Teufeln sitze / vnd das jm der Teufel neher sey / denn sein Rock oder Hembd / ja neher denn sein eigene Haut / Das er rings vmb vns her sey / vnd wir also stets mit jm zu har ligen / vnd vns mit jhm schlahen müssen [...].
> (Hocker, *Teufel*, T. 1, S. 17)

Noch stärker als bei Weyer ist die Beobachtung des Teufels daher bei Hocker als Vergewisserung über die eigene religiöse Verortung angelegt:

> Derhalben gilt es vns allen / wenn etwa durch Gottes verhengnuß einer leiblich vom Sathan wird eingenommen / daß wir vns daran spiegeln / vnd erstlich vnser grosses elend vnd gantz verderbte natur / neben der gewalt des Teuffels darbey erkennen / vnd deßhalben für weitere Sünde vns hüten lernen [...].
> (Hocker, *Bannteuffel*, Bl. 42^{r-v})

Die bei Hocker stark hervortretende Tendenz des Offenlegens, Zeichen-Erkennens und Aufdeckens falscher Einbildungen hat sicherlich mit dazu beigetragen, dass seine Texte auch im zeitgenössischen juristischen Diskurs rezipiert worden sind. Ingrid Ahrendt-Schulte konnte nachweisen, dass Hockers Schriften in Gerichtsakten des lippischen Raums im 16. Jahrhundert nachweisbar sind und dort Urteile zu Zauberei- und Hexenverdacht beeinflussten.[50] Die eigene Selbstbeobachtung und Selbstüberprüfung wird so letztlich doch wieder in einen autoritativen Vigilanz-Diskurs überführt, welcher die konfessionelle Unterscheidung zwischen reformatorisch und päpstlich durch eine juristische Unterscheidung zwischen Recht und Unrecht ersetzt.

5 Fazit

Ausgangspunkt der Überlegungen war die Frage nach Selbstbeobachtung und Selbsttechnik als Form einer (indirekten) Kommunikation mit dem Teufel. Auch wenn diese Selbsttechniken nicht die von Foucault beschriebenen elaborierten Formen annehmen, so zeigen sie doch einen Modus der Selbstbeobachtung, der eine hermeneutische Form der Unterscheidung verfolgt: Das Subjekt muss lernen zu unterscheiden und konstituiert sich damit selbst als Beobachter des Systems.

---

50 Vgl. Ahrendt-Schulte, *Zauberinnen*, S. 103 f.

Die *Geistlichen Übungen* des Ignatius von Loyola zeigen dies sicherlich in deutlich komplexerer Form als Weyer oder Hocker, insofern hier – wie von Niklaus Largier vielfach vorgeführt – mögliche Sinneserfahrungen verlebendigt und in ihrer Intensität und Affektivität dem Subjekt als ein neuer Habitus der Sinnlichkeit zur Verfügung gestellt werden.[51] Dennoch zeigen auch Weyer und Hocker Interesse an Praktiken der Evaluation innerer Zustände. Bei Weyer zielt dies auf eine komplexe Disposition des über humoralpathologische Techniken und historischen Vergleich sich selbst und das Wirken des Teufels regulierenden Subjekts, bei Hocker auf eine Phänomenologie des Unterscheidens, die immer wieder konfessionell eingebunden wird.

Selbstbeobachtung hat bekanntlich eine Kehrseite: die Gefahr des Zirkelschlusses einer Wahrnehmung, die jeglichen Kontext ausblendet. Dies klingt in Weyers Bemerkungen über Melancholie an, welche im Diskurs des 16. Jahrhunderts häufig als Exempel eines krankhaften „unaufhörlichen Selbstbezug[s]"[52] gelesen wurde, wie es Marina Münkler ausführlich an den Faustbüchern der Frühen Neuzeit gezeigt hat. Als extreme Polarität der Stimmungen steht die Melancholie im Spannungsfeld unterschiedlicher Diskurse: Medizinisch-humoralpathologischer, philosophisch-anthropologischer und theologischer Diskurs interagieren hier miteinander.[53] Melancholie kann für das einzelne Subjekt aber auch als Technik der Selbstbeschreibung fungieren: Melancholie als *ingenium*, als besondere Auszeichnung.[54]

Für Weyer und Hocker aber ist die Melancholie eng mit der Sünde der *acedia* verbunden und steht daher der erfolgreichen Abwehr des Teufels im Weg, ja gibt diesem vielmehr die Möglichkeit, Einfluss zu nehmen. Erst wenn aus der Selbstbeobachtung auch die Fähigkeit zur Unterscheidung resultiert, bietet sich ein Ausweg aus dem Zirkel des Selbstbezugs an. Dieser bildet dann gleichzeitig eine Möglichkeit, das Wirken des Teufels zu beobachten, ohne auf die zur Versuchung anfälligen äußeren Sinne zurückzugreifen. Sie erweitern so ein vorliegendes System nicht nur um Anschlusskommunikation an andere Diskurse (Geschichte, Recht, Medizin), sondern pluralisieren es auch durch Vorgänge des Unterscheidens und ergänzen es um praktische Selbsttechniken.

---

51 Vgl. Largier, *Kunst*, S. 66–68.
52 Münkler, *Ambiguität*, S. 315.
53 Vgl. Münkler, Höllenangst, S. 257 f.; Münkler, *Ambiguität*, S. 296 f.
54 Vgl. ebd., S. 301.

Literaturverzeichnis

Primärliteratur

Hocker, Jodocus: *Wider den Bannteuffel / Das ist / Eine getrewe / wolmeynende Christliche warnung / wider die Gottlosen Teuffelbeschwerer oder Banner / so in diesen örtern herumbher schleychen.* Frankfurt am Main 1564.

Hocker, Jodocus: *Der Teufel selbs / Das ist / Warhafftiger / bestendiger und wolgegründter bericht von den Teufeln / Was sie sein / Woher sie gekomen / Vnd was sie teglich wircken.* [Teil 1]. Ursel 1568.

Hocker, Jodocus: *Ander Theil des Buchs / Der Teufel selbst / Darin vermelt von falschen Wunderzeichen [...].* Ursel 1568.

Ignatius von Loyola: *Geistliche Übungen.* Übertragen aus dem spanischen Urtext mit Erklärungen der zwanzig Anweisungen von Adolf Haas. Vorwort von Karl Rahner. Neuausg. Freiburg im Breisgau [u. a.] 1999.

Wierus, Johannes: *De praestigiis daemonum, et incantationibus, ac ueneficiis Libri sex, postrema editione sexta aucti & recogniti [...].* Basel 1583.

Weyer [=Wierus], Johann: *Von Teuffelsgespenst Zauberern und Gifftbereytern / Schwartzkünstlern / Hexen vnd Vnholden / darzu jrer Straff / auch von den Bezauberten / vnd wie jhnen zuhelffen sey / Ordentlich vnd eigentlich mit sondern Fleiß in VI Bücher getheilet, darinnen gründlich und eigentlich dargethan / was von solchen jeder zeit disputiert / und gehalten worden.* Unveränd. Nachdr. der Ausg. Frankfurt am Main 1586. Darmstadt 1969.

Sekundärliteratur

Ahrendt-Schulte, Ingrid: *Zauberinnen in der Stadt Horn (1554–1603). Magische Kultur und Hexenverfolgung in der Frühen Neuzeit.* Frankfurt am Main [u. a.] 1997.

Alt, Peter-André: Freuds Exorzismen. Der Teufel in der Psychoanalyse. In: *Archiv für Begriffsgeschichte* 49 (2007), S. 165–193.

Barthes, Roland: *Sade, Fourier, Loyola.* Übersetzt von Maren Sell und Jürgen Hoch. Frankfurt am Main ³2015.

Bockmann, Jörn/Gold, Julia: Kommunikation mit Teufeln und Dämonen. Eine Einleitung. In: dies. (Hrsg.): *Turpiloquium. Kommunikation mit Teufeln und Dämonen in Mittelalter und Früher Neuzeit.* Würzburg 2017, S. 1–19.

Brüggemann, Romy: *Die Angst vor dem Bösen. Codierungen des ‚malum' in der spätmittelalterlichen und frühneuzeitlichen Narren-, Teufel- und Teufelsbündnerliteratur.* Würzburg 2010.

Caciola, Nancy: *Discerning spirits. Divine and demonic possession in the Middle Ages.* Ithaca [u. a.] 2003.

Certeau, Michel de: *Das Schreiben der Geschichte.* Aus dem Französischen von Sylvia M. Schomburg-Scherff, mit einem Nachwort von Roger Chartier. Frankfurt am Main 1991.

Clark, Stuart: Protestant Demonology. Sin, Superstition, and Society c.1520–1630. In: Ankarloo, Bengt/Henningson, Gustav (Hrsg.): *Early Modern European Witchcraft. Centres and Peripheries*. Oxford 2001, S. 45–81.
Feld, Helmut: *Ignatius von Loyola. Gründer des Jesuitenordens*. Köln [u. a.] 2006.
Foucault, Michel: *Technologien des Selbst*. In: Martin, Luther H./Gutman, Huck/Hutton, Patrick H. (Hrsg.): Technologien des Selbst. Frankfurt am Main 1993, S. 24–62.
Foucault, Michel: Zur Genealogie der Ethik. Ein Überblick über laufende Arbeiten. In: ders.: *Schriften in vier Bänden. Dits et Ecrits. Bd. IV: 1980–1988*. Hrsg. von Daniel Defert und François Ewald. Frankfurt am Main 2005, S. 461–497.
Freud, Sigmund: Eine Teufelsneurose im siebzehnten Jahrhundert. In: ders.: *Gesammelte Werke. Bd. 13: Jenseits des Lustprinzips / Massen-Psychologie und Ich-Analyse / Das Ich und das Es*. Frankfurt am Main 1999 [Erstausgabe London 1940], S. 315–353.
Friedrich, Udo: Geschichte und kulturelle Topik. Außenseiter, Infame und Menschenwürde in der Vormoderne. In: Geisenhanslüke, Achim (Hrsg.): *Würdelos. Ehrkonflikte von der Antike bis zur Gegenwart*. Regensburg 2016, S. 87–119.
Kelly, Henry Ansgar: *The Devil, Demonology and Witchcraft. The Development of Christian Beliefs in evil Spirits*. Rev. Ed. Garden City 1974.
Klinnert, Renate S.: Von Besessenen, Melancholikern und Betrügern. Johann Weyers ‚De Praestigiis Daemonum' und die Unterscheidung der Geister. In: Waardt, Hans de [u. a.] (Hrsg.): *Dämonische Besessenheit. Zur Interpretation eines kulturhistorischen Phänomens*. Bielefeld 2005, S. 89–106.
Krusenbaum-Verheugen, Christiane: Vom verzweifelten Ich zum armen Sünder. Technologien des Selbst in der Historia von D. Johann Fausten. [Erscheint voraussichtlich 2022 in der *Zeitschrift für deutsche Philologie*.]
Largier, Niklaus: Rhetorik des Begehrens. Die ‚Unterscheidung der Geister' als Paradigma mittelalterlicher Subjektivität. In: Baisch, Martin [u. a.] (Hrsg.): *Inszenierungen von Subjektivität in der Literatur des Mittelalters*. Königstein 2005, S. 249–270.
Largier, Niklaus: *Die Kunst des Begehrens. Dekadenz, Sinnlichkeit und Askese*. München 2007.
Largier, Niklaus: *Spekulative Sinnlichkeit. Kontemplation und Spekulation im Mittelalter*. Zürich 2018.
Löhdefink, Jan: *Zeiten des Teufels. Teufelsvorstellungen und Geschichtszeit in frühreformatorischen Flugschriften (1520–1526)*. Tübingen 2016.
Luhmann, Niklas: Sthenographie und Euryalistik. In: Gumbrecht, Hans Ulrich/Pfeiffer, Karl Ludwig (Hrsg.): *Paradoxien, Dissonanzen, Zusammenbrüche. Situationen offener Epistemologie*. Frankfurt am Main 1991, S. 58–82.
Luhmann, Niklas: *Die Gesellschaft der Gesellschaft*. Bd. 2. Frankfurt am Main 1997.
Luhmann, Niklas: *Die Religion der Gesellschaft*. Hrsg. von André Kieserling. Frankfurt am Main ⁵2018.
Macalpine, Ida/Hunter, Richard A. (Hrsg.): *Schizophrenia 1677. A psychiatric study of an illustrated autobiographical record of demoniacal possession*. London 1956.
Midelfort, Hans C. Erik: Catholic and Lutheran reactions to demon possession in the late seventeenth century. Two case histories. In: ders. (Hrsg.): *Witchcraft, Madness, Society, and Religion in Early Modern Germany. A Ship of Fools*. Farnham/Burlington 2013, S. 623–648.
Moos, Peter von: ‚Attentio est quaedam sollicitudo'. Die religiöse, ethische und politische Dimension der Aufmerksamkeit im Mittelalter. In: ders.: *Gesammelte Studien zum*

Mittelalter. Hrsg. von Gert Melville. Bd. 2: *Rhetorik, Kommunikation und Medialität.* Berlin 2006, S. 265–306.

Müller, Jan-Dirk: Art. ‚Wierus, Johannes'. In: Kühlmann, Wilhelm [u. a.] (Hrsg.): *Frühe Neuzeit in Deutschland 1520–1620. Literaturwissenschaftliches Verfasserlexikon.* Bd. 6. Berlin/Boston 2017, Sp. 557–573.

Münkler, Marina: Höllenangst und Gewissensqual. Gründe und Abgründe der Selbstsorge in der ‚Historia von D. Johann Fausten'. In: *Zeitschrift für Germanistik* 14 (2004), S. 249–264.

Münkler, Marina: *Narrative Ambiguität. Die Faustbücher des 16. bis 18. Jahrhunderts.* Göttingen [u. a.] 2011.

Ohse, Bernhard: *Die Teufelliteratur zwischen Brant und Luther. Ein Beitrag zur näheren Bestimmung der Abkunft und des geistigen Ortes der Teufelsbücher, besonders im Hinblick auf ihre Ansichten über das Böse.* Berlin 1961.

Pollack, Detlef: Probleme der funktionalen Religionstheorie Niklas Luhmanns. In: *Soziale Systeme* 7 (2001), H. 1, S. 5–22.

Riesebrodt, Martin: *Cultus und Heilsversprechen. Eine Theorie der Religionen.* München 2007.

Roos, Keith L.: *The devil in 16th century German literature.* The Teufelsbücher. Bern 1972 (European University Papers 1).

Scheuer, Hans Jürgen: Schwankende Formen. Zur Beobachtung religiöser Kommunikation in mittelalterlichen Schwänken. In: Strohschneider, Peter (Hrsg.): *Literarische und religiöse Kommunikation in Mittelalter und Früher Neuzeit.* DFG-Symposion 2006. Berlin 2009, S. 733–770.

Scholz Williams, Gerhild: *Defining dominion. The discourses of magic and witchcraft in early modern France and Germany.* Ann Arbor 1995, S. 66–88.

Schwerhoff, Gerd: Rationalität im Wahn. Zum gelehrten Diskurs über die Hexen in der frühen Neuzeit. In: *Saeculum* 37 (1986) S. 45–82.

Valente, Michaela: ‚Against the devil, the subtle and cunning enemy'. Johann Wier's ‚De praestigiis daemonum'. In: Machielsen, Jan (Hrsg.): *The science of demons. Early modern authors facing witchcraft and the devil.* London/New York 2020, S. 103–118.

Waardt, Hans de: Witchcraft, Spiritualism, and Medicine. The Religious Convictions of Johan Wier. In: *The Sixteenth Century Journal* 42 (2011), S. 369–391.

Wodianka, Stephanie: *Betrachtungen des Todes. Formen und Funktionen der ‚meditatio mortis' in der europäischen Literatur des 17. Jahrhunderts.* Tübingen 2004.

Jörn Bockmann
Faust- und *Wagnerbuch.*
Versuch über Vigilanz, Superstitionssemiotik und Poetik des Wissens

In Aufführungen von Goethes *Faust I* wird der Auftritt von Faustens Famulus Wagner meist genüßlich als komischer Kontrapunkt zum hochpathetischen Auftritts des gelehrten Doktors inszeniert: Wir sehen in dem berühmten „trockne[n] Schleicher" (V. 521) namens Wagner einen Bildungsphilister, der frei von Fausts fatalem Verlangen nach der Geisterwelt ist und den der Autor denn auch „im Schlafrocke und der Nachtmütze"[1] auftreten und schon bei einer harmlosen philologischen Tätigkeit wie der Textkritik ängstliche Skrupel empfinden lässt.[2] Im Verständnis der älteren Goethe-Philologie konnte jener Wagner denn auch, wie Barbara Könneker formuliert, als Antitypus zum ‚faustischen' Menschen gelten.[3] Doch der Kontrast zwischen naturmagischen Bestrebungen, Geisterschau und Teufelsbündnerei bei Faust und philologischer Harmlosigkeit bei seinem Famulus gerät in *Faust II* ins Wanken, als aus dem staubtrockenen Bücherfreund ein zweifelhafter Laborleiter geworden ist, der sich daran macht, ein Menschenkind in der Retorte zu erzeugen – was ihm in der Szene „Laboratorium"[4] auch gelingt. Ohne komische Wirkung ist Wagner dabei freilich noch nicht: Er muss seinen Homunculus mit Faust und dessen dämonischem Begleiter ziehen lassen und bleibt mehr oder weniger verdutzt im Labor zurück. Auch Wagners humanoides Produkt frühneuzeitlicher Medizintechnik (historisch im Bild des alchymistischen Experiments) verschwindet nahezu beiläufig aus dem Drama, als es später am Muschelwagen der Galatea zerschellt (V. 8327–8487).[5] Faust bleibt Hauptfigur und wird bekanntlich am Ende sogar noch erlöst, auch wenn man nicht weiß warum.

Im Folgenden wird es nicht um Goethe und seine Faust-Figur oder dessen Famulus gehen, sondern um jene beiden frühneuzeitlichen Drucke, die Fausts und Wagners Namen tragen und heute in der Forschung abgekürzt *Faust-* und

---

1 Goethe, *Faust*, S. 38.
2 Vgl. ebd., V. 560 f.: „Mir wird, bei meinem kritischen Bestreben, | Doch oft um Kopf und Busen bang'."
3 Könneker, Faust, S. 14.
4 Goethe, *Faust II*, V. 6819–7004 (S. 278–284).
5 Vgl. kurz zu den Hintergründen den Kommentar Schönes; Goethe, *Faust*, Bd. II, S. 504–518 und 529–533.

Wagnerbuch genannt werden.⁶ Das *Faustbuch* ist spätestens seit der Edition Jan-Dirk Müllers im Klassikerverlag (1990) von einem ‚Machwerk' als Quelle Goethes zu einem gut erforschten Schlüsseltext der volkssprachigen Literatur der Frühen Neuzeit avanciert, nach dem sogar schon einmal eine ganze Epoche als ‚Faustian Century' benannt wurde.⁷ Im Gegensatz zum breit erforschten *Faustbuch* ist das *Wagnerbuch* erst in jüngeren Forschungen eingehender gewürdigt worden.⁸ Ein wenig ist es dabei vom Odium einer lauen Fortsetzung der *Historia von D. Johann Fausten* befreit worden. In der Tat bietet das *Wagnerbuch* interessante Deutungsperspektiven, von denen jene auf die darin angelegte Wissenskonfiguration nicht ohne Grund in den Vordergrund gerückt ist. Das *Wagnerbuch* führt einen Diskurs um die Legitimität von Wissensformationen, der eng an die mit dem *Faustbuch* gemeinsamen Momente – wie den Teufelspakt und die Wachsamkeitsforderung gegenüber den Dämonen – anschließt, aber deutlich andere Akzente setzt.

Ich werde die Wissensformationen in *Faust*- und *Wagnerbuch* nach der Rolle der Vigilanz in Zusammenhang mit der dämonologisch geprägten Zeichenlehre über das Wirken der Teufel (Superstitionssemiotik) befragen. Dazu rekonstruiere ich zunächst unter dem Aspekt der Vigilanz das einflussreichste dämonologische Konzept der Vormoderne, das auf Augustinus zurückgeht (1). Danach werden die genannten Untersuchungsaspekte auf *Faust*- und *Wagnerbuch* bezogen (2 und 3). Ein kurzes Resümee schließt den Beitrag ab (4).

1 Vigilanz und Superstitionssemiotik

Vigilanz als Aufmerksamkeitslenkung, die individuelle Einstellungen an überindividuelle Ziele koppelt, ist in der Vormoderne grundlegend vom Bewusstsein einer heilsgeschichtlich bedingten Bedrohung jedes Menschen im Hinblick auf sein Jenseitsschicksal geprägt. Diese Bedrohung konkretisiert sich theoretisch

---

6 Ich nutze für das *Faustbuch* (FB) die kritische Ausgabe nach dem Druck von 1587 von Stephan Füssel und Hans Joachim Kreutzer; für das *Wagnerbuch* (WB) die Faksimile-Ausgabe von Günther Mahal und Martin Ehrenfeuchter. Dabei folge ich der modernen Paginierung und Zeilenzählung. Nicht mehr berücksichtigt werden konnte die jüngst erschienene Edition des *Wagnerbuchs* in Sarna, *Literarische Inszenierungen*, S. 97–306.
7 Vgl. van der Laan/Weeks, *Century*.
8 Vgl. Auteri, Widerspruch; Brüggemann, *Angst*, S. 195–281; Classen, Knowledge; Ehrenfeuchter, Exempel; ders., Wagner; Friedrich, Künste; Fuhrmann, Einsicht; Mahal, Wagnerbuch; Mahlmann-Bauer, *Magie*; dies., Wagnerbuch – aemulatio; dies., Wagnerbuch; Moltzen, *Curiositas*, S. 260–292; Scholz Williams, *Zauber*.

ebenso wie imaginär insbesondere in der Präsenz und im Handeln von Teufeln und Dämonen; sie basiert mithin auf einem dämonologischen Wissen, dessen Formationen quer zur kategorialen Differenz zwischen Faktualität und Fiktionalität verlaufen. Auf welche Weise wachsam auf diese Bedrohung reagiert werden kann, wird vor allem in narrativen Texten verhandelt; entsprechende Vigilanz-Inszenierungen sollten nicht nur als literarische Ausfaltungen vorgängigen Wissens behandelt werden; sie haben teil an einem weiteren diskursiven Zusammenhang, und dies kann im Rahmen eines wissenspoetologischen Ansatzes angemessen rekonstruiert werden.[9]

Unter diesen Vorzeichen setze ich bei meiner Deutung von *Faust-* und *Wagnerbuch* in Hinblick auf Vigilanz und Superstitionssemiotik ein Standardmodell literarischer Kommunikation voraus, welches die Instanzen einer jeden Narration nach kommunikativen Ebenen unterscheidet.[10] Damit können Phänomene der Vigilanz dreifach bestimmt werden: (1) als erhöhte Aufmerksamkeit von Figuren in der Interaktion zwischen Menschen und Dämonen, (2) als Aufmerksamkeitslenkung durch erzählende und kommentierende Textinstanzen sowie (3) als Verarbeitung textuell inszenierter Vigilanz auf Seiten der Rezipienten.

Auf allen drei Ebenen spielt nicht nur substanzielles Wissen um Dämonen eine Rolle, sondern zugleich auch die besondere semiotische Dimension der Beziehungen zwischen Dämonen und Menschen. Während Dämonen für die pagane Antike Mittler zwischen Götter- und Menschenwelt waren,[11] sind sie in der christlichen Tradition seit der Spätantike zu gefallenen Engeln umgedeutet worden.[12] Zeitliche, räumliche und moralische Ordnungen, die Gott, den Teufeln und den Menschen ihren Platz zuweisen, hängen dabei eng zusammen. Narrativiert finden sich diese Ordnungen in jener großen Erzählung, die Heilsgeschichte ge-

---

9 Vgl. zur poietischen Auffassung des Wissens und zur Methodik einer Poetologie des Wissens (samt vorgängigen Traditionen) die konzise Darstellung von Harald Neumeyer (Literaturwissenschaft).
10 Zu den Instanzen des Erzählwerks vgl. Schmid, *Elemente*, S. 43–114. Die von Schmid zurecht kritisierten Kategorien und Termini Gérard Genettes werden hier nicht übernommen. Ich unterscheide heuristisch zwischen den historischen Instanzen von Redaktoren und Autoren, den impliziten Modell-Instanzen, textinternen Erzähler- und Kommentarinstanzen sowie den Protagonisten auf der Ebene der Figuren.
11 Vgl. hierzu religionswissenschaftlich übergreifend: Ahn, Grenzgängerkonzepte.
12 Vgl. Bockmann/Gold, Kommunikation; Bockmann, Figuren, Kap. I, sowie Otto, *Magie*, S. 309–311. Ich greife im Folgenden auch auf meine genannten Einleitungen zurück. Da die gefallenen Engel als böse Geister gelten konnten, werden die Begriffe ‚Teufel' und ‚Dämon' häufig annähernd synonym verwendet (vgl. Böcher, Dämonen).

nannt wird und das Weltmodell bis zur Frühen Neuzeit entscheidend prägt.[13] Unter den solcherart produzierten Gewissheiten im Sinn Wittgensteins[14] lassen sich die folgenden als Voraussetzungen des Wissens von Dämonen-Menschen-Relationen nennen:

- Gott ist der Schöpfer der Welt, und alles außer Gott ist seine Schöpfung. Eine Einebnung dieses Unterschieds würde auf Verwechslung und Depotenzierung Gottes hinauslaufen.
- Die Heilsgeschichte findet in einem dreifach gestuften Raum statt, der neben der sichtbaren Welt noch die Jenseitsräume Himmel und Hölle kennt, die den Menschen nach seinem individuellen Tod erwarten. Nur die mittlere Ebene ist den Menschen als Immanenz zugänglich, die anderen beiden sind zu Lebzeiten nur in transzendenten Erfahrungen erreichbar.
- Die Heilsgeschichte ist eine doppelte Fall- und Erlösungsgeschichte: Dem Fall der Engel um Luzifer, die in den neuen Raum der Hölle (als christlicher Unterwelt) gestürzt werden, weil sie ungehorsam waren, folgt ebenfalls aus Ungehorsam der Fall der Stammeltern (*peccatum originale*), der eine Disposition zur Sünde nach sich zieht. Die Konsequenz der Höllenstrafe wird für die Menschheit durch den Sühnetod Christi aufgehoben; am Ende der Zeiten werden die Gerechten erlöst.
- Für den Einzelnen bleibt die sündige Disposition und damit die Möglichkeit einer Höllenstrafe bestehen. So ist das irdische Leben aus menschlicher Sicht eine Versuchsreihe, in der sich das Jenseitsschicksal zur guten oder schlechten Seite hin entscheidet. Die Sündhaftigkeit, verbunden mit dem Neid der Dämonen, die den Menschen zu aktuellen Sünden verführen wollen, bedeutet stete Gefährdung. Wachsamkeit gegenüber dieser Gefährdung ist damit eine notwendige Bedingung für den Einzelnen, um überhaupt eine Chance auf ein positives Jenseitsschicksal zu haben.

In den theoretischen Diskursen um die Stellung des Menschen in Gottes Schöpfung und die Verführungen durch Dämonen verbindet sich das Weltmodell mit spezifischen Zeichenauffassungen. Ich werde diesen Konnex, ausgehend von Augustins Dämonologie, unter dem Label Superstitionssemiotik auf den Begriff zu bringen versuchen.

Dass der Teufel der Etymologie nach ein ‚Durcheinanderwerfer‘ (διάβολος) ist und als Vater der Lüge gilt, wird unter anderem im dämonologischen Konzept von

---

[13] Die Rekonstruktion eines Weltmodells des Mittelalters unternimmt Hans-Werner Goetz in den Bänden *Gott und die Welt*; für unseren Kontext wichtig: Goetz, *Geschöpfe*.
[14] Vgl. Wittgenstein, *Gewißheit*, S. 113–257, hier S. 139 f. [§§ 94–97].

Augustinus deutlich, das er in seiner hermeutisch-homiletischen Schrift *De doctrina christiana* entwirft.¹⁵ Das Konzept ist äußerst wirkungsmächtig gewesen und hat von Isidors von Sevilla *Etymologien* und dem *Decretum Gratiani* über die *Sentenzen* des Petrus Lombardus, den Sentenzenkommentar des Albert Magnus oder auch die *Summa theologiae* Thomas' von Aquin bis zum *Malleus maleficarum* und zu den dämonologischen Zauberei- und Hexereischriften des 16. Jahrhunderts (wie etwa Johannes Weiers *De praestigiis daemonum*) weitergewirkt.¹⁶

Das Anliegen von *De doctrina christiana* ist eine Grundlegung der christlichen Hermeneutik und Homiletik, nicht die Dämonologie. Dabei wird das antike Wissen daraufhin gemustert, ob es christlichen Zwecken nützt und nach diesem Maßstab erlaubt oder zu verwerfen ist. Augustinus entwirft eine auf diese Zwecke zugeschnittene Zeichentheorie, deren bekannteste Unterscheidung die zwischen *signa data* und *signa naturalia* (konventionellen und natürlichen Zeichen) ist.¹⁷ Er geht von einer rhetorisch beeinflussten operationalen Definition vom Zeichen als einem Ding aus, das durch seine sinnlich wahrnehmbare Gestalt die Vorstellung eines anderen Dings hervorruft.¹⁸ Alles kann – aber muss nicht – zeichenhaft sein; Verwirrungen in der Produktion wie in der Rezeption der Zeichen sind immer möglich. Die richtige Zeichendeutung, welche ich ‚Ortho-Semiose' (s. Abb. 1) nenne, ist folgendermaßen in den Rahmen des mittelalterlich-christlichen Weltmodells eingelassen.

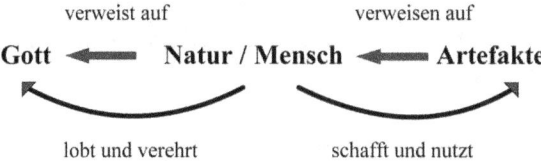

Abb. 1: Ortho-Semiose.

Zur Erläuterung: Die gesamte geschaffene Natur, auch der Mensch, verweist zeichenhaft auf ihren Schöpfer; die Praxis, in der dieses Verhältnis angemessen

---

15 Vgl. zu *De doctrina christiana* die Studie von Pollmann, *Doctrina*, sowie Geerlings, *Augustinus*, S. 128–134.
16 Zu Augustins Dämonologie und deren Wirkungsgeschichte Götz, Dämonenpakt; vgl. auch Otto, *Magie*, S. 309–331.
17 Zur Zeichentheorie Augustins, vor allem in *De doctrina Christiana*, vgl. Adamik, Terminologie; Nöth, *Handbuch*, S. 7f.; Simone, *Semiotik*.
18 Vgl. die Definition von *signum* in *De doctrina christiana* II,1: „Signum est enim res praeter speciem, quam ingerit sensibus, aliud aliquid ex se faciens in cogitationem venire [...]."

(an-)erkannt wird, ist der (stille oder explizite) Lobpreis Gottes. Auch der Mensch ist ein Schöpfer, allerdings von bloßen Artefakten, die auf den Menschen zurückverweisen, der sie zu seinem Gebrauch gemacht hat.

Was passiert nun, wenn Dämonen in diese Ortho-Semiose und die ihr entsprechende Praxis eingreifen? Dem vormodernen Weltmodell nach sind die Dämonen als ehemalige Engel Geistwesen, die in der Lage sind, jede Gestalt anzunehmen, und die aufgrund ihrer jahrtausendealten Erfahrungen im Kosmos Naturgeschehnisse vorhersehen und manipulieren können. Da sie im Gegensatz zu Gott aber nichts neu schaffen können, sind sie, um die Menschen zu verführen, darauf angewiesen, die Illusion eines Verweises auf transzendente Wahrheit mittels in die Irre führender Zeichen ins Werk zu setzen. Musterbeispiele sind für Augustinus die antiken Mantiken, wie etwa die Praxis der Vogelflugdeutung als Vorhersage bestimmter Ereignisse. Augustinus leugnet nicht, dass etwa einer bestimmten Formation des Vogelflugs ein bestimmtes Ereignis folgen kann. Grund dafür sind allerdings nicht Beziehungen in der geschaffenen Natur (die wie bei Rauch und Feuer an *signa naturalia* erkannt werden können), sondern eine Manipulation der Natur durch die Dämonen, die den Menschen auf diese Weise von Gott ablenken und zu sich selbst in Beziehung bringen wollen.[19] Alle Wunder der Magie geschehen Augustin zufolge durch solche Einwirkung der Dämonen.[20] Eine Manipulation kann auch im Bereich der vom Menschen geschaffenen Artefakte stattfinden, etwa im Fall von Götterbildern, denen Kraft zugesprochen wird. Entscheidend ist, dass Menschen, die mantische Praktiken ausüben oder Götzendienst (Idolatrie) betreiben, nicht wissen, dass sie sich in einer Pseudo-Semiose befinden (s. Abb. 2).

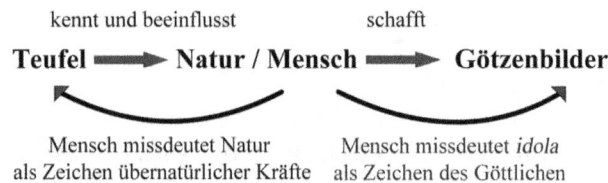

Abb. 2: Pseudo-Semiose.

Der Magier, Mantiker oder Nigromant sieht die geschaffene Natur also als Zeichen in einem transnaturalen System an; in Wahrheit aber beruhen seine Deutungen

---

19 Vgl. etwa Augustinus, *De doctrina Christiana* II,24–26. Ähnliche Warnungen finden sich auch in *De civitate Dei* (z. B. XVIII,18; XXI,6).
20 Ebd. VIII,19 (S. 532): „At omnia miracula magorum […] doctrinis fiunt et operibus daemonum".

auf Pseudo-Zeichenverhältnissen, welche ihn die Dämonen anzunehmen bewegen wollen. Augustinus benutzt für diese dämonische Pseudo-Semiose den Begriff der *superstitio* und geht davon aus, dass die Täuschungsabsicht der Dämonen[21] mittels einer (falschen) Zeichenrelation realisiert wird, die eine kommunikative Gemeinschaft zwischen Menschen und Dämonen voraussetzt.[22] Deren Grund wiederum sieht er in einem (stillschweigenden oder expliziten) Pakt, weshalb in der heutigen Forschung auch zu recht von einem „Kommunikationsvertrag mit den Dämonen"[23] die Rede ist. *Superstitio* nach Augustinus ist also in erster Linie als kommunikatives Verhältnis und als (pseudo-)semiotischer Sachverhalt zu verstehen. Für *Faust-* wie *Wagnerbuch* ist das unmittelbar relevant.

2 Das *Faustbuch* von 1587

Die *Historia von D. Johann Fausten*, 1587 beim Frankfurter Verleger Johann Spies erschienen, ist breit erforscht worden. Ich werde sie lediglich auf die erwähnten Aspekte der Vigilanz, des Wissens und der Superstitionssemiotik hin untersuchen und dabei die kommunikativen Niveaus des Textes von der paratextuellen Rahmung bis hin zur Erzählerrede berücksichtigen.

Im Titelblatt des Spies'schen Drucks wird auf den groben Inhalt, die damit verbundenen Stoffe, deren Herkunft sowie das Selbstverständnis in Hinblick auf angezielte Rezeption und Rezipienten verwiesen:[24] Wer sich das Buch kauft, stößt auf die Geschichte eines Nigromanten („Zauberer vnnd Schwartzkünstler"). Dessen Name Doktor Johann Faust verweist auf eine Gestalt, die weit bekannt sei („weytbeschreyt[]"), auf einen Teufelsbündner, der durch „seltzame Abentheuwer" aufgefallen sei, bis er am Ende vom Teufel geholt und bestraft wurde. Das Buch soll zudem großenteils aus Faustens hinterlassenen Schriften bestehen. Seine Funktion ist die eines warnenden Exempels; gedacht für Menschen mit hochmütiger Gesinnung, von geringem Glauben und zu großer Wissbegierde. Das

---

21 Vgl. Augustinus, *De doctrina Christiana* II, 36,86.
22 Vgl. ebd., 23,35.
23 Daxelmüller, Teufelspakt, S. 15.
24 In Umschrift des Titelblatts nach der kritischen Ausgabe von Füssel/Kreutzer, S. 3: „Historia von D. Johann Fausten / dem weitbeschreyten Zauberer vnnd Schwartzkünstler / Wie er sich gegen dem Teuffel auff eine benandte zeit verschrieben / Was er hierzwischen für seltzame Abentheuwer gesehen / selbs angerichtet vnd getrieben / biß er endlich seinen wol verdienten Lohn empfangen. Mehrertheils auß seinen eygenen hinderlassenen Schrifften / allen hochtragenden / fürwitzigen vnd Gottlosen Menschen zum schrecklichen Beyspiel / abscheuwlichen Exempel / vnd treuwhertziger Warnung zusammen gezogen / vnd in den Druck verfertiget [...]."

abschließende Zitat aus dem Jakobusbrief (4,7: „Seyt Gott vnderthånig / widerstehet dem Teuffel / so fleuhet er von euch") macht die paränetische Funktion als konkrete Ermahnung explizit.

In der Widmungsvorrede an zwei befreundete Amtleute legitimiert der Druckerverleger Spies das Projekt aus einer Marktlücke heraus und mit der unzweifelhaften Funktion der Geschichte, als mahnendes Exempel zu dienen: Er sei geradezu verwundert gewesen, dass bisher niemand „diese schreckliche Geschicht ordentlich verfassete / vnnd der gantzen Christenheit zur warnung / durch den Druck mittheilete" (FB 5,17–19). Die Spies'sche paränetische Legitimation des verlegerischen Vorhabens, das ja auf der wirtschaftlichen Ebene in erster Linie Erfolg sucht (und findet), wird mit theologischen Konzepten untermauert: Faustens *Historia* gilt als warnendes Beispiel des „Teuffelischen Betrugs / Leibs vnd Seelen Mords" (FB 5,26) sowie als Handlung, die zeige, „wohin die Sicherheit / Vermessenheit vnnd fürwitz letzlich einen Menschen treibe" (FB 5,32f.). Schließlich wird mit den genannten Sünden, die man an Fausts Vita ablesen kann, die „Vrsach [...] deß Abfalls von Gott / der Gemeinschafft mit den bösen Geistern vnd verderbens zu Leib vnd Seel" deutlich (FB 5,34–6,2). Die *Vorred an den Christlichen Leser*, die der Suggestion der Widmungsvorrede zufolge bereits dem von Spies lediglich herausgegebenen Faust-Text zugehört, den ihm ein „gute[r] Freundt [...] mitgetheilet vnd zugeschickt" habe (FB 5,23f.), expliziert diese Warnfunktion weiter, indem sie das im 16. Jahrhundert in der Teufels- und dämonologischen Literatur übliche Argument entfaltet, die Nigromantie sei die schlimmste aller Sünden.[25] Magie wird eng mit Dämonenkommunikation und Teufelspakt verknüpft, die wiederum den Abfall von Gott bedeuten.

Die Tradition, auf die sich Spies beruft, um die negativexemplarische Funktion seines Verlagsprodukts zu begründen, besteht also aus alten Konzepten: Es sind dies die Vorstellung vom Teufel als Betrüger, vom Kommunikationspakt mit den Dämonen (im Sinn des augustinischen *superstitio*-Konzepts), das Konzept der beiden unvergebbaren Sünden wider den heiligen Geist *praesumptio* und *desperatio* (von denen hier nur die erste als „Sicherheit" genannt wird) und schließlich die Warnung vor der Wissbegier („fürwitz", *curiositas*), die seit der Patristik stark negativiert wurde.[26]

Die Warnfunktion der Rahmung kulminiert in der *Vorred an den Christlichen Leser* in einem Zitat aus dem ersten Petrusbrief (1 Petr 5,8): „Ewer Widersacher der

---

25 Vgl. zur Geschichte des Arguments und dessen Rolle in der Teufelsliteratur Brüggemann, *Angst*, S. 205–207.
26 Zur *curiositas* vgl. den Überblicksartikel von Vinken. Zur Rolle der *curiositas* in der Fausttradition Brüggemann, *Angst*, S. 213f.; Moltzen, *Curiositas*, S. 260–292; Müller, Curiositas; Münkler, *Ambiguität*, S. 228–244. Zu *praesumptio* und *desperatio* vgl. Ohly, Desperatio.

Teuffel geht vmbher wie ein brüllender Löuwe / vnd suchet / welchen er verschlinge" (FB 9,31–33). Damit wird die moralische Warnung in den Horizont einer wechselseitigen Vigilanz zwischen Teufel und Mensch gerückt. Am Ende des *Faustbuchs* wird dies noch einmal aufgenommen, als eine Erzählerstimme die warnende und abschreckende Funktion der Lebensgeschichte des Doktor Faust resümiert (FB 123,25–124,3) und mit eben jenem Zitat aus dem Petrusbrief schließt (FB 124,4–7).[27] Zusammen mit dem Jakobusbrief-Zitat im Titel wird also durch den paratextuellen Rahmen ein Wachsamkeitsappell stark akzentuiert, dem in der *Historia* selbst eine ebenso deutliche Profilierung von Vigilanzaspekten korrespondiert.

Zunächst jedoch zur Präsentation von Wissen im *Faustbuch*: Einschlägige Quellen und Prätexte, auf die es sich bezieht, sind gut aufgearbeitet.[28] Für unseren Zusammenhang von Bedeutung sind unter anderem dämonologische Bücher, in denen auf die hochaktuelle Frage nach dem Teufelsbund von Nigromanten und Hexen eingegangen wird, etwa Ludwig Milichius' *Zauber Teuffel* oder Weiers *De praestigiis daemonum*.[29] Der Status, der dem (keineswegs in gelehrter Manier ausgewiesenen) Wissen im *Faustbuch* zukommt, ist nicht einfach zu bestimmen. Fest steht, dass das *Faustbuch* – gemessen an dem gegen Ende des 16. Jahrhunderts verfügbaren Wissen – bereits zum Zeitpunkt seines Drucks veraltet war. Wenn Faust etwa über die Kontinente fliegt, so sieht er dort als „gantze Welt / Asiam / Aphricam vnnd Europam" (FB 58,14), also lediglich die dem Mittelalter bekannten drei Erdteile. Auch weitere kosmologische Erscheinungen werden nach überkommenen Quellen erklärt.[30] Man darf daraus freilich nicht den Schluss ziehen, das *Faustbuch* propagiere ein altes Weltbild – eher funktionalisiert es die genutzten Wissenselemente um.[31]

Aufschlussreich ist ein Blick auf die Hauptfigur, denn Faust gewinnt und nutzt kaum Wissen, das über magisches hinausgeht. Dieses, namentlich die Beschwörungsformeln, wird nach einer expliziten Aussage der Vorrede aber ohnehin im Text unterdrückt.[32] Auf die Frage, was die Figur lernt, lässt sich somit eine

---

27 Ergänzt wird es hier um die explizit performative Aufforderung, die in der entsprechenden Perikope voransteht („Seyt nüchtern vnd wachet") sowie durch den unmittelbar anschließenden Satz „dem widerstehet fest im Glauben".
28 Vgl. Füssel, Quellen, sowie die Quellentexte in der Ausgabe von Füssel und Kreutzer, S. 218–304.
29 Bezeichnend ist, dass der unbekannte Redaktor vermutlich fast ausschließlich auf deutschsprachige Quellen zurückgegriffen hat; vgl. Kreutzer/Füssel im Nachwort zu ihrer Ausgabe, S. 338.
30 Vgl. Müller, Ausverkauf, S. 178–180.
31 Vgl. Ruhberg, Integration.
32 Die „formae coniurationum" seien bewusst ausgelassen worden, damit niemand „diese Historie zu Fürwitz vnd Nachfolge" nutzen möge (FB 12,23–25).

frappante Antwort geben: theoretisch nichts, was ein Gelehrter der Zeit nicht ohnehin wüsste, und praktisch nur Dinge, die keiner wissen darf – und auch keiner durch die Lektüre des *Faustbuchs* lernen wird. Dazu gehört: mit magischen Mitteln anderen Schaden bereiten, stehlen, Illusionen erzeugen und seine Triebe befriedigen. Es ist möglich, dass genau diese offenbare Nutzlosigkeit des Wissens und damit die Sinnlosigkeit der *curiositas* demonstriert werden sollte, um den Vorrang religiöser Gewissheiten und des eigenen Seelenheils zu erweisen.[33]

Im Sinn einer Poetologie des Wissens möchte ich mich nun vor allem den Modalitäten der Inszenierung von Wissen widmen. Was von Beginn der Teufelsbündnerhandlung den Lesern vor Augen gestellt wird, ist genau jene Verwirrung der Sinne, die eintritt, wenn man sich mit Dämonen einlässt. Sie wird auch im *Faustbuch* durch die Intelligenz und lange Erfahrung der Luftgeister in Bezug auf natürliche Dinge bewirkt.[34] Ob der eigenen Wahrnehmung zu trauen ist oder diese nicht schon dämonisch manipuliert wurde, ist grundsätzlich nie sicher. So bleiben eine feste christliche Haltung und ein ausreichendes Maß an Wachsamkeit die einzigen Mittel, der Manipulation zu entkommen.[35] An Faust wird deutlich, was die Folgen sind, wenn beides fehlt: Die Wahrnehmung der dämonisch manipulierten *signa naturalia* werden zu einer trügerischen Signifkantenkette ohne ein *fundamentum in re*.

Betrachten wir die unterschiedlichen Verhältnisse der Hauptfigur zur dämonisch manipulierten Natur, so kann man an ihnen je spezifische Vigilanzaspekte erkennen.[36] Fausts Haltung gegenüber den Manipulationen des Teufels, für die Worte wie *Spectackel* oder *Gauckelspiel, Gauckelwerck* verwendet werden,[37] lässt sich auf drei Grundverhältnisse bringen: 1. Genuss des Spektakels oder zumindest ein Beeindruckt-Sein durch die pure Fülle sinnlicher Wahrnehmung, 2. Misstrauen oder Zweifel an den dämonischen Phänomenen und 3. Sich-Einlassen bzw. ‚Hereinfallen' auf den teuflischen Trug.

---

33 Vgl. Müller, Ausverkauf, S. 191: „Um der religiösen Mahnung willen erscheint alles extensiv ausgebreitete Wissen sonst als wertlos. [Das Faustbuch] zitiert seine möglichen Inhalte nur, um sie zu diskreditieren."
34 Vgl. Weier, *De praestigiis*, S. 21 f. (mit Bezug auf Augustinus; vgl. *De civitate Dei* IX,22).
35 Vor dieser Folie invertiert das *Faustbuch* das Schema der Heiligenlegenden; vgl. Münkler, Sündhaftigkeit.
36 Ich verzichte hier darauf, die Beziehungen des Nigromanten zu seinen menschlichen Mitspielern zu thematisieren. Es sei aber darauf hingewiesen, dass hier eine Analogie besteht, die Faust teufelsgleich sein lässt: Faust narrt die Opfer seiner Schadenszauberpossen im dritten Teil auf ähnliche Weise, wie der Teufel ihn selbst narrt.
37 Ableitungen von *gauckeln*, die meist auf das optische Moment bezogen sind, überwiegen dabei. Vgl. zu den optischen Täuschungen Bamberger, *Poetologie*, S. 250–257.

1. Ein Beispiel für das Beeindruckt-Sein durch teuflische Suggestion auf Seiten des Schwarzkünstlers und eine entsprechende Täuschungsabsicht auf der Seite der Dämonen findet sich schon beim ersten Versuch Fausts, den Teufel zu beschwören, den wir aus der Vogelperspektive des auktorialen Erzählers beobachten können. Der Teufel werde beim Beschwörungsversuch „den Faustum den Hindern haben sehen lassen", so wird kommentiert, um diesen mit Leib und Seele zu fangen (FB 16,1–5). Das synästhetische Theater, das sich vor Fausts Augen und Ohren auftut, ist denn auch beeindruckend: Lärm und Sturm, Büchsenschuss, Lichtschein, Instrumentalmusik und Gesänge, ein Drache, ein feuriger Stern, der sich vielfältig weiter verwandelt, bis ein Mann in Gestalt eines Mönchs als Bote des Teufels daraus hervorgeht (FB 16,15–17,15). Faust ist – in Verkennung allen theologischen Wissens über den Teufel – keineswegs gewarnt, sondern ob des Erfolgs seiner Beschwörung überzeugt, „daß jhm der Teuffel vnterthånig seyn solte" (FB 16,34). Das Spektakel wird dabei vorsichtshalber in einer den Rezipienten über die wahren Dienstverhältnisse aufklärenden Randglosse kommentiert und klargerstellt (FB 17: „O deß armen Diensts vnd Gehorsams"). Die Aufmerksamkeitserzeugung trifft also bei Faust auf eine falsche, nämlich leichtsinnige Gemütsdisposition, während der gewarnte Rezipient sie richtig einordnen können sollte.[38]

2. Hinsichtlich eines Misstrauens und Zweifels des Protagonisten an dem von ihm Wahrgenommenen ist Fausts Höllenfahrt (Kap. 24) interessant, zumal hier zahlreiche überkommene Wissenselemente umfunktioniert werden. Das Kapitel ist überschrieben mit dem Titel „Wie Doct. Faust in die Hell gefahren" (FB 52,6), was zunächst auf eine ‚echte' Höllenfahrt hinweisen könnte. Anlässlich der Beschreibung dessen, was Faust als Brand wahrnimmt, bei dem der Held aber „kein Hitze noch Brunst / sondern nur ein Lûfftlin" empfindet (FB 53,1f.), stellt wiederum die Randglosse die Dinge richtig: „Denn es war nur eine lauter Phantasey oder traum" (ebd.). Faust ist hin- und hergerissen zwischen dem Eindruck, wirklich in der Hölle gewesen zu sein, und dem Verdacht, dass ihm die Höllenfahrt nur vorgegaukelt wurde, seine Erlebnisse also durch teuflische Manipulation erzeugt sind (FB 55,21–24). Der textinterne Zweifel soll die textexterne Gewissheit über den im doppelten Sinne höllischen Trug stützen.[39] Dieses Framing einer Höllenvision unterscheidet sich radikal von den mittelalterlichen Visionen. Die hochmittelalterlichen Jenseitsvisionen (wie etwa die *Visio Tnugdali*) haben

---

[38] Ich komme hier zu einem anderen Ergebnis als Fuhrmann, Einsicht, S. 165, die in diesem teuflischen Spektakel das Gegenteil von Kurzweil erkennt.
[39] Zum Stellenwert der Höllenfahrt vgl. Bamberger, *Poetologie*, S. 264–274; Münkler, *Ambiguität*, S. 245–253.

zwar auch einen exemplarischen Charakter und wissen ebenfalls von teuflischem Treiben zu erzählen; in ihnen findet aber textintern wie -extern ein Wissenstransfer statt: Stellvertretend für den christlichen Jedermann, dem keine individuelle Anschauung jenseitiger Räume geschenkt wird, vermag der Entrückte in Visionsberichten und -exempeln das Unfassbare zu erfahren und authentisch zu berichten, sobald seine Seele in den irdischen Leib zurückgekehrt ist.[40] Ein solches Wissen verweigert das *Faustbuch* aber Hauptfigur und Lesern. Die Schilderung der Höllenfahrt ebenso wie die Randglosse und die Stimme des Erzählers zeigen Faust nicht als Visionär, sondern als Betrogenen: Von der Hölle gibt es offenbar nur Bilder, die täuschen; wahres Wissen darüber scheint dem Menschen nicht zugänglich. Im Vergleich zu ‚wahren' Visionen hat sich der Sinn der Höllenbeschreibung gewandelt; ihr Effekt wird dadurch jedoch keineswegs gemindert: Auch wenn Faust bei der Fahrt in die Hölle nur einer teuflisch vorgespielten Täuschung unterlegen ist, hat er dennoch Grund, sich vor ihr zu fürchten – und also seine moralische Wachsamkeit zu erhöhen.

3. Kritikloses Sich-Einlassen auf den teuflischen Trug findet man im Fall Fausts im Blick auf die ihm zugeführten Frauen, die in Wahrheit *succubi* sind (FB 29,3–17). Das Konkubinat mit der sagenhaften Helena ist dabei der einzige Fall, in dem Faust jedwede Urteilskraft verliert, obwohl er dabei zunächst selbst als Urheber einer nigromantischen Täuschung agiert. Der gelehrte Schwarzkünstler weiß so seinen Studenten die Gestalt Helenas vor Augen zu führen (Kap. 49); es bleibt aber allen bewusst, dass sie es mit einer Beschwörung von Helenas Geist zu tun haben. Von Mephostophiles ließ Faust sich Helena, wie es im Rückblick heißt, zu seiner eigenen Lust „darstellen" (FB 110,12); sie wird schwanger, und das Paar bekommt einen Sohn. Faust scheint in dieser Zeit kurz vor seinem Ende die dämonisch erzeugten Erscheinungen für eine echte Familie zu halten – zumindest insinuiert das *Faustbuch* diese Annahme, wenn kommentiert wird, er habe Helena lieb gewonnen und sich des gemeinsamen Sohnes erfreut (FB 110,16–21). Nach Fausts Ableben verschwinden Mutter und Kind, wie der Erzähler bemerkt (FB 110,25f. und 123,17–19), der die Sache damit geraderückt.

Grundsätzlich kann man in allen Verhältnissen der Hauptfigur zur dämonisch manipulierten Realität einen je spezifischen Vigilanzappell erkennen. Dennoch entkommt das *Faustbuch* nicht der Ambivalenz des Erzählten: Faust genießt das *Specktakel* und lässt sich immer wieder vom Schein der Bilder, Klänge und Empfindungen beeindrucken. Der erzählte synästhetische Genuss dürfte sich trotz exemplarischer Funktionalisierung kaum kontrollierbar in der Imagination der Rezipienten fortsetzen.

---

40 Vgl. zur Visionsliteratur Benz, *Gesicht*; zur Vision als Wissenstransfer Bockmann, *Vision*.

Zurück zum Rahmen des Faustbuchs. Im Schlusskapitel (Kap. 68) wird die Quellenfiktion von Titelblatt und Spies'scher Widmungsvorrede wieder aufgegriffen: Faust bekennt seinen Studenten, mit dem Teufel 24 Jahre im Bund gewesen zu sein, und verweist (anscheinend ad oculos) auf ein Buch, in dem seine Abenteuer aufgeschrieben seien. Dieses Buch hat für die Figuren der textinternen Kommunikation dieselbe Funktion wie das Faustbuch für die idealen Rezipienten, nämlich eine einzige Warnung vor jenem Leben zu sein, das Faust geführt hat. Poetologisch eine Mise en abyme, rezeptionsästhetisch eine Authentifizierung des Erzählten, inhaltlich eine weitere Explikation des warnenden Charakters von Fausts Leben, das er nun sogar selbst als Negativexempel kennzeichnet.[41]

Erstaunlich ist, dass am Ende des Faustbuchs noch einiges getan wird, um jene Quellenfiktion zu plausibilisieren, die im Titelblatt angekündigt wird, ohne dass sie in den vorangehenden drei Teilen des Buchs eine größere Rolle gespielt hätte: „Mehrertheils auß seinen eygenen hinderlassenen Schrifften" – so die Behauptung im Titel – sei die Historia „zusammen gezogen". Tatsächlich werden nur die Verschreibung an den Teufel (Kap. 8), die angebliche Höllenfahrt (Kap. 24), die Fahrt zum Gestirn (Kap. 25), die zweite Verschreibung (Kap. 53) sowie die Wehklagen (Kap. 63, 64, 66) als Inserate aus Fausts Aufzeichnungen gekennzeichnet. Wenn im letzten Kapitel das gesamte Buch als seine Aufzeichnung erscheint (abgesehen von denjenigen Teilen, die nach Fausts Tod von seinen Studenten ergänzt wurden; FB 123,12–15), dann wirft das die Frage nach dem Wert von Büchern und Buchwissen auf.

Hiervon ist auch die Geschichte Wagners berührt: Das erste Buch, das im Faustbuch Erwähnung findet, wird dem Teufelsbündner überreicht, kurz nachdem ihn der Teufel mit *succubi* hat zufriedenstellen können.[42] Genau dieses Buch habe man später „bey seinem famulo / Christoff Wagner" gefunden, der damit erstmals genannt ist (FB 29,26). Eine auffällige Erwähnung von Buchwissen spielt dieses gegen ein Erfahrungswissen aus, wie es sich Faust durch seine Höllenfahrt und die Gestirnfahrt (Kap. 25) zu erwerben meint: Die „Physici" könnten diese Materie nur „nach gutdůncken / vnd den Bůchern oder den opinionibus / dis-

---

41 „Was aber die Abentheuwer belanget, so ich in solchen 24. Jahren getrieben habe / das werdt jhr alles nach mir aufgeschrieben finden / vnd laßt euch mein greuwlich End euwer Lebtag ein fürbildt vnd erjnnerung seyn, daß jr wöllet Gott vor Augen haben / jhn bitten / daß er euch vor des Teuffels trug vnnd List behůten / vnnd nicht in Versuchung führen wölle" (FB 120,20–26).
42 Dabei erscheint die Lust an den Dämonen in Frauengestalt derjenigen an der Lektüre nigromantischer Schriften gleichgesetzt: „Nach solchem / wie oben gemeldt / Doct. Faustus die schåndtliche vnd greuwliche Vnzucht mit dem Teuffell triebe / vbergibt jhme sein Geist bald ein grosses Buch / von allerley Zauberey vnnd Nigromantia / darinnen er sich auch neben seiner Teuffelischen Ehe erlustigte" (FB 29,22–26).

poniern vnd erforschen" (FB 57,6), meint Faust, der mit einem höllischen Gefährt zum Gestirn hinauffährt und denkt, er sehe dabei mehr, als er zu wissen begehre (FB 59,20 f.). Größere Geltung kommt dem Buchwissen erst im Zusammenhang der Authentifizierung des Erzählten durch die von Faust selbst ausgehende, durch Wagner ermöglichte schriftliche Überlieferung zu: In Kapitel 61 bespricht Faust sein Testament mit dem Famulus und vermacht diesem seine Bücher unter der Bedingung, dass er nur heimlich daraus Nutzen ziehen und sich in Fausts nigromantischer Nachfolge halten möge (FB 112,10–16). Außerdem erhält Wagner den Auftrag, nach Fausts Tod dessen Taten mit der Hilfe Auerhans, seines dämonischen Helfers, aufzuschreiben und zu veröffentlichen (FB 112,31–113,3).

Im letzten Kapitel des Buchs schließlich findet sich Faust ob des herannahenden Endes mit seinen Studenten in einem Wirtshaus zu einem letzten Abendmahl ein;[43] er bekennt seine Sünden und macht dabei die Verschreibung an den Teufel öffentlich bekannt (FB 119,29–120,6). Indem sich die Studenten als unwissende und überraschte Jünger zeigen, wird auf tragikomische Weise ein Unterschied zwischen Figuren- und Rezipientenwissen markiert. Zugleich ist die „Oratio Fausti ad Studiosos" (FB 119,28) von einer Ambivalenz geprägt, welche den behaupteten paränetischen Anspruch des Buchs unterminiert: Rezipienten des *Faustbuchs* könnten dadurch von Mitleid mit der Figur affiziert worden sein, auch wenn sie von der Folgerichtigkeit des schrecklichen Schicksals Fausts überzeugt waren.

Die Nachgeschichte schafft einen weiteren Anknüpfungspunkt für das *Wagnerbuch:* Nach des Erzzauberers schrecklichem Ende finden die Studenten am nächsten Morgen dessen leibliche Überreste. Sie lassen Faust bestatten und begeben sich in sein Haus nach Wittenberg. Hier finden sie seinen Famulus Wagner und ebenso „diese deß Fausti Historiam auffgezeichnet / vnd von jhme beschrieben" (FB 123,12–14). Faust sei allerdings als Geist noch seinem Famulus erschienen und habe diesem „viel heimlicher ding" offenbart (FB 123,23). So endet die *Historia* – direkt vor der bereits erwähnten Warnrede der Erzählerstimme – mit einer Selbstreferenz und dem Hinweis, dass Faust einen Nachfolger gefunden habe. In der Quellenfiktion des *Faustbuchs* ist die Fortsetzung bereits angelegt.

---

43 Den Anklang an die neutestamentliche Szene arbeitet bereits Ohly heraus (*Der Verfluchte*, S. 102 f.). Vgl. zur Rolle des Bekenntnisses in Kapitel 68 in Münkler, Sündhaftigkeit.

3 Das Wagnerbuch

Das *Wagnerbuch* beansprucht, eine Fortsetzung des *Faustbuchs* zu sein, wie der Titel *Ander theil D. Joh. Fausti Historien* zeigt. Die Konstellation des Vorgängertexts wird auf den ersten Blick übernommen und seriell weitergeführt:[44] Ein Nigromant (Wagner) lebt mit dem Geist (Auerhan) und einem Famulus in einem Haushalt und durchlebt mit beiden zahlreiche Abenteuer. Anstelle des Famulus mit dem Allerweltsnamen Claus Müller (WB 313,4–21) wird jedoch am Ende ein neuer Schüler mit dem klangvollen Namen Johannes de Luna zum Erben eingesetzt. Es deutet sich sogar die Möglichkeit einer weiteren Historia mit dem nächsten Nigromanten an.[45] Der Eindruck eines ‚Serienromans' täuscht allerdings, denn die Konstellationen und Themen im *Wagnerbuch* verschieben sich gegenüber dem *Faustbuch* erheblich. Im Folgenden werde ich zunächst einen Blick auf die Rahmung, den Inhalt und die Quellen des *Wagnerbuchs* werfen, bevor die hier relevanten Untersuchungsaspekte in den Mittelpunkt rücken.

Das zuerst 1593 erscheinende *Wagnerbuch* heftet sich zunächst unzweideutig an den Erfolg des *Faustbuchs* an, indem es sich auf dem Titelblatt an erster Stelle als dessen Fortsetzung gibt.[46] An zweiter Stelle geht es allerdings um ein gänzlich anderes Thema, nämlich Wissensinhalte zu den Regionen der etwa hundert Jahre zuvor entdeckten Neuen Welt:[47]

> Ander theil D. Johan Fausti Hi=
> storien / darin beschriben ist.
>
> Christophori Wageners /
> Fausti gewesenen Discipels auff=
> gerichter Pact mit dem Teuffel / so sich
> genandt Auerhan / vnnd jhm in eines Affen
> gestalt erschienen / auch seine Abenthewrli=
> che Zoten vnnd possen / so er durch beförde=rung des Teuffels geübet / vnnd was
> es mit jhm zu letzt für ein
> schrecklich ende ge=
> nommen.
>
> Neben einer feinen Beschreibung
> der newen Inseln / was für Leute darinn

---

44 Zur Serialität vgl. Berns, Frühformen.
45 Nach Mahlmann-Bauer, Wagnerbuch, S. 430, gibt sich *Dr. Johan Fausten Gauckeltasche* (1607) als Fortsetzung des *Wagnerbuchs* aus.
46 Zur Druckgeschichte vgl. Mahlmann-Bauer, Wagnerbuch.
47 Nach dem Titelblatt des Faksimiles in der Ausgabe Mahal/Ehrenfeuchter.

> wohnen / was für früchte darinn wachsen /
> was sie für Religion vnnd Götzendienst ha=
> ben / vnnd wie sie von den Spaniern einge=
> nommen werden. Alles aus seinen verlasse=
> nen schrifften genommen / vnd weil es
> gar kurtzweilig zu lesen / in
> Druck verfertiget.
>
> Durch Fridericum Schotum
> Tolet: Jetzt zu P.
> 1593

Was ein Leser sich von einer *Faustbuch*-Fortsetzung erhofft, erhält er in stofflicher Hinsicht auch: Verhandlungen mit einem Dämon, Schilderungen der Wirkung magischer Fähigkeiten, Dispute über Himmel und Hölle sowie schwankhafte Episoden. Vorlage und angebliche Fortsetzung unterscheiden sich aber erheblich in der Nutzung und Bewertung von Wissen. Dies mag auch ein Grund für die Verrätselung von Autor und Druckort sein: Auffälligerweise nennt das *Wagnerbuch* weder einen realen Autor noch Verleger und Verlagsort; auch ein Druckprivileg und Druckersignet fehlen ihm. Der als Autor angegebene Friedrich Sc[h]otus und der Ort Toledo wecken Assoziationen, die mit legendarisierten Personen und deren Nimbus als Schwarzkünstler zu tun haben: Toledo galt als Hochburg der nigromantischen Ausbildung. Der Autorname könnte auf den Magier und Alchemisten Hieronymus Scottus deuten, der sich am Ende des 16. Jahrhunderts am Hof Kaiser Rudolf II. in Prag aufgehalten hat, aber auch auf Michael Scotus, einen Gelehrten des 13. Jahrhunderts im Umfeld Kaiser Friedrichs II., der sich unter anderem mit Astrologie, Chiromantie und Physiognomik befasst hat. Heute ist sich die Forschung einig, dass die Angaben des Titelblatts Mystifikationen sind, die eine Rätselspannung erzeugen sollen.[48] Verrätselnd sind auch die Angaben zur Entstehungsgeschichte des *Wagnerbuchs:* Der Autor will eine spanische Vorlage übersetzt haben, die ihm von einem Benediktinermönch namens Martin über 70 Jahre nach deren Druck übergeben worden sei (WB 316,2–7).[49]

Die Rahmung des *Wagnerbuchs* in der „Vorrede an den günstigen Leser" (WB, 1,1–19,16) lehnt sich teilweise an die Vorreden des *Faustbuchs* an: Das leitmotivische Zitat aus dem Ersten Petrusbrief, welches das Faustbuch an prominenten

---

[48] Vgl. zu Verfasserfrage und -profil Mahal/Ehrenfeuchter, Nachwort, S. 344–355.
[49] Diese Behauptungen dürften auch für einen Zeitgenossen des 16. Jahrhunderts als Fiktion entlarvbar gewesen sein: 70 Jahre vor dem Erscheinen des *Wagnerbuchs* konnte es schon aus chronologischen Gründen keine Beschreibung eines bereits verstorbenen Doktor Faust geben, geschweige denn die seines Famulus.

Stellen führt, eröffnet auch das *Wagnerbuch* (WB 1,1–12). Beide Bücher verstehen sich explizit als Warnreden und Negativexempla. Das *Wagnerbuch* bringt topisch die Verführungskraft des Teufels in das Bild der Fallstricke und des Fangens der Seelen mit einem Netz. Der Teufel als Erfinder der Zauberei locke Menschen wie Faust und Wagner „mit vielen seltzamen bossen" (WB 3,13 f.). Christoff Wagners Leben zu beschreiben, heißt damit eine Verstrickung zeigen, die „vermanung vnd warnung an alle fromme Christen" sei (WB 5,2–5). Sowohl *Faust-* als auch *Wagnerbuch* versichern, dass sie Formeln, die zur Beschwörung von Dämonen geeignet wären, bewusst weggelassen haben (FB 12,17–25 und WB 19,7–14; vgl. WB 315,23–316,1). Eine Besonderheit des *Wagnerbuchs* besteht allerdings darin, dass sich die Warnung vor allem an die Jugend richtet, die anscheinend besonders durch die Attraktivität von Zauberei und Schwarzkünstlern als falschen Vorbildern gefährdet ist: „Dieses sey also sonderlich der Jugendt zur fleissigen warnung angezeigt / das sie sich vor solchen Nigromantischen bossen reisserischen Leuten und Bůchern hüten / vnd sich den Teuffel nicht betrigen laßen" (WB 17,10–16).[50]

Damit zum Inhalt des *Wagnerbuchs*, dessen erzählte Handlung bereits vor dem Ende des *Faustbuchs* einsetzt. Die dürren Angaben des *Faustbuchs* zu Wagner werden in einer geradezu psychologisch motivierenden Vorgeschichte auserzählt: Er sei ein uneheliches Kind gewesen, ohne jede Ausbildung und habe zu Faustens Zeiten in Wittenberg seinen Unterhalt durch Bettelei verdient (WB 21,2–12). Erst nachdem Faust ihn als Famulus aufgenommen und ausgebildet habe, sei er der Magie kundig und zu Beschwörungen in der Lage gewesen (WB 21,17–22,4). Die aus dem *Faustbuch* bekannte Übereignung des Geists Auerhan wird auch im Wagnerbuch nochmals erzählt (WB 24,8–25,14). Anschließend wird sie in einen komischen Kontext gesetzt, den das *Faustbuch* nicht kennt: Weil der neue Geist Auerhan dem Famulus erst nach Ableben des Lehrers zur Verfügung steht, Wagner aber ungeduldig ist, fasst er das Vorhaben, den Geist schon vor der Zeit zu beschwören. Er schleicht sich dazu in Fausts Studierzimmer, um dort Beschwörungsformeln aus Magiebüchern abzuschreiben (WB 27,9–12). Sein erster Versuch, den personalisierten Dämon zu beschwören, scheitert dann mit erbärmlichen Folgen. Nicht Auerhan, sondern mehr als 6000 Teufel erscheinen (WB 29,16 f.) und bedrängen Wagner aufs Ärgste: Drei Tage sieht er sich in seinem Zauberzirkel gefangen, bevor Faust ihn, den „Substituierte[n] Sohn" (WB 32,22), zu befreien vermag. Der Effekt auf den Zauberlehrling ist zunächst ein heilsamer: Er übt sich in der Herstellung von Arzneien und vermag damit Gutes auszurichten. Erst als der Teufel mit einem Sack Geld und Musik auftritt, bittet der Famulus

---

50 Zur Rolle der Jugend im *Wagnerbuch* vgl. den Kommentar der Ausgabe Mahal/Ehrenfeuchter, S. 17 f.

seinen Herrn, ihn „in der Magia oder schwartzen kunst" (WB 37,13 f.) zu unterweisen. Faust, obwohl in großer Zerknirschung ob des eigenen Endes, kommt dem gerne nach und hält ein Privatissimum mit seinem Zauberbuch, damit der Schüler hinfort geschickter mit den Geistern umzugehen verstehe (WB 38,14–23).

Das aus dem *Faustbuch* bekannte Ende des Lehrers lässt sich der im Zaubererhaushalt verbliebene Wagner von dessen Studenten berichten und beklagt den Tod des Lehrers. Der Gedanke, ihm werde es auch einst so gehen, hält ihn in Schwermut gefangen, bis ein Freund ihn belehrt, Gottes Gnade sei bei ernsthafter Reue und einem guten Lebenswandel wiederzuerlangen. Die Reue setzt sich in tätiger Buße fort: Nach einem Studium der Medizin werden Patienten kostenlos von Wagner behandelt. Dies währt so lange, bis der unsolide Ex-Famulus das Geld aus dem Erbe Fausts „durch den Halß gejaget / vnd verschlemmet hatte" (WB 42,16 f.) und seine Freunde ihn verlassen. Ein Grund, sich nun wiederum den verbotenen Künsten zuzuwenden. Erst nach diesem relativ langen Vorspiel beginnt die eigentliche Geschichte von Wagner als Schwarzmagier und Reisendem.

Das *Wagnerbuch* ändert also die Figurationen des *Faustbuchs*: Zunächst ist nicht die Hybris eines Gelehrten, sondern der Aufstiegswille eines jungen Mannes am unteren Rand der Gesellschaft Ausgangspunkt für alles Folgende. Die Defizienz des Protagonisten ist im *Wagnerbuch* damit doppelt codiert: Zum einen lässt sich Wagners *Historia* nicht anders als die eines Teufelsbündners und Nigromanten lesen; zum anderen kommt aber eine soziale Codierung hinzu: Wagners Verhaltensweisen haben auch mit seinem unehrlichen Stand zu tun.[51] Zudem ist Wagner stark von momentanen Affekten abhängig: Er zeigt kaum strategisches Handeln und schwankt in den referierten Abschnitten hin und her zwischen der Möglichkeit, die Zauberei zu nutzen, und dem Verzicht darauf – je nach Stimmung und erwartetem Nutzen. Bezeichnend ist in diesem Kontext die vorzeitige Beschwörung Auerhans samt des vorangegangenen Diebstahls von Zauberwissen, das der Famulus als Fausts Nachfolger Tage später ohnehin erlangen wird. Es ist nicht *curiositas*, sondern schlicht charakterschwache Ungeduld, die Wagner antreibt. Der Erzähler wiederum führt Wagners Misslingen sogar auf einen wohlwollenden Akt Gottes zurück: Gott habe alles so eingerichtet, damit Wagner von seinem Vorhaben ablassen könne (WB 35,21–36,3). Im Gegensatz zu Faust, den der Teufel von vornherein besessen zu haben scheint,[52] wird Wagner als Mensch gezeigt, der prinzipiell den rechten Weg einzuschlagen in der Lage ist. Von den

---

51 Vgl. zum Aspekt der sozialen Herkunft Ehrenfeuchter, Exempel.
52 Schon Fausts Wille, sich dem Teufel zu nähern, scheint von diesem beeinflusst zu sein; vgl. FB 35,11–13: „D. Faustus sprach zu jm: So hastu mich auch Besessen? Lieber sage mir die Warheit? Der Geist antwortet / Ja / warumb nicht?". Brüggemann (*Angst*, S. 226–229) sieht hier zu Recht das Problem der Willensfreiheit diskutiert.

Attributen Fausts – der Hochbegabung, dem Hochmut Gott und den Menschen gegenüber, der Wissbegierde und der Melancholie – ist bei Wagner allenfalls von der Schwermut etwas zu finden. Aber im Gegensatz zur Rolle der *desperatio* als unvergebbarer Sünde im *Faustbuch* kommt ihr im *Wagnerbuch* keine strukturell wichtige Stellung zu; sie wird zitiert, ist aber kein Interpretament des Textes.[53] Schon, was die genannten Ausgangspunkte anbelangt, zeigt sich das *Wagnerbuch* eher als eine Umschrift und Revision des *Faustbuchs* denn als dessen Fortsetzung.

Zur verbleibenden Handlung: Erst als Wagner als Arzt, der erlaubte Arzneien verwendet, gescheitert ist und nun mit unerlaubten Mitteln die Heiltätigkeit fortführt, beginnt er in faustischer Nachfolge zu handeln. Mittlerweile mit dem Famulus Claus Müller (WB 57,5) ausgestattet und durch Lektüre von Fausts Zauberbuch gut vorbereitet, beschwört Wagner den ihm bestimmten Dämon Auerhan erfolgreich und verschreibt sich ihm (WB 68,14–72,18).[54] Als Forderungen Wagners für den Pakt werden genannt: von übernatürlichen Angelegenheiten erfahren und unüberwindbar in Disputationen dastehen zu können, in Künsten unterrichtet zu werden, ein fliegendes Pferd als Transportmittel zu haben, um fremde Länder zu sehen, sich mit Frauen vergnügen sowie „wunderbarliche Possen" (WB 71,18) veranstalten zu können. Nach einigen Jahren betrügt Auerhan, der Wagner gänzlich in seiner Gewalt hat, diesen um 25 der 30 zugesagten Jahre. Auch der Geist des Nigromanten hat im Wagnerbuch einen anderen Charakter als im Faustbuch: Auerhan ist vertragsbrüchig und von vornherein durch eine ausgesprochene Aggressivität gekennzeichnet.[55]

Wagners Itinerar bilden Orte, die als Zentren magischen Wissens in Europa gegolten haben: Prag, Wien, Padua, Neapel und Toledo. Wagner lernt nun in magischen Angelegenheiten dazu und nutzt seine Kenntnisse wie Faust auch für schwankhafte Abenteuer. Er gewinnt in Padua einen Schüler mit dem Namen Johannes de Luna und wird dort als Magier verehrt. Von Toledo aus reist er nach Lappland, Amerika und China. Über die kanarischen Inseln wieder nach Toledo zurückgekehrt, sieht Wagner angesichts seiner zur Neige gehenden Zeit dem Lebensende entgegen. Doch die Versuche, mit Buße und Reue dem höllischen Jenseitsschicksal zu entkommen, sind vergeblich. Wagner verschenkt seine Bücher an Johannes de Luna. Der Geselle erhält sein Gut und bekommt einen Geist namens Cynabal zugeordnet. Wagners Ende gestaltet sich ähnlich wie das seines

---

53 Wagner verfällt nach dem Tod seines Herrn in Schwermut, weil er sein Schicksal in dem Fausts vorgeprägt sieht; er ist der Verzweiflung nahe (WB 40,16–20), entkommt ihr aber, anders als Faust, nach dem Zuspruch eines Freundes durch gelingende Buße, sodass er zunächst „ohn allen thadel" lebt (WB 41,21–42,5).
54 Dies ist der einzige Abschnitt des Buchs, der von Wagner selbst stammen soll.
55 Vgl. Mahal/Ehrenfeuchter, Nachwort, S. 329.

Lehrers: Den Körper Wagners finden die Gefährten nach dem Ablauf der von Auerhan zugebilligten Lebensfrist zerschmettert vor. Der Erzähler weiß zu berichten, dass Wagner seinen gerechten Lohn erhalten habe (WB 315,9–11).

Das *Wagnerbuch* beruht auf sehr verschiedenen Quellen, die in unterschiedlicher Weise genutzt werden und die mittlerweile gut erschlossen sind.[56] Dabei muss man zwischen faktischen Textvorlagen und expliziten Zitaten unterscheiden. Das Buch gibt sich gerne gelehrt, zitiert insbesondere antike Autoren, verweist aber auch auf Kirchenväter wie Augustinus und Gregor den Großen. Viele Quellen, die das Wagnerbuch ausschreibt, werden hingegen mit keinem Wort erwähnt. Dies gilt für die dämonologischen Bücher, aber auch für die genutzten Reiseberichte. Was den magisch-dämonologischen Diskurs anbelangt, so wird der *Arbatel* genauso genutzt wie Schriften Agrippas von Nettesheim, des Paracelsus oder Giambattista della Portas *Magia naturalis* (1589). Der *Wagnerbuch*-Autor greift ferner auf Johannes Weiers *De praestigiis Daemonum* zurück und auf Jean Bodins *Daemonomania* (in Fischarts Übersetzung). Für die Teile zu Amerika, Lappland und China nutzte er etwa Girolamo Benzonis Amerikareisebericht *Novae orbis novi historiae*, Caspar Peucers *Commentarius de praecipuis divinationum generibus* und Gonzalez Mendozas China-Buch.

Damit zum Konnex von Vigilanz, Superstitionssemiotik und Wissensvermittlung im *Wagnerbuch:* Vigilanz kann zunächst als Effekt expliziter auktorialer Aufrufe zur Wachsamkeit ob der Listen des Teufels thematisiert werden. Dieser Aspekt wird in der Vorrede des *Wagnerbuchs* erwartungsgemäß breit entfaltet: Die bereits erwähnte Zitation der mottohaft verwendeten Stelle aus dem Ersten Petrusbrief führt die Pflicht zur Wachsamkeit gebündelt zusammen. Bezeichnenderweise kehrt diese Stelle auch in der *Vermahnung an den gůthertzigen Leser* wieder (WB 72,19–90,4, hier 74,18–24). Die Faszination des Geschilderten wird dabei an die negative Exemplarizität mangelnder Wachsamkeit zurückgebunden: Wagner habe bei allem Treiben „seiner eigenen Seelen seeligkeit" vergessen (WB 74,3).[57]

Vigilanz wird aber auch in textinterner Kommunikation expliziert, wenn etwa eine Figur eine andere als abschreckendes Beispiel versteht. So hält sich Wagner vor Augen, dass es ihm genauso ergehen kann wie Faust (WB 40,1–11). Nach Wagners Verschreibung wird diese Befürchtung wahr, und Auerhan weist Wagner ausdrücklich darauf hin, dass dieser ja wusste, wie es seinem Lehrer ergangen sei: „du hast gesehen wie es deinem Herrn dem Fausto gangen / das hettestu dir sollen

---

56 Vgl. hierzu Mahlmann-Bauer, Wagnerbuch, und dies., Magie.
57 Der Warncharakter wird auch in diesem Abschnitt besonders für „junge Leute" betont, „die den Teuffel noch nicht recht kennen" (WB 89,20 f.).

lassen eine Warnung sein" (WB 90,19 – 21). Daraus, dass nicht Auerhan an Wagner herangetreten sei, sondern umgekehrt, leitet der Dämon zudem das Recht ab, Wagner noch weitaus schlechter zu behandeln, als Faust behandelt worden ist. Ein Exempel vor Augen gehabt und sich nicht daran gehalten zu haben, so auch die textexterne Lehre, ist verwerflich und dumm.

Schließlich kann Vigilanz in impliziter Aufmerksamkeitslenkung wirksam werden. So werden immer wieder Figuren wie Rezipienten aufgefordert, darauf zu achten, welche Anteile der geschilderten Handlungen natürliche Ursachen haben und welche dämonisch beeinflusst sind, also auf die Verwirrung der Zeichenrelationen durch eine dämonisch manipulierte Natur zurückzuführen sind. Dies zeigt sich besonders an den vielen schwankhaften Episoden, wofür ein Beispiel genügen möge: Im Kapitel „Wie Wagner auff der Thonaw führ mit seinen Gesellen" (WB 110,22 – 120,23) wettet der Held mit einem Kaufmann um Geld, dass es weitaus leichter möglich sei, ein Schiff mithilfe seines Affen flussaufwärts von Wien nach Regensburg zu bewegen als mit der üblichen Methode, Pferde das Schiff ziehen zu lassen. Sein Affe – nämlich Auerhan – beweist das zum Erstaunen aller Passagiere. Es erhebt sich unter den anwesenden Studenten eine Disputation über das Spektakel und dessen mögliche Erklärung durch unterschiedliche „Causas Physicas" (WB 114,21 f.): Manche plädieren für eine Sinnestäuschung; andere erwägen, dass Wagner als Astrologe eine ungewöhnliche Naturerscheinung prognostiziert und sich zunutze gemacht habe; einer hält einen Zauberspruch, der das Wasser rückwärts fließen lasse, für möglich; ein weiterer vermutet eine „naturalis Symphatia [recte: Sympathia]. Das ist eine heimliche verborgene zuneygung des Schifs mit dem Affen" (WB 117,17 – 19). Nur der Schiffsführer, der nichts von alledem versteht, bittet Wagner, bei nächster Gelegenheit das Schiff zu verlassen. Der Schwank weist sich geradezu als erzählter Meta-Diskurs zur Superstitionssemiotik aus: Weil der Leser längst im Bild ist, dass alle vom Dämon in Affengestalt betrogen wurden, erscheint ihm die Disputation kurios. Er steht in dieser Situation auf der Seite Wagners als klugem Schwankhelden, der mit seiner Klugheit einen satten Wettgewinn einstreichen kann. Hier ist Wagner der ganz nach dem *list*-Modell handelnde Protagonist, bei dem das rational verfolgte ökonomische Ziel die Affektivität überwiegt. Dem Abschnitt liegt dieselbe Superstitionssemiotik zugrunde wie dem *Faustbuch* und dem *Wagnerbuch* insgesamt: Dämonen können verschiedenerlei Gestalt annehmen und sind in der Lage, die menschliche Wahrnehmung und – vermöge ihrer tiefen Einsichten in natürliche Vorgänge – auch die Natur zu manipulieren. Wer das Spektakel, das die Teufel zu machen verstehen, nicht als teuflischen Betrug decodieren kann, zappelt bald im Netz des Teufels, dessen wirksamster Fallstrick die Zauberei ist.[58]

Was die Wissensfiguration anbelangt, so gibt es zwischen dem *Faust-* und dem *Wagnerbuch* einen erheblichen Unterschied: Das *Wagnerbuch* unterscheidet zwischen der *magia naturalis* und der *magia nigra* (Nigromantie, Schwarzkünstlerei) und somit zwischen erlaubtem und unerlaubtem Wissen sowie den entsprechenden Künsten. Darin kommt es mit zeitgenössischen Diskursen überein, die in Teilen naturmagisches Denken als erlaubte Erforschung der Natur ansehen.[59] So wird in der bereits erwähnten *Vermahnung an den gůthertzigen Leser* allen jenen, die Krankheiten heilen, empfohlen, die Schriften anerkannter Autoren wie Galen oder Hippokrates zu studieren, sich ferner, wenn das nicht reicht, bei Theophrast umzuschauen, um überall das Wahre zu entnehmen und das Erlogene abzuweisen (WB 76,23–78,10). Viele Wissenschaften sind erlaubt: die Astrologie, die Optik und die Alchymie, über die an Beispielen dargelegt wird, dass sie erstaunliche Effekte haben und problemlos praktiziert werden könne (WB 83,5–86,7). Einer längeren Musterung jener Künste, von denen behauptet wird, sie seien „natůrlich" und hätten „ire gewisse Vrsachen", so dass sie jeder „mit gůtem Gewissen" ausüben könne (WB 88,12–20), folgt am Schluss des Kapitels noch einmal die Mahnung vor den unerlaubten, teuflisch inspirierten Künsten, statt derer man „in der wahren natürlichen Magica studiren" solle (WB 90,1f.). Das Beweisziel des Abschnitts liegt also nur zu einem geringen Teil in der Warnung vor teuflischer List.

Faktisch liefert das *Wagnerbuch* für das erlaubte Wissen genauso wie für das unerlaubte bzw. die jeweils ermöglichenden Künste mehr oder weniger ausführliche Beschreibungen und zumindest grobe Anleitungen.[60] Auch zu vermeidende Praktiken will der Erzähler durch „etliche exempel vermelden / nicht der meinung das es jemand gebrauchen oder nach thun solt / sondern das man nur deß Teuffels betrug vnd verblendung darauß sehen möchte" (WB 44,11–15). Darunter sind die Aufzählungen von mantischen Praktiken bis hin zur Abbildung der Formel Abracadabra (WB 48,1–11), deren Nutzung auf einem Schriftstück Krankheiten heilen und apotropäische Wirkungen haben soll.

---

58 In Einklang mit der Dämonologie seiner Zeit definiert das Wagnerbuch die „Schwartzkünstlerey" als „eine spitzfindige teuffelische kunst / von dem sie denn auch jhren vrsprung erfindung / vnnd erhaltung hat" (WB 3,8–11).
59 Vgl. hierzu Friedrich; *Künste;* Mahlmann-Bauer, Magie; Scholz Williams, Magie.
60 Vgl. Mahlmann-Bauer, Magie, S. 155, die dem Wagnerbuch attestiert, dass „die Grenze zwischen rechter und falscher Magie diffus" bleibt.

Dass Belehrungen durch einen Dämon mit Vorsicht zu genießen sind, wie das *Faustbuch* es mit einigen dreisten Lügen des Mephostophiles gezeigt hat,[61] wird in einem Kapitel des *Wagnerbuchs* (WB 184,11–201,5) durch den Mund des Dämons selbst deutlich: Auerhan unterscheidet dort die natürliche Magie, die lediglich „Menschenbossen vnd Affenwerck" sei (WB 186,8f.), von einer anderen, „wahre[n] Magia", die „gantz vber die Natur" sei, „weil man keine Vrsach erfinden kan / welche die Wirckung herfür bringen" (WB 186,14–20). Auerhan verändert nicht Gegenstandsbestimmung und Abgrenzung der *magia naturalis*, wohl aber deren Bewertung, indem er diese als erlaubt, diejenige „vber die Natur" jedoch als geboten präsentiert. Zusammen mit dem direkt anschließenden Kapitel (WB 201,6–211,20) findet der Leser hier eine Dokumentation verschiedener Mantiken und magischer Praktiken, die sich von der Einbettung in teuflische Figurenrede zu lösen scheint – allerdings meldet sich dann doch immer wieder der diabolische Sprecher zurück, so dass die Wertungsperspektive insgesamt veruneindeutigt wird.[62]

Das *Wagnerbuch* zeigt also in Bezug auf die Formierung des Wissens ein durchaus differenziertes Bild. Es erzählt eine Teufelsbündnergeschichte, die wie im Vorgängerwerk gnadenlos mit dem Tod des Antihelden und dem (in beiden Fällen übrigens kaum zu bezweifelnden, aber nicht explizit geschilderten) Jenseitsschicksal in der Hölle endet. Es erzählt Abenteuer schwankhafter Art und Eindrücke von Reisen in ferne Länder, in denen nur gelegentlich von magischen Praktiken oder Dämonen die Rede ist. Die theologisch eingezogene Grenze von erlaubten Praktiken, die auf natürlichen Zusammenhängen beruhen, und unerlaubten Praktiken, bei denen die Dämonen die Hand im Spiel haben, wird dabei zwar nicht explizit, in der Darbietungsweise aber doch verschoben. Das einzige Wissen außerhalb jeder theoretischen oder praktischen Nachahmbarkeit bleibt dasjenige über die Teufelsbeschwörung selbst.[63] Was heißt all dies in Bezug auf den hier in den Blick genommenen Komplex aus Vigilanz, Superstitionssemiotik und der Poetologie des Wissens?

---

61 In besonders krasser Form geschieht dies in Kapitel 22, in welchem der Teufel Faust gegen das Buch Genesis darüber belehrt, die Welt und die Menschen hätten seit jeher existiert (FB 48,23–30), was durch auktoriale Einleitung und Randglosse doppelt als falsch markiert wird.
62 Auerhan weist des öfteren darauf hin, dass die vorgestellten Praktiken zwar durchaus ‚funktionieren', aber gerade nicht als Resultat der menschlichen Ausübung der entsprechenden ‚Künste', sondern weil Dämonen dies vortäuschen, indem sie im Hintergrund die entsprechenden Wirkungen hervorbringen. Vgl. WB 202,22–203,4; 205,3–9; 206,4–10; 206,18f.; 209,7–11; 209,21f.; 210,6f. und 16.
63 In dieser Hinsicht hält der Autor des *Wagnerbuchs* das in der Vorrede gemachte Versprechen, alle „Coniurationes vnnd beschwerung des Wagners [...] wissentlich aussengelassen" zu haben, um „fürwitzigen Leuten" keine Anleitung zu geben (WB 19,7–14).

4 Resümee

Das Handlungsschema der Teufelsbündner- und Nigromantengeschichte ist *Faust-* und *Wagnerbuch* gemein. Beide Protagonisten bedienen sich eines teuflischen Dieners. Sie nutzen ihren Dämon, um bisher verborgene oder schlicht unbekannte Dinge kennenzulernen, aber auch um mit anderen Menschen auf vielfältige Weise in Interaktion zu treten, – sei es als Arzt, als Konkurrent in Händeln der Nigromantenzunft oder als erfolgreich verspottende Schwankhelden. Die Teufelsbündner geraten dabei fast nie in die Nähe echten Schadenszaubers, sondern unterhalten mit *Gauckelwerk*. Neben die Verzauberung der Sinne durch Illusionen treten ein epikureisches Leben mit Gastmählern und sexuellen Ausschweifungen sowie Reiseerfahrungen, die nur mit dämonischer Hilfe möglich sind. Beide treibt die Wissbegierde in die Welt, – wobei ihnen nur das Wissen über transzendente Räume, die Befriedigung der vertikalen *curiositas*, verwehrt bleibt.[64] In dieser Hinsicht sind Faust und Wagner übrigens eindeutig keine mittelalterlichen Protagonisten mehr. Für mittelalterliche Leser und Zuhörer von Visionsberichten sind die Ausflüge der Protagonisten in Himmel, Hölle, Fegefeuer Erfahrungen, denen man im Akt des Lesens und Zuhörens nachfolgt. In Faust- und Wagnerbuch werden sie als diabolische Vorspielungen denunziert oder in die Weiten der erfahrbaren Welt, bis nach Amerika und Lappland, verlagert.

Im *Faustbuch* verschreibt sich ein gelehrter Theologe aus falscher Wissbegier dem Teufel. Das einzige Wissen, das er durch die Verschreibung erhält, ist dasjenige von der Nigromantie selbst, dessen Inhalt aber nicht ausgebreitet wird. Das *Wagnerbuch* zeigt hingegen einen Helden aus prekären Verhältnissen, der nicht aus Wissensgier in die Nigromantenlaufbahn gelangt, sondern um einen sozialen Aufstieg zu erwirken.[65] Dieser Figur erschließt sich eine große Vielfalt an Wissen und mit ihr auch dem Publikum. Allerdings werden die Grenzen zwischen erlaubtem und unerlaubtem Wissen jeweils anders gezogen: Im *Faustbuch* scheint um den erlaubten Kern eines enzyklopädischen Realwissens eine rigorose Mauer gezogen, über die weder die Faustfigur noch die Rezipienten schauen sollen. Alles andere Wissen erhält einen Warnhinweis. Im *Wagnerbuch* hingegen unterliegt die theoretische Neugierde sowie magisches und mantisches Wissen keinem Tabu; in einigen Teilen steht die wissensvermittelnde Funktion deutlich im Vordergrund.[66]

---

64 Vgl. zur Unterscheidung horizontaler von vertikaler *curiositas* Moltzen, *Curiositas*, S. 9–11.
65 Dies hat besonders Ehrenfeuchter, Exempel, herausgestellt.
66 Nach Ehrenfeuchter, Wissensvermittlung, S. 354 f., machen die entsprechenden Passagen etwa ein Drittel des Gesamttextes aus.

Die Grenze zum Unerlaubten wird im *Wagnerbuch* jenseits des Wissens von natürlichen Wirkzusammenhängen gezogen. Nur das Übernatürliche gilt als unerlaubt, wobei jedoch das Unerlaubte zugleich von der Superstitionssemiotik betroffen ist: Phänomene, die nicht auf natürliche Ursachen und Wirkungen zurückzuführen sind, können von den Dämonen manipuliert oder auch nur suggeriert sein. Dabei werden im *Wagnerbuch* allerdings die Abgrenzungen der erlaubten von den unerlaubten Künsten zusehends unklar.

Ein weiterer Aspekt betrifft die Bindung des Wissens an die Protagonisten: Das im *Faustbuch* inszenierte Wissen lässt sich als Figurenwissen begreifen, das mühsam verschiedenen Aspekten der Figur zugeordnet und entsprechend im Handlungsgang vom Teufelspakt über die Weltbeschreibung und die Abenteuer des Schwankhelden bis hin zum Ende des sündhaft in die *desperatio* verwickelten Teufelsbündners verteilt ist. Das *Wagnerbuch* folgt nicht einem derartigen Strukturprinzip; in seiner Episodenfolge manifestieren sich andere Ordnungsmuster, vor allem Cluster, die nach Wissensbereichen gegliedert sind und zu dämonologischen, kosmologischen, geographisch-ethnologischen Schwerpunkten zusammengefügt sind.[67] In dieser Konstellation erfährt ausgerechnet der relativ ungebildete Famulus Wagner lauter Dinge, die er gar nicht wissen wollte, während der Wissbegierde des gelehrten Doktor Faust enge Grenzen gesetzt sind.

Indem Faust diese Grenzen zu überschreiten sucht und sich dazu – wissend und doch unvorsichtig – mit dem Teufel einlässt, wird er zur negativen Exempelfigur im Horizont des in Paratexten und kommentierenden Passagen massiv artikulierten Vigilanzappells. Im Prinzip gilt Ähnliches auch für die Hauptfigur des *Wagnerbuchs* – allerdings werden entsprechende Wertungen und Warnungen hier weit seltener und weniger strikt artikuliert. Zudem ist das exponierte Wissen im *Wagnerbuch* nicht nur weniger eng an den Protagonisten gebunden, sondern im Gegensatz zum *Faustbuch* auch nicht an eine hohe Selbstreflexivität der Figur gekoppelt, die letztlich wie bei Faust in die Aporie der *desperatio* münden würde: Die mangelnde Vorsicht vor der teuflischen Gefahr kippt bei Faust in ein übersteigertes Gewahrwerden der eigenen Sündenschuld, das die Beobachtung und Beurteilung des Sünders durch Gott bereits vorwegnimmt. Die ausweglose Zirkularität eines Bewusstseins größter Schuld, die von transzendenter Erlösungsmöglichkeit ausgeschlossen scheint, führt zur Gefangenschaft in einer ‚Gewissenshölle', die jedoch zugleich auch als Vorschein neuzeitlicher Subjektivität

---

[67] Vgl. zu den Textblöcken und den Motivierungen wissensvermittelnder Passagen im *Faustbuch* Ehrenfeuchter, Wissensvermittlung, S. 356–358.

verstanden werden kann.[68] So gesehen zeichnet sich auf der Folie des traditionellen, transzendent abgesicherten moralischen Vigilanzappells bereits die neuzeitliche Furcht vor einer im Ungrund des Ichs sich rettungslos verlierenden Selbstreflexion ab.

Gut 200 Jahre nach den beiden Historien findet der zu Beginn zitierte Autor eine Antwort auf diese Furcht nurmehr um den Preis der Mystifizierung, wenn er seinen Faust im letzten Akt einer Tragödie einfach als von vornherein und grundlos Erlösten zeigt.

Literaturverzeichnis

Primärliteratur

Augustinus, Aurelius: *De doctrina christiana*. Hrsg. von Josef Martin. Turnhout 1962 (Corpus Christianorum. Series latina 32).

Augustinus, Aurelius: *Werke*. Bd. 3,8: *Der Gottesstaat. De Civitate Dei*. In deutscher Sprache von Carl Johann Perl. 2 Bde. Paderborn [u. a.] 1979.

Faustbuch. In: *Romane des 15. und 16. Jahrhunderts*. Nach den Erstdrucken mit sämtlichen Holzschnitten. Hrsg. von Jan-Dirk Müller. Frankfurt am Main 1990 (Bibliothek der frühen Neuzeit 1), S. 829–986 (Text), S. 1319–1430 (Kommentar).

Johann Wolfgang von Goethe: *Faust*. 2 Bde. Hrsg. von Albrecht Schöne. Bd. 1: *Texte*. Bd. II: *Kommentare*. Fünfte, erneut durchgesehene und ergänzte Auflage. Frankfurt am Main 2003.

Historia von D. Johann Fausten. Text des Druckes von 1587. Kritische Ausgabe. Hrsg. von Stephan Füssel und Hans Joachim Kreutzer. Stuttgart 2006 (RUB 1516).

Das Wagnerbuch von 1593. Hrsg. von Günther Mahal und Martin Ehrenfeuchter. Bd 1: Faksimiledruck des Exemplars der Bayerischen Staatsbibliothek München, Sign.: Rar. 798. Bd. 2: Zeilenkommentar, Nachwort und Register. Tübingen/Basel 2005.

Weier, Johannes: *De praestigiis daemonum. Von Teuffelsgespenst, Zauberern vnd Gifftbereytern, Schwartzkünstlern, Hexen vnd Vnholden* […]. Deutsch von Johann Füglin. Frankfurt am Main: Basseus 1586. Exemplar der Staats- und Stadtbibliothek Augsburg, Sign.: 4 HV 475, https://www.digitale-sammlungen.de/de/view/bsb11215290?page=,1 [letzter Zugriff: 03.08.2022].

---

68 Vgl. hierzu die weiterführenden Überlegungen zum Thema Melancholie und Gewissen von Brüggemann, *Angst*, S. 197–200, sowie zu dem von der Forschung verschiedentlich schon behandelten Thema einer Konzentration auf das eigene Ich bei Faust als Anzeichen einer bereits neuzeitlichen Identität (ebd., S. 219–231). Damit eventuell verbundene konfessionsbezogene Fragen, etwa zum (angeblich strengen) lutherischen Hintergrund des Faustbuchs, sollten neu diskutiert werden, können hier aber nicht weiter thematisiert werden.

Sekundärliteratur

Adamik, Tamás: Zur Terminologie und Funktion von Augustinus' Zeichentheorie. In: *Acta Antiqua Academiae Scientiarum Hungaricae* 29 (1981), S. 403–416.

Ahn, Gregor: Grenzgängerkonzepte in der Religionsgeschichte. Von Engeln, Dämonen, Götterboten und anderen Mittlerwesen. In: ders./Dietrich, Manfred (Hrsg.): *Engel und Dämonen. Theologische, anthropologische und religionsgeschichtliche Aspekte des Guten und Bösen.* Akten des Gemeinsamen Symposiums der Theologischen Fakultät der Universität Tartu und der Deutschen Religionsgeschichtlichen Studiengesellschaft am 7. und 8. April 1995 zu Tartu. Münster 1997, S. 1–48.

Auteri, Laura: Widerspruch als konstitutives Element der Wissensvermittlung in literarischen Texten des späten 16. Jahrhunderts (Fischart, Rollenhagen, ‚Historia von D. Johann Fausten, Wagnerbuch'). In: Lienert, Elisabeth (Hrsg.): *Poetiken des Widerspruchs in vormoderner Erzählliteratur.* Wiesbaden 2019, S. 319–329.

Bamberger, Gudrun: *Poetologie im Prosaroman. Fortunatus – Wickram – Faustbuch.* Würzburg 2018 (Poetik und Episteme 2).

Baron, Frank: *Der Mythos des faustischen Teufelspakts: Geschichte, Legende, Literatur.* Berlin/Boston 2019.

Benz, Maximilian: *Gesicht und Schrift. Die Erzählung von Jenseitsreisen in Antike und Mittelalter.* Berlin/New York 2013.

Berns, Jörg Jochen: Frühformen des Seriellen in Theaterpraxis und Erzählliteratur des 15. bis 17. Jahrhunderts. In: Giesenfeld, Günther (Hrsg.): *Endlose Geschichten. Serialität in den Medien.* Hildesheim [u.a.] 1994, S. 12–24.

Böcher, Otto: Art. ‚Dämonen (,böse Geister'), IV (Neues Testament)'. In: *Theologische Realenzyklopädie.* Bd. 8. Berlin/New York 1981, S. 279–286.

Bockmann, Jörn: Vision und Exempel. Gattungskontext und Sinnvermittlung von Visionsexempeln im ‚Großen Seelentrost'. In: *Jahrbuch des Vereins für niederdeutsche Sprachforschung* 137 (2014). S. 7–28.

Bockmann, Jörn: *Figuren des Diabolischen. Studien zur niederdeutschen Erzählliteratur des Mittelalters.* Berlin/Boston 2022 (Quellen und Forschungen zur Literatur- und Kulturgeschichte 80 [314]).

Bockmann, Jörn/Gold, Julia: Kommunikation mit Teufeln und Dämonen. Eine Einleitung. In: dies. (Hrsg.): *Turpiloquium. Kommunikation mit Teufeln und Dämonen in Mittelalter und Früher Neuzeit.* Würzburg 2017 (Würzburger Beiträge zur Deutschen Philologie 41), S. 21–44.

Brüggemann, Romy: *Die Angst vor dem Bösen. Codierung des ‚malum' in der spätmittelalterlichen und frühneuzeitlichen Narren-, Teufel- und Teufelsbündnerliteratur.* Würzburg 2010 (Epistemata 695).

Classen, Albrecht: New knowledge, disturbing and attractive. ‚The Faustbuch' and the ‚Wagnerbuch' as witnesses of the early modern paradigm shift. In: *Daphnis* 35 (2006), S. 515–535.

Daxelmüller, Christoph: Teufelspakt. Gestalt und Gestaltungen einer Idee. In: Möbus, Frank [u.a.] (Hrsg.): *Faust. Annäherungen an einen Mythos.* Göttingen 1995, S. 11–20.

Ehrenfeuchter, Martin: ‚Es ward Wagner zu wissen gethan'. Wissen und Wissensvermittlung im ‚Wagnerbuch' von 1593. In: ders. (Hrsg.): *‚Als das wissend die meister wol'. Beiträge zur Darstellung und Vermittlung von Wissen in Fachliteratur und Dichtung des Mittelalters* *und der frühen Neuzeit*. Walter Blank zum 65. Geburtstag. Frankfurt am Main [u. a.] 2000, S. 347–368.

Ehrenfeuchter, Martin: ‚Das ich bey jederman in grossem ansehen sey'. Ein Exempel gesellschaftlichen Scheiterns im ‚Wagnerbuch' von 1593. In: *Faust-Jahrbuch* 2007/08, S. 191–207.

Friedrich, Udo: ‚das wir selber künste könen erdencken'. Magiediskussion und paracelsisches Wissen im ‚Wagnerbuch'. In: Dilg, Peter (Hrsg.): *Neue Beiträge zur Paracelsus-Forschung*. Stuttgart 1995 (Hohenheimer Protokolle 47), S. 169–193.

Fuhrmann, Daniela: Diabolische Einsicht. Zum Mehrwert des Teufels im ‚Wagnerbuch' (1593). In: Eming, Jutta/dies. (Hrsg.): *Der Teufel und seine poietische Macht*. Berlin/Boston 2021, S. 157–180.

Füssel, Stephan: Die literarischen Quellen der ‚Historia von D. Johann Fausten'. In: Auernheimer, Richard/Baron, Frank (Hrsg.): *Das Faustbuch von 1587. Provokation und Wirkung*. München/Wien 1991, S. 15–39.

Geerlings, Wilhelm: *Augustinus. Leben und Werk. Eine bibliographische Einführung*. Paderborn [u. a.] 2002.

Goetz, Hans-Werner: *Gott und die Welt. Religiöse Vorstellungen des frühen und hohen Mittelalters*. Teil 1, Bd. 3: IV: *Die Geschöpfe: Engel, Teufel, Menschen*. Berlin 2016.

Götz, Roland: Der Dämonenpakt bei Augustinus. In: Schwaiger, Georg (Hrsg.): *Teufelsglaube und Hexenprozesse*. München 1987, S. 57–102.

Könneker, Barbara: Faust und Wagner. Zum literarischen Phänomen des Außenseiters in der deutschen Literatur des 16. Jahrhunderts. In: Iwasaki, Eijiro (Hrsg.): *Begegnung mit dem ‚Fremden'. Grenzen, Traditionen, Vergleiche*. Akten des VIII. Internationalen Germanisten-Kongresses, Tokyo 1990. Bd. 11. München 1991, S. 13–39.

van der Laan, James/Weeks, Andrew (Hrsg.): *The Faustian Century. German Literature and Culture in the Age of Luther and Faustus*. Rochester 2013.

Mahal, Günther: Zum ‚Wagnerbuch' von 1593. Ein Werkstattbericht. In: ders.: *Faust. Untersuchungen zu einem zeitlosen Thema*. Neuried 1998, S. 157–162.

Mahal, Günther/Ehrenfeuchter, Martin: Nachwort. In: *Das Wagnerbuch von 1593*. Hrsg. von Günther Mahal und Martin Ehrenfeuchter. Bd. 2: *Zeilenkommentar, Nachwort und Register*. Tübingen/Basel 2005, S. 323–368.

Mahlmann-Bauer, Barbara: Magie und Wissenschaften im ‚Wagnerbuch' (1593). In: von Greyerz, Kaspar (Hrsg.): *Religion und Naturwissenschaften im 16. und 17. Jahrhundert*. Gütersloh 2010, S. 141–185.

Mahlmann-Bauer, Barbara: Das ‚Wagnerbuch' – ‚aemulatio' der Historia von D. Johann Fausten. In: Müller, Jan-Dirk/Hon, Jan (Hrsg.): *Aemulatio in der Literatur und Kunst der Frühen Neuzeit*. Berlin/New York 2011, S. 487–536.

Mahlmann-Bauer, Barbara: Art. ‚Wagnerbuch'. In: Kühlmann, Wilhelm [u. a.] (Hrsg.): *Frühe Neuzeit in Deutschland 1520–1620. Literaturwissenschaftliches Verfasserlexikon*. Berlin/Boston 2017. Bd. 6, S. 423–434.

Moltzen, Andrea: *Curiositas – Studien zu Alexander, Herzog Ernst, Brandan, Fortunatus, Historia von D. Johann Fausten und Wagnerbuch*. Hamburg 2016.

Müller, Jan-Dirk: ‚Curiositas' und ‚erfarung' der Welt im frühen deutschen Prosaroman. In: Grenzmann, Ludger/Stackmann Karl (Hrsg.): *Literatur und Laienbildung im Spätmittelalter und in der Reformationszeit*. Symposion Wolfenbüttel 1981. Stuttgart 1984, S. 252–271.

Müller, Jan-Dirk: Ausverkauf menschlichen Wissens. Zu den Faustbüchern des 16. Jahrhunderts. In: Haug Walter/Wachinger, Burghart (Hrsg.): *Literatur, Artes und Philosophie*. Tübingen 1992 (Fortuna vitrea 7), S. 163–195.

Münkler, Marina: Sündhaftigkeit als Generator von Individualität. Zu den Transformationen legendarischen Erzählens in der ‚Historia von D. Johann Fausten' und den Faustbüchern des 16. und 17. Jahrhunderts. In: Strohschneider, Peter (Hrsg.): *Literarische und religiöse Kommunikation in Mittelalter und Früher Neuzeit*. DFG-Symposion 2006. Berlin/New York 2009, S. 25–61.

Münkler, Marina: *Narrative Ambiguität. Die Faustbücher des 16. bis 18. Jahrhunderts*. Göttingen 2011 (Historische Semantik 15).

Neumeyer, Harald: Literaturwissenschaft als Kulturwissenschaft (Diskursanalyse, New Historicism, ‚Poetologien des Wissens'). Oder: Wie aufgeklärt ist die Romantik. In: Nünning, Ansgar/Sommer, Roy (Hrsg.): *Kulturwissenschaftliche Literaturwissenschaft. Disziplinäre Ansätze – Theoretische Positionen – Transdisziplinäre Perspektiven*. Tübingen 2004, S. 177–194.

Nöth, Winfried: *Handbuch der Semiotik*. Stuttgart ²2000.

Ohly, Friedrich: *Der Verfluchte und der Erwählte. Vom Leben mit der Schuld*. Opladen 1976 (Rheinisch-Westfälische Akademie der Wissenschaften, Vorträge G 207).

Ohly, Friedrich: Desperatio und Praesumptio. Zur theologischen Verzweiflung und Vermessenheit. In: Birkhan, Helmut (Hrsg.): *Festgabe für Otto Höfler zum 75. Geburtstag*. Wien 1976 (Philologica Germanica 3), S. 499–556.

Otto, Bernd-Christian: *Magie. Rezeptions- und diskursgeschichtliche Analysen von der Antike bis zur Neuzeit*. Berlin [u. a.] 2011.

Pollmann, Karla: *Doctrina christiana. Untersuchungen zu den Anfängen der christlichen Hermeneutik unter besonderer Berücksichtigung von Augustinus ‚De doctrina christiana'*. Freiburg/Schweiz 1996 (Paradosis 41).

Ruhberg, Uwe: Zur narrativen Integration enzyklopädischer Texte am Beispiel des Faustbuchs von 1587. In: Eybl, Franz M. [u. a.] (Hrsg.): *Enzyklopädien der Frühen Neuzeit*. Tübingen 1995, S. 64–80.

Sarna, Evelyn: *Literarische Inszenierungen des Bösen in der Frühen Neuzeit. Wagnerbuch (1593–1601), Faustbuch (1587–1598), Widmans „Warhafftige Historien" (1599)*. Mit einer Edition des ‚Wagnerbuchs' von 1593. Bamberg 2022 (Bamberger Germanistische Mittelalter- und Frühneuzeit-Studien 4).

Schmid, Wolf: *Elemente der Narratologie*. Berlin/New York ²2008.

Scholz Williams, Gerhild: Magie und Moral. Faust und Wagner. In: *Daphnis* 19 (1990), S. 3–23.

Scholz Williams, Gerhild: Der Zauber der Neuen Welt. Reise und Magie im 16. Jahrhundert. In: *The German Quarterly* 65 (1992), S. 294–305.

Simone, Raffaele: Die Semiotik Augustins. In: Volp, Rainer (Hrsg.): *Zeichen. Semiotik in Theologie und Gottesdienst*. München 1982, S. 79–113.

Vinken, Barbara: Art. ‚curiositas'. In: *Ästhetische Grundbegriffe. Historisches Wörterbuch*. Bd. 1. Stuttgart/Weimar 2000, S. 784–813.

Wittgenstein, Ludwig: Über Gewißheit. In: ders.: *Werkausgabe*. Bd. 8: *Bemerkungen über die Farben, Über Gewißheit, Zettel, Vermischte Bemerkungen*. Frankfurt am Main 1984, S. 113–257.

Julia Gold
„Wachen vnd betten alle stunden".
Inszenierungsstrategien von Vigilanz im *Einsiedler Meinradspiel* von 1576

Zu den Grundaxiomen christlicher Theologie gehört, dass der Teufel überall anzutreffen ist – gerade dort, wo man ihn nicht erwarten würde – und der Mensch dementsprechend unablässig gefährdet sei.[1] Ausgehend von der Versuchung Jesu durch den Teufel, von der die synoptischen Evangelien berichten (Lk 4,1–13; Mt 4,1–11; ‚Kurzversion': Mk 1,12 f.),[2] sind alle, die in der Nachfolge Christi stehen, ebenfalls einer solchen ausgesetzt – und sie müssen sich ebenso bewähren wie der Erlöser selbst. Seit jeher sind daher auch Heilige und Teufel eng miteinander verbunden, wobei die Heiligen aus dem unablässigen Kampf stets siegreich hervorgehen.[3] Anders gesagt: Der Heilige ist gerade wegen seiner Unbesiegbarkeit Zielobjekt teuflischer Peinigungen, wenngleich er wie kein anderer mit ‚Rüstung' und ‚Waffen' aufwarten kann. Als *exemplum fidei* und als *exemplum vigilis* bietet er dem Teufel[4] die Stirn. Teufelskampf und Exorzismus bestimmen sein Dasein[5] – beides ist als zentrales Erzählmotiv aus der Hagiographie kaum wegzudenken.[6] Besonders gilt dies für jene Heiligen, die sich wie Christus in der Wüste in Askese und Einsamkeit üben. Prominentestes Beispiel hierfür ist wohl der heilige Antonius, auf den zurückzukommen sein wird. Der asketisch und einsam lebende Eremit pflegt eine besondere Lebensweise, die sich nicht nur durch räumliche, sondern auch durch geistig-geistliche Abgeschiedenheit auszeichnet. Dabei ex-

---

1 Vgl. dazu Angenendt, Religiosität, S. 156: „Nur zu leicht betören und überlisten sie [die Teufel und Dämonen, J.G.] den Menschen, so daß es stetiger Wachsamkeit bedarf, um nicht unter ihren Einfluß zu geraten."
2 Vgl. dazu Dochhorn, Versuchung, S. 233–257.
3 Vgl. Goetz, *Gott*, S. 252: „Im Scheitern der Versuchung erweist sich gleichsam [ihre] Heiligkeit."
4 War einleitend von ‚dem' Teufel die Rede, wird der Beitrag im Folgenden von ‚den' Teufeln sprechen. Er trägt damit der Tatsache Rechnung, dass die analysierten Texte von Teufelshierarchien ausgehen und stets eine ganze Schar von Teufeln präsentieren, derer sich der Heilige erwehren muss. Zu den Teufelshierarchien vgl. Grübel, *Hierarchie*, womit im eigentlichen Sinne Teufelstypologien angesprochen sind.
5 Vgl. Angenendt, Heilige, S. 86.
6 Oder wie Flasch, *Teufel*, S. 186, es formuliert: „Jede siegreich überwundene ‚Versuchung' ergibt eine erbauliche Geschichte" (mit Bezug auf das antike Mönchtum und konkret auf den heiligen Antonius).

emplifiziert er freilich das allgemein Widerständige gegen weltliche Verführungen, mithin gegen die Anfechtungen des Teufels.

Insofern kann der Heilige für den Rezipienten hagiographischer Texte zum ‚Studienobjekt' für die angemessene Reaktion auf die unausweichliche Begegnung mit dem Bösen werden. Performativ gestaltet wird dieses hagiographische Erzählen, wenn es für die theatrale Inszenierung adaptiert wird: Teufel gehören als Akteure in den Geistlichen Spielen des Spätmittelalters und der Frühen Neuzeit zum Standardrepertoire.[7] Besonders gilt dies für Heiligenspiele, die seit der Mitte des 16. Jahrhunderts im Schweizer Raum entstanden. Für das heutige Gebiet der Schweiz lässt sich nämlich ausmachen, dass nach der Tridentinischen Reform eine ganze Reihe von Heiligenspielen entsteht, die man als „theatrale[] Hagiographie"[8] verstehen kann. Ehrstine betont, dass „[i]n der Gegenreformation […] etliche katholische Orte ihre katholische Identität durch die Aufführung bzw. Förderung von Spielen zu Ehren ihres jeweiligen Schutzpatrons zu stärken [suchten]".[9] Grundsätzlich bieten die Spiele dabei reiches Anschauungsmaterial für Gut und Böse, für vorbildliches und tadelnswertes Verhalten, für Göttliches und Teuflisches, mithin für die angesprochenen Teufelskämpfe, wobei die nunmehr vermehrte Heiligenspielproduktion den Anspruch erhebt, katholische Glaubensgrundsätze zu verifizieren und zu bekräftigen. Hoch ist die Teufelsfrequenz dabei vor allem in jenen Heiligenspielen, die unter dem Einfluss der Luzerner Theatertradition stehen.[10] Wie ein gegenreformatorisches Schweizer Heiligenspiel den Teufel und sein Wirken inszeniert, lässt sich vorzüglich am ‚Einsiedler Meinradspiel' Felix Büchsers (1576) untersuchen,[11] wobei die vorgeführten diabolischen Versuchungen mit der Darstellung vigilanten Handelns einhergehen. Das Spiel wirft dabei zugleich die Frage auf, wie sich der Rezipient zu dem auf der Bühne Visualisierten zu verhalten habe, und es bietet außerdem ganz konkrete Frömmigkeitspraktiken an, um den Fallstricken der Teufel zu entkommen. Exemplarisch gezeigt wird dies am heiligen Meinrad, der sich auch deswegen für die Diskussion der Fragestellung nach der Inszenierung von dia-

---

7 Allgemein zum Teufel im Geistlichen Spiel vgl. die Darstellung von Rudwin, *Teufel*. Zur literarischen Produktivität der Teufelsfigur im Mittelalter vgl. neuerdings Eming, *Verführung*, S. 17–32.
8 Ehrstine, Besprechung, S. 436.
9 Ebd., S. 436.
10 Vgl. dazu Greco-Kaufmann, Bedeutung; ferner grundlegend zur Luzerner Theatergeschichte Greco-Kaufmann, *Eere*.
11 Die Handschrift befindet sich unter der Signatur Cod. 1228 in der Stiftsbibliothek Einsiedeln. Zitatnachweise im Haupttext werden nach der Ausgabe von Gall Morel (Büchser, *Ein geistliches Spiel*) gegeben.

bolischer Vigilanz[12] eignet, weil mit ihm ein Eremitenheiliger[13] ins Zentrum des Spiels gerückt wird, der zur permanenten Zielscheibe teuflischer Angriffe wird. Er ist in außerordentlicher Weise umkämpft. Mehr als einmal ist der Heilige mehr tot als lebendig, womit eine fundamentale (diesseitige) Lebensgefahr visualisiert wird. Die Bedrohung durch die Teufel kann insofern als ganz existenzieller Kampf immer wieder aufs Neue theatral inszeniert werden.

Die folgenden Ausführungen skizzieren zunächst den Kontext sowie den Inhalt des Spiels und fokussieren dann die Frage nach den spezifischen Semantiken von Vigilanz, die dem Heiligenspiel eingeschrieben sind, denn das Spiel inszeniert – und dies im doppelten Wortsinn[14] – verschiedene Szenarien, die als Verhältnis von Wachsamkeit und Aufmerksamkeit beschrieben werden können. Dabei interessieren die textuellen ebenso wie die (impliziten) performativen Strukturen des Spiels.[15] Die diabolische Vigilanz des Spiels ist folglich auf zwei Ebenen zu betrachten: der spielinternen und der spielexternen. Ziel ist es, das ‚Einsiedler Meinradspiel' mit Hilfe der Beschreibungs- und Deutungskategorie der Vigilanz zu erschließen und gattungsspezifische Besonderheiten herauszuarbeiten. Abschließend wird auch danach zu fragen sein, was der dramatische Text im Kontext gegenreformatorischer Diskurse zu leisten vermag und ob eine konfessionelle Perspektivierung von Vigilanz unterstellt werden kann.

---

[12] Unter diabolischer Vigilanz wird im Rahmen dieses Aufsatzes ein zwischen Teufel, Mensch und Gott gespanntes Netz von Wachsamkeits- und Beobachtungsverhältnissen verstanden, in dem der Teufel als Agens fokussiert wird, dabei freilich stets in Wechselbeziehungen eingebunden ist. Der Heilige als von Gott begnadeter Mensch zeichnet sich in diesem Netz durch seine besonders enge Beziehung zu Gott wie durch eine gewisse Nähe zum Teufel aus. Auf die Gattung ‚Spiel' (bzw. konkret auf das ‚Heiligenspiel') bezogen, muss Wachsamkeit, im Sinne des lateinischen Wortes *vigilantia* (vgl. Diefenbach, *Glossarium*, S. 619) spielintern vom Heiligen und von allen Menschen immer wieder aktualisiert werden – sei es durch verschiedene im Text genannte und performativ umgesetzte Frömmigkeitspraktiken oder, auf spielexterner Ebene, durch das Schauen des Geistlichen Spiels selbst. Die Teufelsfiguren des Spiels hingegen scheinen unablässig bereit zu sein; sie sind weder unaufmerksam noch schlafen sie. Dass dies auch für die spielexternen Teufel gilt, wird dabei angenommen und in den Pro- und Epilogen fixiert.
[13] Zur Inszenierung von Heiligkeit im ‚Einsiedler Meinradspiel' vgl. Dietl, Saint.
[14] Gemeint ist damit einerseits die Inszenierung auf Textebene, das heißt die Textstrategie, die ein spezifisches Bild von Wachsamkeit und Aufmerksamkeit evoziert, und andererseits die theatrale Inszenierung, die Wachsamkeitsszenarien auf der Bühne entwirft, um den Rezipienten zu affizieren. Der doppelte Wortsinn bezieht sich folglich auf die narrative Inszenierung sowie auf die aufführungspraktische Gestaltung, die sich aus dem Text erschließen lässt.
[15] Zum Begriff der impliziten Performativität vgl. Toepfer, Performativität, S. 106–132.

1 Grundlagen des Spiels

Das ‚Einsiedler Meinradspiel' dramatisiert die Legende[16] des heiligen Meinrad, der im 9. Jahrhundert auf der Insel Reichenau erzogen und dort Priester wurde. Er lebte als Einsiedler zunächst auf dem Berg Etzel und dann im ‚Finsteren Wald'; am 21. Januar 861 wurde er von Räubern ermordet. Am Ort der Meinradzelle entstand 934 das Kloster Einsiedeln. Seit dem 10. Jahrhundert wurde Meinrad als Märtyrer verehrt und schließlich im Jahr 1039 kanonisiert. Verschiedene Legendenfassungen seit dem 9./10. Jahrhundert sind überliefert; sie lassen sich in eine Ältere und eine Jüngere Vita unterteilen.[17] Seit Mitte des 15. Jahrhunderts beförderte der Buchdruck die Verbreitung der Meinradlegende. Kein geringerer als Sebastian Brant verantwortete 1496 den Druck der ersten lateinischen Passio.[18] Als Vorlage diente die Ältere Vita. Prätext für das ‚Meinradspiel' war hingegen jene Fassung der Legende, die der Dekan und spätere Abt von Einsiedeln, Ulrich Wittwiler,[19] verfasst und 1567 in der Freiburger Offizin Stephan Grafs zum Druck gebracht hatte.[20] Der Spieltext hat sich in einer Papierhandschrift erhalten, die in der Stiftsbibliothek Einsiedeln aufbewahrt wird. Wie sich einem Tagebucheintrag des Einsiedler Abtes Adam Heer (Amtszeit 1569–1585)[21] entnehmen lässt, wurde das Spiel vom „kunstrichen meyster Felix Büchser bildhauer zu Einsydlen (mit Hilff hern Dechens [Wittwiler, J.G.] der Im die heylig geschrifft darum gezeigt)

---

16 Insofern handelt es sich um ‚dramatische Narration'. Hierin liegt auch ein Ausgangspunkt für die Betrachtung des Dramas als einer mehr oder weniger narrativen Gattung, oder anders: als einer Gattung, die generische Interferenzen erkennen lässt. Im vorliegenden Fall scheinen diese vor allem dort auf, wo der Spieltext mit ausgedehnten Monologen arbeitet und überdies von nicht minder ausführlichen Regieanweisungen flankiert wird. Als klar funktional gebundene Rede erzeugen diese Regieanweisungen einen narrativen Kontext für die Figurenrede. Der Text präsentiert sich insgesamt als legendarisches Erzählen auf der Bühne, aber auch „mehr oder weniger deutlich als Erzählung von einer – als gegenwärtig, zukünftig oder vergangen gesetzten – Aufführung" (Weimar, *Regieanweisung*, S. 252). Die epischen Regieanweisungen sind im Präsens gehalten und erzeugen so eine Gleichzeitigkeit von sprachlicher Ebene und Handlungsebene. Das Spiel greift auf narrative Strukturen zurück, die es aus der Legende bezieht, und amalgamiert sie mit einer performativen Komponente, die dem Drama eignet.
17 Zu den lateinischen und deutschen Legenden vgl. einführend Klein, Meinrad; zur Überlieferung vgl. ferner Dietl, Einsiedeln, S. 213–216. Überliefert sind die Texte sowohl als Einzellegende als auch als Teil großer Legendensammlungen.
18 *Passio sancti Meynrhadi martyris et heremite.*
19 Zu Wittwiler vgl. Meyerhans, Wittwiler.
20 Wittwiler, *Sanct Meynrhats Läben*.
21 Vgl. zu Adam Heer von Rapperswil Henggeler [u. a.], *Professbuch: Äbte*, Nr. 37: http://www.klosterarchiv.ch/e-archiv_professbuch_aebte.php?id=37.

gestelt".²² Das knapp 3700 Verse umfassende Spiel ist auf zwei Tage angelegt und wurde am Magdalenen- und dessen Folgetag (22./23. Juli 1576) auf einem umfriedeten Areal des Klosters aufgeführt:

> 1576 Uff sant Mariä Magdalenä festtag der am sontag war vnd daruff den Montag ward zu Einsydlen im Gotzhuß in der Herren garten sant Meinrats vnsers heyligen anfengers vnd patronen ganz leben vnd marter durch den wirdigen Conventh vnd waldlüth gespylet[.]²³

Szenisch inszeniert wird die exemplarische Lebensführung des heiligen Meinrad von der Kindheit bis zu seinem Tod. Vita und Passio („ganz leben vnd marter") führen eine Vielzahl von Teufeln, deren Verführungs- und Peinigungsstrategien sowie ihre menschlichen Handlanger vor. Die Handlung nimmt sich dabei in einer Klimax von vorbildlichem Leben und noch vorbildlicherem Sterben Meinrads auch als Steigerung teuflischer Aktivitäten aus.

1.1 Aufbau und Struktur

Die zweitägige Handlung des ‚Einsiedler Meinradspiels' besteht aus in sich geschlossenen Einzelszenen, die wiederum zwei in sich geschlossene Handlungen präsentieren. In den meisten Fällen werden Aktangaben gemacht, die zudem über musikalische Einlagen informieren (beispielsweise „Musica. Hieruff brucht man die Musicam. vnnd endet der erste Actus"; S. 24). Demnach ist der erste Spieltag in neun Akte von unterschiedlicher Länge unterteilt, die durch vier Vorreden und einen Epilog gerahmt werden. Der zweite Spieltag wartet mit elf Akten, drei Vorreden und einem Epilog auf. Die Aufteilung auf zwei Spieltage entspricht dabei der inhaltlichen Strukturierung der Meinradlegende in Leben und Tod.

Das Spiel beginnt nach dem Auftritt mehrerer Prologsprecher (erster Narr, Herold, Schildbub und zweiter Narr) mit der Entscheidung der Eltern, ihre Kinder „zu synem [Gottes, J.G.] dienst inpflantzen" zu wollen (S. 9) und ihren besonders frommen fünfjährigen Sohn Meinrad auf die Reichenau zu geben. Die Teufel beklagen sich über das auserwählte Kind. In einem „Intermedium oder Mittelspil" („für den dritten act"; S. 28) wird gewissermaßen als theatrale Kontrasterzählung die Gegenfigur zu Meinrad eingeführt, die den sprechenden Namen Uli Bösbub trägt. Als separates Spiel im Spiel präsentiert das Intermedium mit Uli einen menschlichen Teufel, der alle denkbaren Laster in sich vereint und an dem eine absolute Teufelsverfallenheit und -hörigkeit visualisiert wird.

---

22 Zit. n. Büchser, *Ein geistliches Spiel*, S. 122. Zu Büchser vgl. Marti-Weissenbach, *Büchser*.
23 Zit. n. Büchser, *Ein geistliches Spiel*, S. 122.

Nach seiner theologisch-geistlichen Ausbildung auf der Reichenau wird Meinrad, mittlerweile zwanzigjährig, Lehrer in der Zella in Oberbollingen. Dort, wie überhaupt im Leben, soll er „ein gut Exempel geben" (S. 36). Bei einem Spaziergang besucht er den Berg Etzel und den ‚Finsteren Wald' und beschließt, fortan ein Einsiedlerleben zu führen.[24] Vergeblich versuchen die Teufel, ihn von diesem Entschluss abzubringen. Meinrad baut sich eine Hütte im Wald; bald darauf kommen die ersten Pilger sowie ehemalige Mitbrüder. Meinrad beschließt, sich noch weiter in den Wald zurückzuziehen. Was dem Wüstenvater Antonius, dem Meinrad nacheifern will, die Wüste ist, ist für ihn der ‚Finstere Wald'. Wie „die helgen Vätter gut" – gemeint sind jene Wüstenväter, die er später auch benennt: Paulus, Makarius, Antonius –, die es „den helgen Aposteln machten glich" (S. 44), will er die Welt verlassen und Christus nachfolgen, und wie sie bewährt er sich als „Ritter" (S. 4 und 79) gegen die Angriffe des Bösen.[25] Er bezieht seine neue Bleibe, unterstützt von der Äbtissin aus Zürich, die Zimmerleute für den Bau der Klause geschickt hatte. Damit endet der erste Spieltag.

Der zweite Spieltag beginnt mit Meinrad und einem (ehemaligen) Mitbruder, die auf dem Weg zu Meinrads neuer Klause sind. Auf dem Weg finden sie ein Nest mit Raben und nehmen es mit. Die Tiere werden fortan treue Begleiter des Heiligen und nach seinem Tod zu Verfolgern der Täter, die durch sie entlarvt werden. Während Meinrad seine neue Klause bezieht, bricht im Intermedium Uli Bösbub einen Marktstand auf und stiehlt das Geld, das er dort findet. Sein Verhalten ist Ausweis eben jener Fallstricke des Teufels,[26] vor denen Ulis Frau ihn explizit warnt. Inständig bittet sie ihn: „Volg ihm nit meh" (S. 67), damit die göttliche Rache ihn nicht treffe. Dadurch offensichtlich zu weiteren Untaten angestiftet, zündet Uli schließlich den Stand an. Mit Utensilien, die zuvor die Teufel ver-

---

[24] Zunächst geht er nicht allein; Schüler begleiten ihn. Der Fokus liegt freilich von nun an auf einem Vokabular von Einsamkeit, Zivilisations- und Kulturferne: „wüeste" (S. 39), „wyld", „Wildtnus" „Wyldin" (S. 40) etc. Meinrad sieht hierin die Möglichkeit, die „wunder ding" (ebd.), d. h. die Wunder göttlicher Schöpfung, wahrnehmen zu können. Potenzielle Begegnungen mit dem Teufel scheint er nicht zu befürchten; vielmehr warnen ihn Begleiter, man könne auf „grymme Thier vnd wylde Schwyn" (S. 42) treffen. Die Gefahren der Wildnis sind zunächst ganz ‚natürliche', doch deutet die angesprochene „grosse[] gfahr" (S. 43) bereits auf das monströse Erscheinen der Teufel voraus. Dass sich Meinrad trotz der Warnungen nicht vom doppelt semantisierten Fischen in „wylden wasseren" (S. 43) abhalten lassen will, ist klar: Der Menschenfischer scheut keine Gefahr; er verbreitet das göttliche Wort und steht für seinen Glauben ein. Mit einem Gebet begibt er sich in Gottes Schutz (vgl. S. 43–45).

[25] Das Spiel macht durch sein spezifisches Vokabular deutlich, dass Meinrad *miles Christi* ist, und zwar im Leben wie in Sterben und Tod.

[26] Kurz vor Ulis Lebensende werden diese Fallstricke nochmals konstatiert: „Vom Sathan alles böß erdacht | In sine strickh vnnd banden bracht" (S. 112).

wendet hatten („Schwäbel, bulfer, bäch"; ebd.), geht er dabei zu Werk. Das im Innern zurückgelassene Kind der Marktleute erstickt.[27]

In der neuen Klause attackieren die Teufel Meinrad zunehmend bis an den Rand des Todes. In diesem Moment der existenziellen Bedrohung erhält Meinrad göttlichen Beistand, der in Gestalt eines Engels erscheint und die Teufel vertreibt. Da die Teufel vergeblich versucht haben, Meinrad zu verführen, beschließen sie, ihm wenigstens physisch zu schaden[28] und überdies Raubmörder auf ihn anzusetzen. Ein Engel bereitet Meinrad auf seinen nahenden Tod vor. Freundlich begrüßt Meinrad seine Mörder, die auf der Suche nach materiellen Reichtümern sind. Er isst mit ihnen, bevor sie ihn erschlagen. Erst danach stellen sie fest, dass in der Klause keine Reichtümer zu holen sind. Als sich die Kerzen in der Klause wie von Geisterhand entzünden, der Duft der Heiligkeit sich entfaltet und die Raben Meinrads sie zu attackieren beginnen, erkennen die Mörder, dass sie Unrecht getan haben. Die Teufel triumphieren. Die Raubmörder fliehen, verfolgt von den Raben, nach Zürich, werden jedoch bald darauf gefasst und zum Tod durch Schleifen, Rädern und Verbrennen verurteilt. Zuletzt kommt der Tod und ergreift Uli Bösbub. Die Teufel treten auf, vierteilen seinen Leichnam, spießen den Kopf auf und verschwinden mit dem fragmentierten Körper jubelnd in der Hölle, um ihn zu rösten und zu braten (S. 115).[29] Der Tod warnt und mahnt das Publikum, dass stets mit ihm zu rechnen sei. Mit einem Epilog endet der zweite Spieltag.

1.2 Heiligkeitsinszenierung und die Teufel

Das linear konzipierte Spiel präsentiert die Meinradvita von Kindheit an. Wenn die Eltern ihren Sohn ins Kloster geben, so folgen sie damit der bereits vollzogenen göttlichen Erwählung, deren sichtbarer Ausweis die gottgefällige Kindheit und der vorbildliche Gehorsam gegenüber den Eltern ist. Grundlagen für Meinrads Dienst an Gott sind, dies steht von Beginn an fest, Wachsamkeit und Gebet.

---

[27] Das inszenierte Gottvertrauen des Krämers nimmt sich dabei pragmatisch aus: „S'Kind hatt das ehwig leben | Gott Kahn dir wol ein anders geben" (S. 68).
[28] Mithin wird dabei auch das animalische Potenzial der Teufel sichtbar: Sie wollen ihn „zerkratzen, würgen bissen" (S. 71); das „ṽbel schyssen" (ebd.) dagegen mag eher auf krankheitsdämonischen Einfluss hindeuten.
[29] Für den Hinweis, dass mit dem Vierteilen und Braten eben jenes Schicksal auf die Bühne gebracht wird, das Zwingli nach dessen Tod 1531 ereilte, danke ich Cora Dietl. Die menschliche Teufelsfigur Uli wird so gesehen mit dem ‚Teufel Zwingli' engeführt. Ulis Tod ist dann auch als katholische Invektive gegen den Reformator und seine Lehre zu verstehen.

Meinrads Mutter formuliert es als allgemeingültiges, von Gott selbst gegebenes Gebot:

> In sinem dienst lehrt vns der herr,
> Wachen vnd betten alle stunden
> Das wir nit werden v̇berwunden [...].
>
> (S. 9)

Unaufhörliche Wachsamkeit und unablässiges Gebet schützen vor der Sünde; dass Meinrads Leben von Beginn an ein so gestalteter ‚Gottes-Dienst' ist, beklagen die Teufel des Spiels, und sie beschließen, ihn zu versuchen. Der ‚Dienst' ist dabei doppelt semantisiert, meint er doch einerseits den geistlich-spirituellen Dienst, andererseits aber auch – nimmt man die den Text durchziehende Kampfmetaphorik hinzu – den Waffendienst des Kriegers im Streit gegen Sünde und Unglauben.

Wie für literarische Heiligkeitsinszenierungen erwartbar, zeigen sich bereits gleich zu Beginn des Spiels auffällige Parallelen zwischen Christus und Meinrad. Luzifer weiß:

> Gott hat ihm vsserkhoren
> Ein Kind, von einem Graffen erboren,
> Das solt mit Gott ehwig leben
> Dem sönd ihr alzyt widerstreben,
> Vnnd ihm sin fürsatz znüten machen
> Mit bschiß vnd trug in allen sachen [...].
>
> (S. 25)

Nicht nur das Auserwähltsein von Beginn an, auch die adlige Herkunft tragen zu Meinrads Christusähnlichkeit bei.[30] Das Kind scheint die „Steigerungsformel" von hohem sozialem Rang und noch größerer *virtus* und Heiligkeit zu verkörpern.[31]

---

30 Bereits seit frühmittelalterlicher Zeit existiert ein Christusbild, das die *nobilitas Christi* betont und einem spezifischen Selbstbild des Adels Rechnung trägt. Für das Spätmittelalter konstatiert Schreiner, Legitimation, S. 401, dass sich die Autoren, die vom Adel Christi sprechen, „einer Begrifflichkeit [bedienen], die sozialen Rang und geistliche Vollkommenheit miteinander verbindet." Christus, so die zeitgenössische Argumentation, habe die Menschen als *filius nobilium* erlöst; es handle sich um eine „Wahlverwandtschaft[] zwischen dem Wesen des menschgewordenen Gottessohnes und der Eigenart des weltlichen Adels" (ebd.). Eine solche Verbindung von Adel, Tugend und Christusannäherung scheint auch im ‚Meinradspiel' mitgedacht zu sein.

31 Angenendt, Heilige, S. 99, mit Verweis auf die wohl zuerst bei Hieronymus auftauchende Formel „nobilis genere, sed multo nobilior sanctitate". Vgl. auch Schreiner, Legitimation, S. 401. Für Meinrad gilt aber auch die *nobilitas sanctorum*: Sie „erinnert an die adlige Abstammung von

Proleptisch weist Luzifer außerdem darauf hin, dass Meinrad mit Gott in Ewigkeit leben wird. Der Oberteufel weiß von der Vorherbestimmtheit des Kindes und befiehlt seinen Unterteufeln, den göttlichen „fürsatz" zu sabotieren. Darin zeichnet sich ein Kampf zwischen Gott und seinem (per se unterlegenen) Widersacher ab, der darauf aus ist, das (vermeintlich) schwächste Glied in der Kette, nämlich den Menschen, mit unlauteren Mitteln („bschiß vnd trug") von Gott abzubringen.

Dass Meinrad in diesem Kampf ein würdiger Gegner der Teufel ist, machen immer neue textuell und performativ aufgerufene Bilder deutlich, die im weiteren Verlauf des Spiels den Christusbezug Meinrads herstellen, mehr noch: Meinrad christusanalog präsentieren. Dies gilt zum einen für die von seinem Geist[32] initiierte Abgeschiedenheit von der Welt:

> Da thet sin Geist ihnn wytter kheeren,
> In der wyldtnuß sucht er ein öde stat
> Deß dann sin Geist verlangen hat [...].
>
> (S. 5)

Von diesem Zeitpunkt an plagen die Teufel Meinrad, wobei die Peinigung durch die Teufel in der Abgeschiedenheit eines *locus desertus* die Nähe zu Mt 4,1 anzeigt: „DA ward Jesus gefürt in die wüste vonn dem geyst / auff das er vom Teüfel versücht würde."[33] Zwar haben die Teufel Meinrad, wie das Publikum bereits weiß, seit seiner Kindheit beobachtet; ihre Machenschaften treten aber nun erst im Spiel sichtbar hervor.

Zum anderen gilt die christusanaloge Inszenierung Meinrads für die Tischszenen, die im gemeinsamen Essen die Assoziation des Abendmahls evozieren,[34]

Heiligen, die mit den Wertvorstellungen und Lebensformen ihres Standes radikal gebrochen haben, um [...] Gott zu dienen" (ebd., S. 402). Diskutiert wird die Frage im ‚Meinradspiel' gleich zu Beginn, wenn Meinrads Vater seine Räte um ihre Meinung bittet, ob Meinrad ins Kloster gegeben werden soll; vgl. die Stellungnahmen der Räte: „Die Göttlich forcht vor allen dingen | Thet sich gar wol sym adel zimmen" (S. 11) und „Sin adelich gmüeth thut sich schon neigen | Gotzforcht vnd thugent anzuzeigen" (S. 12).

32 Das Possessivpronomen deutet auf Meinrads Geist hin. Bereits hier wird der Primat des Geistes über den Körper sichtbar.

33 Die Bibelzitate folgen soweit nicht anders angegeben der von Büchser (und Wittwiler) verwendeten ‚Dietenberger Bibel'.

34 Vgl. v. a. S. 53. Neben dem Vaterunser als Gebet empfiehlt Meinrad wie Christus das Fasten und Almosengeben (Mt 6,1–18); vom in der Bibel angemahnten Verborgensein dieser Frömmigkeitspraktiken ist im Spiel freilich nicht die Rede. Was in Meinrads ‚Innerem' geschieht, versucht das Spiel in Soliloquien zu vermitteln (S. 16: „Iezt redt Meinradt mit sich selbst"; S. 56: „spricht mit sich allein" u.ö.). Die Vermittlung der Lehre gegen die Anfechtungen der Teufel hingegen soll aber auch für die Fischfangszenen, in denen Meinrads Schüler fischen gehen und darin den Aposteln gleichen. Mithin sind sie dergestalt als missionarisch tätige ‚Menschenfischer' gekennzeichnet, die das göttliche Wort verkünden und neue Anhänger rekrutieren. Christusähnlich und heiligengemäß sind schließlich auch Sterben und Tod selbst. Meinrads Ende wird als plötzlich und erwartet zugleich inszeniert, und wie Christus fürchtet er sich davor. Dass er dabei Christusworte spricht, vervollständigt das Bild. Mehr noch: Die auf den Tod bezogenen Christusworte rahmen Meinrads Leben. Bereits im Akt der Erwählung durch seinen Vater, aus dem nach seiner Ansicht Gott spricht (vgl. S. 16), betet Meinrad:

> Din will geschech, O herr mit namen
> Ich ůbergib es dir allessamen,
> In den starckhen gwalt diner hend[.]
>
> (S. 19)

Das bereits angesprochene Wachen und Beten wird in der Rede des Vaters an den kleinen Meinrad dahingehend konkretisiert, dass dieser von seinem Sohn einfordert, in den Prozess der Selbsterkenntnis einzutreten und sich in dessen Folge nicht (mehr) selbst zu vergessen:

> Dins wandels, solt alzit war nehmen
> Dich selbst in allen dingen Kennen, [...].
> All zit lehr dich selbs wol erkhennen
> Dardurch wirst du Khönnen abnemmen,
> Din nichtigkheit vom fleisch geboren [...].
>
> (S. 14 f.)

Hier ist das Selbsterkennen vor allem auf die Physis bezogen. Mit dem Erkennen geht das Wissen um die eigenen physisch bedingten Schwachstellen einher, die durch einen spezifischen „wandel[]" sichtbar werden. Letztes Erkenntnisziel ist dabei die „nichtigkheit" des Körpers und die daraus resultierende Zuwendung zum Geistigen und zu Gott. Meinrad folgt den väterlichen Worten mit dem Ziel, wie er sagt, „[d]as ich dwelt laß" (S. 16). Meint er damit zunächst nur die klösterliche Abgeschiedenheit, so wird er später zum Eremiten und zuletzt zum Märtyrer.

Was aber geschieht, wenn trotz oder gerade wegen der Wachsamkeit und Selbsterkenntnis des Heiligen die Teufel ihr Spiel treiben (und dies wiederum im doppelten Wortsinn)?

---

anscheinend nicht durch etwas Verborgenes konterkariert werden. Ähnliches gilt für das diabolische Treiben (s. u.).

2 Exemplarische Wachsamkeits- und Beobachtungsszenarien

Die Frage nach diabolischer Vigilanz im ‚Meinradspiel' zielt in zwei Richtungen: Bezogen ist sie zum einen auf die Wachsamkeit, mit der die Teufel bereits den kleinen Meinrad beobachten, stets bereit, ihn zu versuchen und zur Sünde zu verführen. Zum anderen schließt sie aber auch die wachsame Beobachtung des Teufels und seiner Machenschaften ein, die der Mensch ununterbrochen an den Tag legen muss, um sich vor dessen Einfluss zu schützen. Eng verbunden ist die letztgenannte Wachsamkeit mit dem eschatologischen Wachsamkeitskonzept, das den Christusworten aus Mt 25,13 eingeschrieben ist: „Darumb so wachet / dann jr wisset weder den tag noch die stunde." Dies zeigt die folgende Szene, in der das Spiel Meinrads Vorbildlichkeit, sein Wissen und die Weitergabe dieses Wissens an eben diesen Vers bzw. an das diesem vorausgehende Gleichnis knüpft.

2.1 Wachsamkeit als Leitmotiv Meinrad'scher Unterweisung

Wenngleich sich Meinrad auf der Bühne nicht durch eine exzessive Predigttätigkeit auszeichnet – dies im Gegensatz zu einem Großteil der protestantischen Spiele der Zeit –, so formuliert er zum Schutz vor der Sünde und den Teufeln doch eine an seine Mitbrüder (und an das Publikum) adressierte kurze und eingängige geistliche Tugendlehre. Diese zielt bezeichnenderweise auf das Leitmotiv der Wachsamkeit – und damit zugleich auf die Selbstbeobachtung:

> Gloubend alle zyt in Gott
> Das ander ist ouch sin gebott,
> Das v̇ch die lieb zusamen halt
> Wider D'sünd, vnd allen Tuffels gwaldt,
> Sind nüechter, wacker alle stundt
> Damit so dann der Brückham Kundt,
> Das v̇werr Amplen brunnend schon
> Mit ihm zur Hochzit mögend gahn,
> Ee das die thür werd bschlossen
> Vnd ihr da vssen werden glossen [...].
>
> (S. 49)

Ausgehend vom neuen Gebot der Liebe (Joh 13,34) mündet Meinrads Rede in den Appell, bei klarem Verstand („nüechter") und wachsam („wacker") zu sein, um sich den Fallstricken[35] des Teufels entziehen zu können. Der Rezipient erkennt darin auch den Kontrast zu den Teufeln des Spiels, die er gerade nicht „nüechter" erlebt hat. Luzifer sagt über sich selbst: „[...] min hertz ietzund für war | Tobt, vnd ist vnsinnig gantz vnnd gar" (S. 25). Von Tobsucht und Verstandlosigkeit sind die Teufel also affiziert, und überhaupt zeichnen sie sich durch ein nicht vorhandenes ‚Affektmanagement'[36] aus. Mit dieser Unbeherrschtheit korrespondiert eine Unberechenbarkeit, die als teuflisches Signum ausgewiesen wird. Konsequent ist insofern der Meinrad'sche Verweis auf die Folgen einer unbeständigen Wachsamkeit. Hergestellt wird der kausale Zusammenhang von teuflischer Anfechtung und erforderlichem Bereitsein durch das Anzitieren des prominenten Gleichnisses von den klugen und törichten Jungfrauen (Mt 25,1–13), und zwar pointiert auf die abschließende Lehre bezogen, die Christus erteilt, und auf den notwendigen Blick im Leben auf den Tod, dessen Eintritt ungewiss ist. Nicht allein das irdische Dasein und die Vergänglichkeit menschlichen Seins werden damit betont. Ostentativ herausgestellt wird auch, dass es ein Zu-spät gibt („Ee das die thür werd bschlossen | Vnd ihr da vssen werden glossen"), sprich: dass in Sünde zu sterben heißt, nicht das Seelenheil des Himmels, sondern die Seelenqual der Hölle zu erwerben.[37] Neu erscheint es mit Blick auf das biblische Gleichnis, die Wachsamkeit auf des „Tuffels gwaldt" in der Welt zu beziehen. Bedenkt man die angesprochene eschatologische Dimension des Sprechens, so ist dies freilich nur folgerichtig.

Festzuhalten bleibt schließlich, dass die Verweisstruktur der Meinrad'schen Tugendlehre eine doppelte ist: Sie lenkt den Blick auf den biblischen Text und legitimiert sich durch höchste Autorität; außerdem gibt sie zu erkennen, dass das im adhortativen Sprechgestus vorgetragene Ideal von klarem Verstand und Wachsamkeit in Meinrads Vita (und im Schauen derselben) erfüllt wird. Denn wie sich der Mensch zu präparieren habe, führt Meinrad exemplarisch und damit gleichermaßen verbindlich vor.

2.2 Der Mensch als Agent des Teufels

Das ‚Meinradspiel' kennt drei menschliche Figuren, die als Antagonisten des Heiligen fungieren. Kontrastiert wird die Vorstellung Meinrads in einem „Intermedium oder Mittelspil" mit jener des Uli Bösbub, der seinem sprechenden Na-

---

[35] So spricht Astaroth ganz explizit von „strickh inlegen" (S. 26; vgl. auch S. 28, 47 u. ö.).
[36] Dies in Variation des von Kasten, Ritual, S. 357, verwendeten Begriffs „‚Emotionsmanagement'".
[37] Darauf verweist auch der Herold in seinem Prolog zum zweiten Spieltag (S. 62).

men gemäß das inkarnierte Böse darstellt und in dieser Funktion als Verführer anderer auftritt. Diese Figur hat Büchser wohl anderen zeitgenössischen Spielen entnommen;[38] in der Meinradlegende hat sie keine Entsprechung. Mehr als es die Legende tut, akzentuiert das Spiel damit die diabolisch-menschlichen Gefahren in der Welt. Uli beobachtet seine Mitmenschen, sieht ihre Schwachstellen und setzt zur Verführung an. Als „negatives Spiegelspiel"[39] konzipiert, kreuzen sich die beiden Handlungsstränge nicht, das heißt: Meinrad und Uli begegnen sich nie. Uli erscheint dabei als Gegenpol zu Meinrad; er ist der – zunächst erfolglose, dann aber erfolgreiche – Verführer zur Sünde, die in Lügen, Müßiggang, Glücksspiel und Diebstahl konkretisiert wird. Die von der älteren Forschung als „meist unmotivierte Zwischenspiele"[40] bezeichneten Uli-Szenen präsentieren damit eine menschliche Teufelsrolle, welche die Funktion besitzt, die Anfechtungen in der Welt durch einen Agenten des Teufels auszustellen. Für Uli selbst werden auch die Vergehen der Brandstiftung und fahrlässigen Tötung virulent. Wie ein solches Verhalten zu bewerten ist, wird auf Handlungsebene von den Eltern sowie auf einer von der Handlung separierten Kommentarebene durch die Narrenfigur explizit gemacht.

Inszeniert wird dabei auch, wie die Eltern ihre Kinder beobachten und in ihnen anhand charakterlicher Dispositionen göttliche Gnade[41] oder das inkarnierte Böse erkennen. Meinrads Vater weiß:

> Ich glaub das er ein sondere gnad,
> Von Gott habe empfangen [...]
> Vnnd wie ich spür an synem wesen
> Wirt ihnn Gott zum diener vßerkhiesen.
>
> (S. 9)

Mit ebendieser göttlichen Gnade ist Meinrad (wie jeder, der sich an ihm ein Beispiel nimmt) imstande, „den Tuffel [zu] binden" (S. 60) – so zumindest formuliert es der Epilogsprecher des ersten Spieltags.

Ulis Mutter hingegen erkennt in ihrem Sohn nichts Gutes: „Verwendt, verrucht, zu allem Bösen | O Gott, du wellest mich erlösen" (S. 31). Analog zur vä-

---

38 Der dritte Akt stellt sich dabei als ‚Erziehungsspiel' dar, das einen gehorsamen Knaben mit einem ungehorsamen (Uli Bösbub) kontrastiert. Wie auch für die Figur des Todes mögen hier Wickram (‚Knabenspiegel' 1554) und/oder Rasser (‚Kinderzucht' 1574) Pate gestanden haben.
39 Braun, Einsiedler, S. 525.
40 Baechtold, Geschichte, S. 251.
41 Der Vater formuliert: „So dunckt mich keins vnder allen | Das mir besser thüe gfallen, | Weder Meynradt der noch junge Knab | Ich glaub das er ein sondere gnad, | Von Gott habe empfangen" (S. 9).

terlichen Charakterisierung Meinrads nimmt ihre Rede auch sein Lebensende vorweg:

> Ann dir muß ich erleben
> Das du dem Henckher ann dhend wirst geben [...]
> Er wirt dich züchtigen an dem galgen.
>
> (S. 30)[42]

Nachdem die Mutter Uli einen Stock nachgeworfen und dieser anscheinend die Szenerie verlassen hat, ändert sie ihre Blickrichtung. Sie spricht fortan zu Gott – und zum Rezipienten: „Schauw zu, wie was deß Grafen sohn | Vernünfftig in der Jugent schon" (S. 31). Das bedeutet freilich auch, dass das exemplarische Vorführen ihres Sohnes, der Figur des menschlich Bösen, zeitlich enthoben ist und nicht auf Handlungsebene parallel verläuft. Das präteritale *was* zeigt mit Blick auf Meinrad ein vergangenes Geschehen an, wobei der Rezipient im Hier und Jetzt der Apostrophe dieses Vergangene vergegenwärtigen soll. Uli hingegen, der im „widerspil" (S. 31) gezeigt wird, ist davon losgelöst, und zwar sowohl räumlich als auch zeitlich. Neben der Handlung um die Figur des Uli, die in ihrem exemplarischen Charakter als zeitlose Kontrasterzählung angelegt ist, treten zwei weitere menschliche Agenten des Teufels auf: die Mörder Meinrads. An ihnen visualisiert das Spiel, dass die Teufel den Menschen im Blick haben und seine Schwachstellen kennen. Einer der Mörder, Richard, gibt nach der Tat eine recht präzise Analyse ihres Handelns: „blind vnnd thaub" seien beide gewesen; der Teufel habe sie verführt („Der böß fynd bracht vns vff die ban"), wobei der „eigen will" Antrieb gewesen sei (S. 88). Die Willensfreiheit ist folglich auch für den Teufel unhintergehbar. Sie macht den Menschen trotz diabolischer Beobachtung und Lenkung frei, sich gegen die Sünde und für Gott zu entscheiden. Dass die göttliche Strafe eine ewige ist, zeigt nicht zuletzt das teufelsgleiche Klagen darüber an: „O wee, wee, jamer, angst vnnd wee" (S. 87).[43]

---

[42] Theologisch gewendet bedeutet dies: Ohne „bicht" und „buoß", so der Schildbub im Prolog des zweiten Tages, ist er des Teufels (S. 63). Auch der Narr kommentiert die Schandtaten Ulis: „Der Tüppel wirt dir gen den lohn" (S. 69).
[43] Vgl. u. a. Luzifer: „O wee Jammer" (S. 24); Satan: „O mordio, mordio jamer, angst vnd wee" (S. 25); Astaroth: „Eewige noth, jamer, angst vnnd wee" (S. 26).

2.3 Diabolische Beobachtung und ‚heilige Bewährung'

Dafür, dass sich Meinrad als Auserwählter Gottes bewähren und mithin die Lehre des Spiels vermittelt werden kann, sind, wie im Geistlichen Spiel üblich, die Teufel zuständig.[44] Nachdem der kleine, fünfjährige Meinrad auf die Reichenau gebracht worden ist, treten sie im zweiten Akt in Erscheinung. Durch ihre Initiative kommt die Handlung nun erst recht in Gang; sie ziehen im Hintergrund die Strippen und verleiten, wie gezeigt, Uli wie Meinrads Mörder zum Bösen.[45] Mit Klagen treten die Teufel auf,[46] doch werden diese rasch abgelöst von affektivem Gebaren. Ihre Handlungsmotivation gründet – glaubt man ihrer Rede – im Verlangen nach Rache.[47] Ewig rächen wollen sie sich für das Herausfallen aus der göttlichen Gnade (etwa S. 25: „Kein Gnad wirt nymmer sin") und für ihr Dasein in ewiger Verdammnis (etwa ebd.: „Ehwig verdampt").[48] Die Ewigkeit ihres Zustands bedingt die Ewigkeit des Gefahrenpotenzials für die Menschen. Dass sie damit jedoch zugleich ewige Narren sind, macht ein Teufel namens Dämon gegen Ende des Spiels explizit: Alle Teufel haben geschworen, „[m]it vnsern langen esels Ohren, | Wyder Gott zu leben alle zyt" (S. 116).[49]

Das Motiv der Rache ist es dann auch, das der Teufelsrede als Auslöser für die erste Schädigung Meinrads eingeschrieben ist.[50] Mit Blick auf das Sichtbarmachen einer solchen teuflischen Motivation ist zugleich eine Motivation des Spiels selbst benannt. Der dramatische Text lenkt den wachsamen Blick auf die diskursiven Hintergründe diabolischer Vigilanz.[51] Ursache und Wirkung stehen vor Augen. Luzifer weist dementsprechend seine Teufel an, den für Meinrad vorge-

---

44 Zu Teufelsfiguren in Schweizer Spielen, hier mit Bezug auf Luzern, vgl. Greco-Kaufmann, Bedeutung, S. 119–135.
45 Angesprochen werden Müßiggang, Glücksspiel und Diebstahl, aber auch Brandstiftung, fahrlässige Tötung und Raubmord.
46 Anders als in anderen Spielen sind diese Sprechtexte nicht so modelliert, dass Mitleid evoziert werden könnte; vgl. zum Konnex von theatralen Teufelsfiguren und Mitleid Gold, Mitleid.
47 Vgl. z.B. Satan: „Das wend wir rechen diser zyten" (S. 26); Astaroth: „Ein ieder Tüffel diß jamer räch" (ebd.). Traditionell spielt daneben auch Neid auf den Menschen, der die göttliche Gnade weiterhin besitzt und der den Platz bei Gott anstelle der Teufel eingenommen hat, eine ursächliche Rolle (vgl. S. 26, 28 u.ö.).
48 Wiederum anders als in anderen Spielen verlieren die Teufel hier kein Wort darüber, warum sie von Gott gestraft wurden.
49 Eine entsprechende Kostümierung mag dies visuell unterstrichen haben.
50 Rächen wollen sich die Teufel dafür, dass Meinrad ihnen Seelen abspenstig macht, indem sein gesamtes Leben „Gottesdienst" ist (S. 47).
51 Darüber hinaus scheinen produktionsästhetische Aspekte diabolischer Vigilanz auf, wenn das lärmende, stinkende und wilde Gebaren der Teufel sowie das Hinein und Hinaus aus der Hölle die Szenerie bestimmt.

sehenen göttlichen Plan zunichte zu machen und überdies auf Seelenfang zu gehen. Danach durchziehen Teufelsauftritte das gesamte Spiel. Gegenüber der Legende sind die Teufel in ihrem Erscheinen und ihrer Anzahl deutlich vermehrt. Ihre Vielzahl visualisiert nicht nur ihre (scheinbare) Überlegenheit im Kampf gegen den einzelnen Menschen, sondern auch die Vielfalt in Bezug auf ihren jeweiligen ‚Zuständigkeitsbereich':[52] Sieben Teufel (Luzifer, Satan, Astaroth, Beeltzibockh, Belial, Runtzifal und Pluto) treten in der ersten Teufelsszene auf und bekunden, um die Seele Meinrads – und die eines jeden Menschen – kämpfen zu wollen. So bekräftigt Satan, er wolle die Menschen das Böse lehren, so dass niemand vor Gott „grecht, fromb, vnd ohne sünd" (S. 26) sein könne. In den folgenden Teufelsszenen treten dann weitere Teufel hinzu, die Luzifer, dem ‚Oberteufel', beim Seelenfang behilflich sind: Berith, Tentator, Dämon, Mammon und Krutli. Dass es dabei um einen handfesten Kampf geht, macht nicht zuletzt das Kriegs- und Kampfvokabular deutlich, das den Teufelsreden eignet, etwa folgendermaßen: „Wir sönd vnns rüsten snell vnnd bald" (Beeltzibockh, S. 27); „[d]a [in der Hölle, J.G.] wend wir rüsten ordenlich" (derselbe, S. 28);[53] „[e]r [Meinrad, J.G.] ist noch Jung, muß mit mir fechten" (Tentator, S. 47).[54]

Der Rezipient wird Augen- und Ohrenzeuge, mit welchen Mitteln die Teufel ihr Ziel zu erreichen versuchen, nämlich ganz konventionell unter Einsatz der sieben Todsünden.[55] Die teuflisch proklamierte Heimlichkeit (S. 28: „Heimlich verborgen, vnnd mit list") ist freilich so heimlich nicht, denn die Intention des Spiels ist es ja gerade, das Verborgene offensichtlich zu machen. Nachdem jeder Teufel gesprochen hat, gehen alle gemeinsam in die Hölle zurück, um zu beratschlagen, auf welche Weise die Menschen am besten zu verführen seien.[56]

Dass das diabolische Treiben mit dem oben genannten aufmerksamen Wachen zusammenhängt, zeigt nicht zuletzt die Allusion auf ein weiteres einschlägiges Bibelwort: „Seit nüchtern vnd wachet / denn ewer widersacher der teuffel gehet vmb her / wie ein brüllender lewe" (1 Petr 5,8f.). Beeltzibockh fordert seine Genossen auf: „louffend mit mir in minem namen, | Vnd brüelend dartzuo wie die

---

[52] Zuständig sind die Teufel für die Verführung zur Sünde, die in den *peccati mortali* konkretisiert werden.
[53] Vgl. etwa auch S. 70 f.
[54] Auch Meinrad weiß um den beständigen Kampf, den es auszufechten gilt. Im Gebet formuliert er: „Du weist min stryt hie vff erden" (S. 48).
[55] Pluto will „[m]it Hoffart, Gyt, ihr leben fellen, | Mit vnküschheit, dem zorn, vnd fressery | Nyd, haß, vnnd tragheit ouch darby" (S. 27 f.).
[56] „So wend wir zu der helle fallen, | Vnnd alle Ding wol v̈berdenkhen | Wo wir die strickh an wellend hencken" (S. 28).

leüwen" (S. 28). Überhaupt kommen die Teufel mit Getöse daher.[57] Hier gilt, was Almut Schneider herausgearbeitet hat: „Solange er lärmt, ist der Teufel Teil der Welt."[58] Außer sich rasen sie aus der Hölle und versuchen das Haus umzustürzen, in dem Meinrad mit seinen Gefährten sitzt. Unterstützt durch Gestank und Feuer wollen sie den Heiligen heraustreiben. Das Spiel stellt zunächst sinnlich wahrnehmbare teuflische Strategien aus und macht die Höllenqualen, die durch Lärm, Gestank und Hitze bewirkt werden, in der Welt erfahrbar.[59] Hier nun tritt Meinrad erstmals als Teufelsbezwinger auf, dessen Strategie in Nichtbeachtung liegt. Zunächst freilich muss der Blick auf den direkten Auslöser für das teuflische Handeln – das Gebet – gelenkt werden. Das Sprechen mit Gott ruft die Teufel auf den Plan. Es ist dies ein kalkuliertes Paradoxon des Spiels: Einerseits sind unablässiges Wachen und Beten die Grundvoraussetzungen für göttlichen Schutz;[60] das Gebet ist innere Technik des Wappnens und Abwehrens. Andererseits ist das laut ausgesprochene Gebet im Spiel Auslöser für das Sichtbar- und Aktivwerden der Teufel – und gerade dieses Vor-Augen-Stellen ist erwünscht.

Als Meinrad und seine Begleiter bei einer Witwe einkehren, erkennt diese Meinrads göttliche Begnadung (S. 45: „By üch ich geistlichs leben spür"). Sie entlockt Meinrad das Bekenntnis, fortan als Einsiedler leben zu wollen. Hatte er dies zuvor bereits in einem als Gebet an Gott adressierten Monolog beschlossen, wird es nun durch das öffentliche Verbalisieren, aber auch durch die ganz praktische Zusage der Witwe, Meinrad in der Einöde mit Nahrung zu versorgen, zur Gewissheit. Nicht umsonst bezeichnet Tentator die Witwe als „schwartze Gluggerin", die er beim „vßbruoten" wähnt (S. 47). Die Witwe erkennt die Bestimmung Meinrads, verhilft ihm tatsächlich erst zur praktischen Umsetzung derselben und rettet in der Folge zahlreichen Menschen das Seelenheil. Als sich nun alle zum gemeinsamen Mahl niedersetzen und das Tischgebet sprechen, ruft dies die lärmenden, stinkenden, feuerlegenden Teufel herbei. Meinrad reagiert ungerührt und formuliert ein Gebot als strategischen Schutz vor teuflischer „Dück":

---

57 Zur akustischen Markierung der Teufel und des Teuflischen vgl. Schneider, Teufelsklang, S. 83–102.
58 Schneider, Teufelsklang, S. 102.
59 Die Regieanweisungen zeichnen dabei ein detailliertes Bild des Treibens: „Der Tuffel staht für die Thur lasst ein grossen lutten | Furtz mitt grossem gestanckh, schlicht vff allen vieren wider | hinweg, fröuwet sich der boßheit, dantzet mit synen gsellen [...]" (S. 47).
60 Dafür bieten schon die neutestamentlichen Texte zahlreiche Beispiele, man denke etwa an die Befreiung des Petrus durch einen Engel, die sich nur aufgrund des unablässigen Betens der Gemeinde ereignet (Apg 12,5).

> Pfuch, pfuch der Tüffel sin Dück nit lath
> Vff alles übel staht vnnd ghat,
> Wie er die alle Könn zerstreüwen
> Die sich in Gottes lob thund freüwen,
> Doch niemand sich soll kheren dran
> Ein ieder well sin hoffnung han,
> Zuo Gott dem herren innerlich[.]
>
> (S. 48)

Meinrads Wachsamkeitsappell besteht gerade darin, nicht auf die Teufel, sondern auf Gott zu schauen. Der Witwe und seinen Begleitern ist er personifizierte Wachsamkeit, die sich durch innere Gelassenheit und Hoffnung in Gott auszeichnet.[61] Und noch ein weiteres ist bedeutsam, denn Meinrad macht auch deutlich, dass er als Fürbitter Schutz für jene erlangen kann, die Almosen geben.[62] An die Witwe gewandt konkretisiert er:

> Darumb min liebe Frauw, sag ich,
> Gott geb üch hie vff erd den lohn
> Im himmel dort die ehwig Kron,
> Vmb spis vnnd tranckh zum essen
> Gwüß wil ich üwer nit vergessen,
> In mim gebet vor Gott dem herren [...].
>
> (ebd.)

Traditionelle Frömmigkeitspraktiken sind es also, die zu Gott hin- und damit von den Teufeln wegführen.[63]

Danach begibt sich Meinrad in die Wildnis, um als Einsiedler zu leben. Er baut sich eine kleine Hütte, und wiederum erscheinen die Teufel, die durch sein Gebet angelockt werden: „Buwet ihm selbs ein Hütlin, in dem bettet er, | so Kommend 3. Tüfel, lauffend vmb die Zell, ihne zu uersuchen" (S. 52). Nachdem die erste Taktik, nämlich die der Aufmerksamkeitsbündelung des Menschen auf allen sensorischen Ebenen, nicht erfolgreich gewesen ist, ändern die Teufel ihre Strategie.[64] Sie versuchen Meinrad, indem sie seine Treue zum Gebot der Nächsten-

---

[61] Mit dieser Hoffnung, die allein auf Gott gerichtet ist, ist mithin der Schutz des Heiligen Geistes angesprochen, der vor teuflischen Einflüssen bewahrt; vgl. auch die Rede der Witwe (S. 51).
[62] Bezeichnet werden diese Almosen im Folgenden als „werckh heiliger barmhertzigkeit" (S. 51).
[63] Im Gebet benennt Meinrad dann eine weitere Praktik, die im innerweltlichen Kampf gegen die (teuflisch hervorgerufenen) Sünden einzusetzen ist: das Fasten (S. 49).
[64] Zu ähnlichen teuflischen Strategien vgl. Gold, Kommunikation; zu den Facetten teuflisch-menschlicher Kommunikationsstrategien vgl. Bockmann/Gold, *Turpiloquium*.

liebe missbrauchen. Zu diesem Zweck platzieren sie einen durch einen Mordanschlag scheinbar zu Tode Verwundeten,[65] der in Wirklichkeit der Teufel Tentator ist, vor Meinrads Zellentür. Dieser erbittet von Meinrad flehend Hilfe und ein Begräbnis. Vorausgedeutet werden mag damit freilich wenigstens visuell bereits auf den Tod Meinrads, der alsbald in ähnlicher Weise niedergestreckt werden wird. So gesehen erzeugen die Teufel, wenngleich selbst nicht darüber im Bilde, in diesem Moment doch Zukunftswissen. Der teuflischen Instrumentalisierung der *caritas* und der damit verbundenen Gefährdung begegnet Meinrad mit der apotropäischen Geste des Kreuzzeichens: „Dauon flüchend die Tüfel hindan" (ebd.). Das Gebet ruft also abermals die Teufel herbei, der mit diesem Gebet einhergehende Schutzgestus vertreibt sie. Das Spiel inszeniert dergestalt die Meinrad'sche Dominanz über die Teufel und damit ihre Inferiorität.

Nacheinander besuchen ihn nun Pilger und ehemalige Mitbrüder; der Einsiedler ist einem regelrechten Publikumsverkehr ausgesetzt. Alle wollen sehen, wie Meinrad ein Leben im „heilgen ehrenstand" führt: „Ein Englisch, streng leben fuhren ir | Wie es dann sehen vnnd spüren wir" (S. 54). So ist der Heilige auf Handlungsebene nicht nur diabolischen, sondern auch menschlichen Beobachtungen ausgesetzt. Zugleich bedingt mit Blick auf die diskursive Funktion des Spiels eben dies seine Heiligkeit: Heilig ist nur der, den andere als heilig beglaubigen und dessen *memoria* in diesem Sinn gepflegt wird.[66] Beobachtungsphänomene sind insofern nicht nur für die Teufels-, sondern auch für die Heiligkeitsinszenierung konstitutiv – und zwar sowohl auf der Text- als auch auf der Rezeptionsebene.

Die Gefahr, die üblicherweise von der Wandelbarkeit der Teufel ausgeht, wird hier kurzzeitig im Spiel angedeutet, wenn einer der Teufel in der Gestalt eines Verwundeten auftritt. Doch scheint diese Gefahr durch das bewusste In-Szene-Setzen bereits eliminiert zu sein. Das Böse steht allen (auf der Handlungsebene Meinrad und seinen Mitmenschen, auf der Rezeptionsebene dem Publikum) offen vor Augen. Es geht folglich nicht darum, die Teufel als solche zu entlarven; funktionalisiert werden sie vielmehr für die Wahrnehmung und Darstellung ihres Gefährdungspotenzials sowie für die Heiligenstilisierung.

Nachdem der erste Spieltag der Vita Meinrads gewidmet war, folgt am zweiten Spieltag seine Passio, was eine deutliche Steigerung der diabolischen Beobachtungen und Anfechtungen bedeutet. Mit dem nahenden Lebensende verstärken die Teufel ihre Bemühungen, um den Heiligen doch noch wider den göttlichen

---

[65] Die schriftgelehrten Teufel scheinen hier das Gleichnis vom barmherzigen Samariter (Lk 10,30 – 37) zu alludieren.
[66] „Das wend wir alles rhüemen thun | Den vnsern Brüederen allen schon" (S. 54).

Plan für sich zu gewinnen. Dabei ist die Häufung des Verbums „luogen" augenfällig: „Darneben ich ouch luogen wil" (S. 69); „[...] schlichends heimlich vmb die zell, luogend vff S: Meinradt" (S. 70) und öfter. Dieser Intensivierung teuflischer Beobachtung entspricht freilich auch das sich wandelnde ‚Mengenverhältnis' in Bezug auf Meinrad. War er zuvor allein Kämpfer gegen die Teufel, so bekommt er nun ‚Hilfspersonal' an die Seite gestellt: Zwei Raben werden Meinrads treue Begleiter; sie werden die teuflisch manipulierten Akteure ihrer gerechten Strafe zuführen. Zudem steht Meinrad ein Engel im Teufelskampf bei.

Die Teufel haben nun erkannt, dass sie zwar nicht über die Seele des Heiligen verfügen, Meinrad aber wenigstens physisch schwer schädigen können (S. 69). Auch gelingt es ihnen durch aufmerksames Schauen, zwei menschliche Handlanger auszumachen, denen die Teufel „[m]it inblasen" (S. 70) zusetzen, damit sie die Tötung Meinrads vollziehen. Mit dem ‚Einblasen' ist die dritte Strategie der Teufel angesprochen, die bei jenen erfolgreich ist, die Gott im „strytt" (S. 73) nicht auf ihrer Seite haben. Bei der Tötung stellt das Spiel einmal mehr eine Christusanalogie her, galt es doch mit Joh 13,2–27 als ausgemacht, dass der Teufel für die Ablehnung Christi durch die Juden und für den Verrat des Judas Verantwortung trug.[67] Auch nach Vollzug des Raubmords sind die teuflischen Beobachter aktiv, um die Täter tatsächlich für die Hölle zu gewinnen. Tentator weist Sathan an:

> Luog Sathan selbs zuo disen dingen,
> Ob dus möchtest in verzwyfflung bringen,
> Damit ihr seel vnß wurd zutheil
> Vnd lehrs by Gott sy gar kein heil [...].
>
> (S. 82)

„[V]erzwyfflung", *desperatio* als die schlimmste aller Sünden, soll den Teufeln die Seelen sichern.

Doch auch der Heilige benötigt zuletzt himmlischen Beistand.[68] Meinrad muss ein sichtbarer göttlicher Schutz zuteilwerden, um ihn, den zu Tode Verwundeten, aus den Fängen der Teufel zu befreien, die ihn wie einen Spielball behandeln (S. 74: „werffend S: Meinraden hoch über sich, land ihnn wider nider fallen"). Gegen die (scheinbare) Übermacht der Teufel, die den Heiligen fast zu Tode prügeln und ihn aufs Ärgste malträtieren,[69] wird Meinrad ein göttlicher Bote

---

67 Vgl. dazu Goetz, *Gott*, S. 186.
68 Diesen hatte er zuvor bereits im Gebet von Gott erfleht. Schlagendes Beispiel ist ihm Petri Verleugnung, bei der dieser keinen göttlichen Beistand gehabt habe, anders als später bei dessen Martyrium unter Nero (S. 73). Auch hier ruft Meinrads Gebet die Teufel herbei.
69 Der diabolische Überfall und die physische Schädigung bis an den Rand des Todes ist auch ikonographisch ein beliebtes Motiv. Zu denken wäre beispielsweise an die zahlreichen Darstel-

zur Seite gestellt: Ein Engel erscheint in hellem Glanz und setzt dem diabolischen Treiben ein Ende.[70]

Ferner zeigt der Auftritt, dass der Todeszeitpunkt Meinrads nicht in der Macht der Teufel liegt; ihre Aktionsmöglichkeiten sind begrenzt. Der himmlische Bote, mithin ein Ausweis der göttlichen Beobachtung Meinrads,[71] verkündet dem Heiligen, dass seine Krone schon für ihn bereitliege. Dass der Engel dabei ein Kreuz trägt (S. 79), verdeutlicht das Sterben in der Nachfolge Christi und macht mithin das Schauen auf das Kreuz augenscheinlich, das den Märtyrer auszeichnet. Sowohl Meinrad als auch das Publikum sollen in der Anschauung des Kreuzes ihre Aufmerksamkeit auf das Wesentliche richten. Mit der Information erlangt Meinrad zudem das Wissen um seinen nahenden Tod.[72] Er ist insofern gut für seine Todesstunde präpariert. Überdies betet er Worte des sterbenden Christus: „Dir wil ichs übergeben z'mol | Din göttlicher wyll geschehen sol" (ebd.). Sodann legt er sich in kreuzförmiger Stellung vor den Altar und erwartet seinen Tod.[73] In dieser Pose finden ihn die Raubmörder vor (ebd.). Der Märtyrer des Glaubens ist ein *miles Christi*. So jedenfalls redet ihn der kreuztragende Engel an:

Gott wil hie wartten dinem end
Das er dich führe an das end,
Wies dir vor lang verheissen ist
So du ein stätter Ritter blibst.

(ebd.)

---

lungen des von chimärenhaften Teufeln geplagten Antonius, so auf dem rechten Flügel des Isenheimer Altars (1512/16). Auch hier eilen dem Heiligen im Hintergrund – und vor dem im Vordergrund präsenten monströsen Treiben zunächst kaum merklich – in hellem Schein göttliche Helfer entgegen. Der Text der Inschrift des Tafelgemäldes hat im ‚Meinradspiel' seine Entsprechung, wenn Meinrad fragt: „O herr min trost, wo ist din schin | Min Gott vnnd herr, wo bist du gsin | In minem strytt vnnd grosser noth | Verwundt bin ich biß vff den thodt" (S. 74).

70 Vgl. den hier abgebildeten kolorierten Holzschnitt aus dem oben genannten Blockbuch, das die Meinradlegende überliefert. Im Bild eilen neben dem englischen Beistand auch die beiden Raben zur Hilfe. Das Spruchband verkündet die Botschaft des Engels („bestand vest").

71 „Din Schöpffer ist z'nechst by dir gsin, | Vnd hat in dinem stryt zugse | Wie ritterlich er dich wurde gsen" (S. 74).

72 Meinrad selbst erklärt seinen Mördern: „Gott macht mich dessen selber Khundt | Das ich müeß sterben diser stund" (S. 80). Die Überlegenheit des Heiligen zeigt sich in diesem Vorwissen.

73 Dass die kreuzförmige Gebetshaltung in der Innerschweiz neben der ‚individuellen' Haltung auch als Teil kollektiver Andacht dienen und insofern gemeinschaftsstiftende Funktion besitzen konnte, hat Ehrstine, Multitudo, S. 121, herausgestellt. Verwiesen sei ferner auf das Luzerner Antichrist- und Weltgerichtspiel des Zacharias Bletz (1549), in dessen Antichristteil der Proclamator dazu auffordert, auf Knien und mit ausgestreckten Armen zu beten (V. 86f.). Bezogen wird die Gebetshaltung dabei anscheinend auf Männer; Frauen und Kinder hingegen sollen mit erhobenen Armen beten (V. 88).

Abb. 1: Meinradlegende, [Blockbuch], S. [25].

Der „Ritter" ist nach Eph 6,13–18 gut gerüstet, denn er trägt den „helm des heils, den schilt des glaubens und das schwert des geists". Die Inszenierung christlichen, mehr noch: katholischen Sterbens führt einen Heiligen vor, der im Leben wie im Sterben vorbildlich ist. Die der Sterbeszene vorgeordnete Begegnung mit dem himmlischen Boten bezeugt zudem, dass die teuflische Beobachtung zwar den Tod des Heiligen forcieren kann, dabei freilich der göttlichen Beobachtung von Beginn an unterlegen ist.

3 Beobachtung als aufführungsrelevanter Aspekt

Wie man sich die Aufführung des ‚Meinradspiels' vorzustellen hat, darüber geben einige wenige textinterne und textexterne Hinweise ansatzweise Aufschluss.[74] Der zweitägigen Aufführung wohnte ein ‚gemischtes' Publikum bei, das aus Geistlichen und Laien, ländlich und städtisch geprägten Zuschauern bestand.[75] Die enge Bindung an Luzern mag dazu geführt haben, dass die Inszenierung des ‚Meinrad' von der langen und wirkmächtigen Theatertradition der Stadt beeinflusst war. Ort der Aufführung war der Garten des Klosters Einsiedeln, wo sie unter freiem Himmel auf einer Simultanbühne stattfand. Dies legt zumindest eine Regieanweisung gleich zu Beginn nahe: „Ietzt trit der Herr Graff: S. Meinradts Vatter vß siner Scena in publicum cum devota gravitate" (S. 6). Auszugehen ist dementsprechend von mehreren Bühnenständen, wobei die Freilichtaufführung es auch ermöglicht, zu Pferde zu reiten (vgl. S. 18).[76] In Bezug auf diabolische Vigilanz ist vor allem der Bühnenstand der Hölle hervorzuheben, der an beiden Spieltagen eingesetzt wird. Eine Regieanweisung vermerkt: „Nach dem laufft Lutzifer der Tüffel vß der Hell" (S. 24); und wenig später heißt es: „Sathan stost an die Höllen, so Kommend sy all her uß" (S. 26). Gut möglich, dass die Hölle, an die man schlagen und aus der man herauskommen kann, als Höllenschlund konzipiert war, wie er etwa auf den Bühnenplänen des Luzerner Osterspiels von 1583 eingezeichnet ist.[77] Vor Augen gestellt ist dem Publikum damit das diabolische Treiben sowie der Ort der ewigen Seelenqualen. Aufführungspraktisch relevant sind auch der in Regieanweisungen und Figurenreden erwähnte Rauch und Gestank. Hier scheinen Requisiten[78] zum Einsatz zu kommen, die ein abschreckendes Bild von der Hölle entwerfen, indem sie die dargestellten Höllenqualen visuell und olfaktorisch verdeutlichen. Den Sehsinn trüben wollen die Teufel mit

---

74 Dass die öffentlichen Aufführungen geistlicher Spiele nicht die besten visuellen und akustischen Bedingungen boten, darauf hat zuletzt Ehrstine hingewiesen und danach gefragt, was man vom Publikum und dessen Aufmerksamkeit erwarten konnte (Ehrstine, Multitudo).
75 Vgl. den Epilog des zweiten Tages (S. 119).
76 Zu den Indizien für eine Aufführung auf einer Simultanbühne vgl. auch Häne, Einsiedler, S. 51.
77 Die Pläne sind mehrfach abgedruckt, so etwa im Einleitungsband zum Osterspiel von Evans, Bildteil, Abb. 17 u. 18, oder in der Theatergeschichte von Greco-Kaufmann, *Eere*. Bd. 1, S. 454 f. Auch digitale Faksimilia sind leicht einzusehen, vgl. etwa Kotte, Spiele.
78 Zu den Requisiten und *special effects* im ‚Meinradspiel' vgl. Dietl, Saint.

Hilfe von schwarzem Rauch (S. 70), um Meinrads Blick auf den Schöpfer zu verstellen. Namentlich genannt werden Rauch, Pulver und Schwefel, welche die Teufel charakterisieren und, wie bereits angedeutet, ihre Verbindung zur Figur des Uli im Spiel ausstellen.[79] Insofern offenbaren die teuflischen Requisiten noch eine weitere Funktion: Das Spiel ist auf diese Weise mit einem teuflischen Verweisnetz durchzogen, dem ein heiliges Pendant gegenübersteht.[80]

Was die intendierte Rezeptionshaltung angeht, so finden sich Aussagen dazu wie üblich in den Rahmentexten des Spiels, namentlich den Pro- und Epilogen. Diese Rahmentexte versetzen den Rezipienten explizit in die Rolle des Beobachters, mehr noch: Sie akzentuieren die bei der Aufführung ohnehin eingenommene Beobachterrolle eigens.[81] Dass das Schauen des Spiels erhöhte Aufmerksamkeit erfordert, formulieren im ‚Meinrad' prologtopisch zwei Narren, ein Herold sowie ein Schildbub. Ihren Aufrufen zu Schweigen, Hören und Schauen (S. 1: „gsen vnd losen"; S. 2: „schwygend styl, vnd hand ietz ruo"; S. 3: „thund flissig hören"; ebd.: „[...] Vnd ẅer ohren neygen dar | So wil ichs machen offenbar"; S. 6: „schwygend still Ihr Mann vnd Frauwen | So Kan iederman losen vnd zuschauwen") folgt der Hinweis auf die Relevanz der „matery" (S. 1): „Für war groß wichtig ernstlich sachen | Davon menger vil nutz mag schaffen" (S. 2); „Die warheit diser dingen | Wirt er [der Schildbub, J.G.] mit klaren wortten bringen" (S. 3). Ob aufgrund solcher Ermahnungen darauf geschlossen werden kann, dass von einer grundsätzlichen Unaufmerksamkeit der Rezipienten auszugehen ist, oder ob es sich nicht vielmehr um prophylaktische Hinweise handelt, die überdies traditionellen rhetorischen Mustern folgen, ist nicht zu entscheiden. Aussagen lässt sich damit außerdem nichts über eine gemeinschaftliche oder eine ‚individuelle' Publikumsreaktion.[82] Inwiefern der Rezipient „autonome[r] Akteur[]" ist, der sich „die Sinneseindrücke de[s] Spiel[s] aktiv zu eigen macht[]",[83] kann freilich, da ausführliche Aufführungsbelege fehlen, nur aus den Rezeptionsangeboten, die der Spieltext bietet, erschlossen

---

[79] Ganz Ähnliches zeigt sich für die Mörder Meinrads, die mit „Knütlen" daherkommen und fordern, Meinrad solle ihren „reyen singen" (S. 78). Sowohl die grobschlächtige Waffengewalt mit Hilfe von Knüppeln als auch der Reigentanz waren zuvor als teuflische Charakteristika eingeführt worden.

[80] So ist beispielsweise dem sichtbaren Schwarz der Teufel Meinrads Schwarz (Habit der Benediktiner; vgl. S. 60) und das seiner Raben gegenübergestellt.

[81] Denkbar ist außerdem die Rezeption des Spiels als Lesetext. In diesem Fall versetzen die Rahmentexte den Leser in die Rolle des Zuschauers.

[82] Vgl. zu dieser Frage auch Ehrstine, Multitudo, S. 115.

[83] Ebd.

werden.⁸⁴ Für das wachsame Schauen bedeutet dies Folgendes: Das ‚Meinradspiel' macht die verschiedenen Perspektiven des Sehens augenfällig, die als Figurenperspektive, Kommentatorperspektive und Rezipientenperspektive bezeichnet werden können. Das Publikum des Spiels sieht zunächst die Kommentatoren, die ihrerseits zum Sehen auf Meinrad hinweisen und das Geschehen (voraus-)deuten. Meinrad sieht auf Gott – dieser wiederum beobachtet Meinrad.⁸⁵ Beobachtet wird Meinrad aber auch von seinen Mitmenschen, von engsten Verwandten, Schülern und Fremden, die in ihm ein lebendes Vorbild erkennen, und beobachtet wird er schließlich auch von den Teufeln, die ihrerseits vom Publikum bei ihrem schädigenden Treiben beobachtet werden.

Insofern ist gerade die Gattung ‚Spiel' dazu angetan, den Rezipienten in eine aufmerksame Betrachterrolle zu versetzen, die ihrerseits davon geprägt ist, permanente Beobachtung wahrzunehmen – dies nicht zuletzt mit dem Effekt, eine Selbstbeobachtung beim Einzelnen auszulösen und in Meinrad ein Vorbild für das eigene Handeln und für den Schutz gegen teuflische Bedrohung zu erkennen. Dies stellt das ‚Meinradspiel' als seine Intention aus: in paränetischer Absicht mahnen und warnen zu wollen und dabei zugleich ein Hoffnungs- und Heilsangebot zu offerieren. Die an Meinrad durch das Sprechen mit sich selbst und das Gebet zu Gott vorgeführte ‚Innerlichkeit' soll der Rezipient ebenso internalisieren und es dem Heiligen gleichtun.⁸⁶ Dass Meinrad, um dies deutlich zu machen, mit der Spiegelmetapher belegt wird (S. 60), ist zunächst konventionell; verbunden wird sie mit einem ebenso appellativen wie adhortativen Sprechgestus, der den Teufel fokussiert:

> Ein ieder wol khan, wann er wil
> Sin leben, wandel nach ihm stellen, [...]
> Mit Gottes gnad den Tuffel binden [...].
>
> (S. 60)

Daher, so sagt es der Herold, „sond wir ouch sin fuoßtrit gahn" (S. 62), wobei das inkludierende ‚Wir' nicht nur gemeinschaftsstiftende Funktion besitzt, sondern

---

84 Ehrstine geht den Weg, andere Gattungen in die Überlegungen miteinzubeziehen. Um dem zeitgenössischen „Schauhabitus" näherzukommen, analysiert er „Quellen aus dem Umfeld der [...] Passionsbetrachtung" (Ehrstine, Multitudo, S. 116–126, Zitate S. 116).
85 Szenisch konkret ‚augenfällig' wird Gott als beobachteter bzw. zu beobachtender Beobachter freilich nicht.
86 Möglich ist es dann auch, wenngleich hier textuell nicht fassbar, dass die Rezipienten die vorgeführten Gebete und Gebetshaltungen tatsächlich vollziehen, mithin das in den Prologen geforderte andächtige Schauen in „habituelle Gebets- und Meditationspraktiken" überführen (Ehrstine, Multitudo, S. 125).

auch das gemeinsame Schauen des Spiels als Waffe gegen teuflische Bedrohung in Anschlag bringt. Nicht unerheblich ist dabei außerdem, dass das spielinterne Handeln des Heiligen bis in die Gegenwart hinein wirksam ist, kann Meinrad doch nach wie vor aufgrund dieses Handelns als Fürbitter angerufen werden. Vor Augen gestellt wird die heilsvermittelnde Funktion des Heiligen, dessen *memoria* (im Sinne einer erinnernden Vergegenwärtigung) das Spiel sichert. Hinzu kommt die Bindung an den Ort, dessen Heiligkeit spielintern erst begründet wird und der für das Konzept von personaler und räumlich gebundener Heiligkeit im Sinne eines Schutzschirms vor teuflischen Einflüssen konstitutiv ist. Es ist dies eine Legitimation des Wallfahrtswesens, das von den Raubmördern Meinrads diskreditiert wird (siehe unten).

Das ‚Meinradspiel' offenbart dabei eine klare Publikumsbezogenheit, die auf ein Programm des *memento mori*, auf Wachsamkeit, Reue und gute Werke zielt. Insbesondere durch die Drastik des Todes wird an Uli Bösbub, dessen Leichenteile in den Höllenschlund transportiert werden, aber auch an Meinrad (S. 81: „Richhard gibt ihm ietz ein streich, das ihm das hirn vßlaufft") verdeutlicht, dass Vorsorge – und das heißt auch: Gefahrerkennung – für das Seelenheil unbedingt vonnöten ist.

4 Ausblick: Konfessionelle Perspektivierung von Wachsamkeit und Gefährdung

Mit seiner ausführlichen, apologetischen Ausrichtung in Bezug auf Heiligenverehrung (z. B. S. 120), Fürbitte und Wallfahrt, die explizit mit einem Ablass verknüpft wird (S. 76),[87] steht das ‚Meinradspiel' sichtbar im Zeichen der Gegenreformation und bemüht sich um ein konfessionelles Bekenntnis – dies vor allem – auch mit Blick auf die pausenlose Gefährdung des Menschen, die vom Teufel ausgeht. Zwei Beispiele mögen dies illustrieren.

---

87 Meinrad erteilt den Ablass zeitlicher Sündenstrafen, weil er im Pilger Reue erkennt: „Die wil dir leid sind dine sünd [...]" (S. 76).

4.1 Gute Werke

Konventionell steht am Ende des Spiels der Tod als Schreckensbild.[88] Direkt vor dem Epilog hat er seinen großen Auftritt, und er zeigt ein spezifisch katholisches Verständnis seiner ‚Arbeit'. In einer eindringlichen Publikumsapostrophe mahnt er: Wer nicht wachsam gewesen sei und wen der Tod unvorbereitet treffe, für den komme auch Reue im Sterben zu spät, da gute Werke nun nicht mehr zu verrichten seien: „Kein spate rüw die hilfft nit meh" und „[a]llein wirt dir da zu hilff khon | Die gutten werckh, so du hast than" (S. 118).[89] Welche guten Werke im Leben dies sind, erfahren die Pilger, die den Einsiedler Meinrad aufsuchen (und wiederum das Publikum) bereits zuvor: Gebet, Fasten und Almosen geben (S. 53: „Tilget vß all unser sünd | Vnd macht vns wyder Gottes fründ"). Hilfreich erscheint überdies die an den Heiligen gerichtete Bitte um Fürsprache bei Gott. Wenngleich das Spiel die Fürbitte nur in den Rahmentexten explizit macht (S. 2 u. 121), so ist ein entsprechendes Vokabular doch auch in den Szenen präsent, etwa, wenn Meinrad die Pilger bittet, für ihn zu beten, und damit die rechte Gebetshaltung proklamiert: „Bittend Gott für mich all zyt" (S. 53). Hier meint Meinrad noch das Gebet für sich selbst als lebenden Einsiedler, doch scheint durch seine Anweisung die Fürsprache als wirksames Mittel für göttlichen Schutz und ewiges Seelenheil auf. Überdies verspricht Meinrad der Witwe, bei Gott für sie zu bitten, so dass auch hier eine spezifische Gebetsform imaginiert wird (vgl. S. 48). Die an alle Heiligen gerichtete Bitte um Fürsprache hebt bereits der Prologsprecher hervor; der Prior des Klosters, in dem Meinrad gelehrt hat, bittet dann Meinrad direkt, für ihn und seine Mitbrüder zu beten:

> Laß vns von dir nit gscheiden sin,
> Von diner lieb, vnnd thrüwen lehr
> Din fürpit alzit für vns mehr,
> Das Gott vns hie geb sinen sëgen
> Vnnd dort mit ihm das ehwig leben.
>
> (S. 49 f.)

---

88 Dass das ‚Meinradspiel' hier teilweise wörtlich Georg Wickrams Spiel ‚Die zehn Alter dieser Welt' (1531) folgt, einer Bearbeitung von Pamphilus Gengenbachs gleichnamigem Stück (1515), mag das konfessionsübergreifende Interesse an der Bühnenfigur des Todes bezeugen.
89 Vgl. auch den früheren Verweis auf „gutte werckh" (S. 112), die dem Teufelsagenten Uli erfolglos ans Herz gelegt werden.

Eine Schutz- und Wachsamkeitsstrategie scheint folglich auch in der Tätigkeit fürbittender Heiliger und in der Anrufung der/des Heiligen auf.[90] Insofern ist Vigilanz als bedeutsamer Aspekt ‚altgläubiger' religiöser Kommunikation immer schon mit dem Tod als einer Grundkategorie menschlichen Lebens und mit der Hoffnung auf ein ewiges Leben verbunden.

4.2 Vorsicht vor ‚falschen' Lehren

Gefährdung scheint zudem von jenen menschlichen ‚Teufelsagenten' auszugehen, die dem katholischen Pilger- und Wallfahrtswesen mit Unverständnis begegnen. Dies zeigt die Szene der Tötung Meinrads, die weniger das teuflisch initiierte als vielmehr das menschlich antikatholische Handeln akzentuiert. Die Mörder Meinrads wollen ihn berauben, weil sie davon überzeugt sind, beim Heiligen Reichtümer zu finden, welche die Pilger ihm (vermeintlich) in die Zelle gebracht haben:

> Gwüß wirts ein bschiß vnd trug bedüthen,
> Das ich vermein g'schäch nuhr darumb
> Das er vil gelt vnd gut bekhumm,
> Von Bilgerslüth vff diser fart
> Waß sy an ihrem halß erspart,
> Das bringendts ihm an dises Orth [...]
>
> (S. 77 f.)

Wachsamkeit ist also besonders auch dort geboten, wo der katholische Glaube und mit ihm traditionelle Frömmigkeitspraktiken infrage gestellt werden. Dass die Mörder von den Teufeln angestiftet wurden, macht sie zu Marionetten des ‚Alten Feindes', den Meinrad im gesamten Spiel nicht fürchtet. Zugleich mag man darin eine Diabolisierung reformatorischer Lehre erkennen.

5 Resümee

Vigilanzphänomene lassen sich im ‚Meinradspiel' auf unterschiedlichen Ebenen herausarbeiten und beschreiben. Dies gilt zunächst für die spielinterne Insze-

---

90 Dass Meinrad tatsächlich als Fürbitter angesehen wurde, mag die oben genannte *Passio sancti Meynrhadi martyris et heremite* bezeugen, die neben der Meinradvita auch ein Fürbittgebet an Meinrad enthält, vgl. die *Suffragia*, S. 31.

nierung von Wachsamkeit, die das aufmerksame Betrachten und Beobachten akzentuiert und dabei Strategien anbietet, wie diese Wachsamkeit als ‚Teufelsschutzschild' hergestellt werden kann. Konkret realisiert sind diese Strategien in der Figur Meinrads als „schön Exempel" (S. 60) in Leben und Sterben.

Vorgeführt wird erstens ein Heiliger, der die Teufel durch unablässiges Beten sichtbar und damit zugleich fass- und bekämpfbar werden lässt. Sein Tod, den die Teufel indirekt herbeiführen, zeigt dabei zugleich ihre diabolische Unwissenheit an. Sie haben die Dinge nicht durchschaut und wähnen sich als Sieger (S. 82: „Du fuler Munch, ietz heb dir das"). Dass Meinrad mit der „Marter Cron" (S. 79) seine Bestimmung und das ewige Heil erlangt, sehen sie erst danach. Ihre auf den Menschen ausgerichtete Vigilanz hat ihre Grenzen in Gott, was freilich nicht bedeutet, dass sie den Menschen nicht weiterhin bedrohen würden. Die Hölle als Ort der Verdammten und die Teufel als Anfechter in der Welt bleiben bestehen und eine feste (göttlich legitimierte)[91] Größe im Netz der den Menschen gefährdenden Beobachtungen. Nicht zuletzt ist damit auch angezeigt, dass die Figuren des Spiels funktional determiniert sind. Vorgeführt wird dementsprechend zweitens, wie im Kontrast zur guten Weltordnung eine unheilige Gegenordnung hervortritt. Die Widersacher und das Widerständige werden vereindeutigt. Wer, wie, wo und wann wirkt, tritt aus dem Verborgenen ins Rampenlicht. Die Schwere der gezeigten Vergehen lässt keinen Zweifel an der Notwendigkeit, wachsam zu bleiben, und an den verderbenbringenden Folgen mangelnder Wachsamkeit in einer heillosen, weil gottfernen Welt.

Vorgeführt wird drittens, dass die göttliche Beobachtung den Gläubigen und Beter schützt. Die schreckenerregende Präsenz der Teufel, die Häuser fast zum Einsturz bringen, den Heiligen durch die Luft schleudern, sich in ohrenbetäubendem Getöse artikulieren, Leichname fragmentieren und danach trachten, menschliches Leben in Rauch, Feuer und Gestank zu ersticken, exemplifiziert die Gefahren der Hölle, die mit allen Sinnen wahrnehmbar sind. Die lichtglänzende Präsenz der Engel hingegen exemplifiziert das göttliche Eingreifen in der Welt. Dabei lässt das Spiel keinen Zweifel daran, dass das göttliche Wissen allem vorangeht und dass der Mensch von Gott erwählt ist. Er muss sich freilich diese Erwähltheit erhalten, und zwar zuvörderst durch das Gebet, nicht minder aber durch gute Werke, die in Fasten und Almosengeben konkretisiert werden. Die

---

91 Legitimiert sind sie im Sinne einer augustinisch gedachten *permissio Dei*, ohne die kein teuflisches Agieren möglich ist.

exzeptionelle Figur des Meinrad vermittelt allgemein verbindliches religiöses Wissen, das der Heilssicherung dient.[92]

Vorgeführt wird viertens – dies konnte nur angedeutet werden –, dass das vermittelte religiöse Wissen konfessionell codiert ist. Mit Heiligenverehrung, Fürbitte, Pilger- und Wallfahrtswesen und nicht zuletzt mit dem Verweis auf die unabdingbare Notwendigkeit guter Werke scheint das Spiel explizit konfessionelle Differenzen zu markieren. Mithin erscheinen diese Frömmigkeitspraktiken, die im Spiel räumlich-historisch mit Einsiedeln verbunden sind, als schlagkräftige Waffen im Kampf gegen diabolische (und gegen ‚neugläubige') Angriffe.

Die spielintern vorgeführten Akteure im Netz der Beobachtungen sind neben dem Heiligen die anderen Menschen, die Teufel und Gott. Gerahmt werden die performativen Vigilanzstrategien des Spiels durch die Pro- und Epiloge der beiden Spieltage, die das Scharnier zur spielexternen Ebene bilden. Vom Rezipienten geleistet werden muss, das Gesehene als Warnung und Mahnung für das eigene Handeln aufzufassen. Das aufmerksame Schauen des Spiels soll zum Auslöser für Selbstbeobachtung werden. Einmalige Wachsamkeit genügt im Angesicht steter teuflischer Bedrohung nicht (selbst wenn die Teufel für den Moment überwunden scheinen), und dies nicht zuletzt auch deswegen, weil die Teufel mit jedem neuen Spiel wiederauferstehen.[93] Die Strategie, die das Spiel daher bietet, ist ein immerwährendes Zeigen, wobei alles tatsächlich so ist, wie es scheint: Es liegt offensichtlich vor Augen. Das Spiel versucht insofern, die diabolischen Mehr- und Uneindeutigkeiten – die Teufel in ihrem vielgestaltigen und unberechenbaren Auftreten – einzuhegen. Die Begegnung mit den Teufeln und dem Tod kann im Spiel gewissermaßen vorweggenommen werden, wobei die evozierten Selbst- und Fremdbeobachtungen den Sinn des Lebens mit Blick auf das Lebensende reflektieren. In einer sich konfessionell ausdifferenzierenden Welt, die mehr und mehr pluralistisch erscheint und Unsicherheiten provoziert, bietet das im Spiel präsentierte Wissen Orientierung und Eindeutigkeit.

---

[92] Nimmt man den Gegenentwurf hinzu, den das Spiel mit Hilfe der menschlichen Teufelsfiguren präsentiert, so zeigt sich, dass mit dem exemplarischen Leben des Heiligen und mit seinen Lehren letztlich auch „allgemeingültige Regularitäten des kulturellen Handlungswissens [...] aktualisiert" werden (Hübner, *Narratologie*, S. 48). Hübner formuliert als Beispiel einer solchen allgemeingültigen Regularität: „Wer im Kampf siegt, erhält Ruhm" (ebd. S. 49). Analog dazu könnte man für das ‚Meinradspiel' formulieren: Wer standhaft im Glauben ist und dies durch gute Werke zeigt, erhält das ewige Leben.

[93] Dazu kürzlich Eming, Teuflisch, S. 129. Sie spricht treffend von einer „Wiederholungsschleife des Bösen" (ebd.).

Literaturverzeichnis

Primärliteratur

Biblia / beider Allt unnd Newen Testamenten / fleissig / treülich vnd Christlich / nach alter / inn Christlicher kirchen gehabter Translation [...] Durch D. Johan Dietenberger / new verdeutscht. Mainz: Peter Jordan 1534 (VD16 B 2693).

Bletz, Zacharias: Das Antichristdrama. In: Reuschel, Karl: *Die deutschen Weltgerichtsspiele des Mittelalters und der Reformationszeit. Eine literarhistorische Untersuchung.* Nebst dem Abdruck des Luzerner ‚Antichrist' von 1549. Leipzig 1906, S. 207–328.

[Büchser, Felix:] *Meinradspiel.* Einsiedeln, Stiftsbibliothek, Cod. 1228.

[Büchser, Felix:] *Ein geistliches Spiel von S. Meinrads Leben und Sterben* aus der einzigen Einsiedler Handschrift hrsg. von Gall Morel. Stuttgart 1863 (Bibliothek des Litterarischen Vereins in Stuttgart 69).

Meinradlegende [Blockbuch]. [Basel? ca. 1460–1465]. BSB München: Xylogr. 47.

Passio sancti Meynrhadi martyris et heremite. Basel: Michael Furter 1496 (GW M29714).

Wittwiler, Ulrich: *Sanct Meynrhats Läben. Eine grundtliche und warhafftige beschrybung vonn Sanct Meynrhats Läben / des heiligen Einsydels / auch von der heiligen Walstat unser lieben frowen / der Muoter Gottes Marie zu den Einsydlen da S. Meynrhat gewonet und ermürt worden.* Freiburg im Breisgau: Stephan Graf 1567 (VD16 W 4714).

Sekundärliteratur

Angenendt, Arnold: *Heilige und Reliquien. Die Geschichte ihres Kultes vom frühen Christentum bis zur Gegenwart.* München ²1997.

Angenendt, Arnold: *Geschichte der Religiosität im Mittelalter.* Darmstadt ³2005.

Baechtold, Jakob: *Geschichte der Deutschen Literatur in der Schweiz.* Frauenfeld 1892.

Bockmann, Jörn/Gold, Julia (Hrsg.): *Turpiloquium. Kommunikation mit Teufeln und Dämonen in Mittelalter und Früher Neuzeit.* Würzburg 2017 (Würzburger Beiträge zur deutschen Philologie 41).

Braun, Hans E.: Art. ‚Einsiedler Meinradspiel'. In: Kotte, Andreas (Hrsg.): *Theaterlexikon der Schweiz.* Bd. 1. Zürich 2005, S. 524–526.

Diefenbach, Lorenz: *Glossarium latino-germanicum mediae et infimae aetatis.* Unveränd. reprogr. Nachdruck d. Ausg. Frankfurt am Main 1857. Darmstadt 1968.

Dietl, Cora: Einsiedeln. In: Feistner, Edith (Hrsg.): *Klostergründungserzählungen des deutschen Sprachraums. Eine Anthologie.* Berlin 2021 (Regensburger Studien zur Literatur und Kultur des Mittelalters 6), S. 211–291.

Dietl, Cora: How to Mark a Saint on Stage. Felix Büchser's ‚Meinradspiel'. In: *European Medieval Drama* 25 (2021), S. 175–200.

Dochhorn, Jan: Die Versuchung Jesu bei Lukas und Matthäus. Eine Geschichte von der Selbstfindung des Dämonenbezwingers und neuen Salomo. In: Bockmann, Jörn/Gold, Julia (Hrsg.): *Turpiloquium. Kommunikation mit Teufeln und Dämonen in Mittelalter und*

Früher Neuzeit. Würzburg 2017 (Würzburger Beiträge zur deutschen Philologie 41), S. 233–257.

Ehrstine, Glenn: Ubi multitudo, ibi confusio. Wie andächtig war das Spielpublikum des Mittelalters? In: Hofmeister, Wernfried/Dietl, Cora (Hrsg.): *Das Geistliche Spiel des europäischen Spätmittelalters*. Wiesbaden 2015 (Jahrbuch der Oswald-von-Wolkenstein-Gesellschaft 20), S. 113–131.

Ehrstine, Glenn: Besprechung zu ‚Greco-Kaufmann, Heidy/Huwiler, Elke (Hrsg.): Das Sarner Bruderklausenspiel von Johann Zurflüe (1601). Kommentierte Erstausgabe. Zürich 2017' (Theatrum Helveticum 16). In: *Amsterdamer Beiträge zur älteren Germanistik 79* (2019), S. 433–436.

Eming, Jutta: Dämonische Verführung. Zur Figur des Teufels und ihrer literarischen Produktivität im Mittelalter. In: Kōda, Yoshiki [u. a.] (Hrsg.): *Religiöse Erfahrung – Literarischer Habitus. Akten des JGG-Kulturseminars 2017/2018*. München 2020, S. 17–32.

Eming, Jutta: Teuflisch theatral. Zu Poiesis und Performanz in einigen Szenen des ‚Asfelder Passionsspiels'. In: Eming, Jutta/Fuhrmann, Daniela (Hrsg.): *Der Teufel und seine poietische Macht in literarischen Texten vom Mittelalter zur Moderne*. Berlin/Boston 2021, S. 103–129.

Evans, Marshall Blakemore: *Das Osterspiel von Luzern. Eine historisch-kritische Einleitung*. Übersetzung des englischen Originaltextes von Paul Hagmann. Bern 1961 (Schweizer Theater-Jahrbuch der Schweizerischen Gesellschaft für Theaterkultur 27).

Flasch, Kurt: *Der Teufel und seine Engel. Die neue Biographie*. München 2015.

Goetz, Hans Werner: *Gott und die Welt. Teil 1, Bd. 3: IV. Die Geschöpfe: Engel, Teufel, Menschen*. Göttingen 2016 (Orbis mediaevalis 16).

Gold, Julia: ‚mit hilff oder zů tůn des bôsen geists'. Kommunikation mit Teufeln und Dämonen in frühneuzeitlichen Hexereitraktaten am Beispiel Ulrich Molitoris. In: Bockmann, Jörn/Gold, Julia (Hrsg.): *Turpiloquium. Kommunikation mit Teufeln und Dämonen in Mittelalter und Früher Neuzeit*. Würzburg 2017 (Würzburger Beiträge zur deutschen Philologie 41), S. 187–209.

Gold, Julia: Mitleid mit dem Teufel? Ambivalenzen einer altbekannten Figur im geistlichen Spiel des Mittelalters und im protestantischen Drama der Frühen Neuzeit. In: Bockmann, Jörn/Toepfer, Regina (Hrsg.): *Ambivalenzen des geistlichen Spiels. Revisionen von Texten und Methoden*. Göttingen 2018 (Historische Semantik 29), S. 125–154.

Greco-Kaufmann, Heidy: ‚*Zuo der Eere Gottes, vfferbuwung dess mentschen vnd der statt Lucern lob'. Theater und szenische Vorgänge in der Stadt Luzern im Spätmittelalter und in der Frühen Neuzeit*. 2 Bde. Zürich 2009.

Greco-Kaufmann, Heidy: Die Bedeutung von Teufelsfiguren in theatralen Aktivitäten und im Ordnungsdiskurs der Stadt Luzern. In: *Literaturwissenschaftliches Jahrbuch 56* (2015), S. 119–135.

Grübel, Isabel: *Die Hierarchie der Teufel. Studien zum christlichen Teufelsbild und zur Allegorisierung des Bösen in Theologie, Literatur und Kunst zwischen Frühmittelalter und Gegenreformation*. München 1991 (Kulturgeschichtliche Forschungen 13).

Häne, Rafael: *Das Einsiedler Meinradspiel von 1576*. Basel/Freiburg 1930 (Schriften der Gesellschaft für schweizerische Theaterkultur 2).

Henggeler, Rudolf [u.a.]: *Professbuch der fürstlichen Benediktinerabtei U. L. Frau zu Einsiedeln.* Zuerst: Einsiedeln 1933; Online fortgeführt: http://www.klosterarchiv.ch/e-archiv_professbuch.php [letzter Zugriff: 04.10.2021].

Hübner, Gert: Historische Narratologie und mittelalterlich-frühneuzeitliches Erzählen. In: *Literaturwissenschaftliches Jahrbuch* 56 (2015), S. 11–54.

Kasten, Ingrid: Ritual und Emotionalität. Zum Geistlichen Spiel des Mittelalters. In: Meyer, Matthias/Schiewer, Hans-Jochen (Hrsg.): *Literarische Leben. Rollenentwürfe in der Literatur des Hoch- und Spätmittelalters. Festschrift für Volker Mertens zum 65. Geburtstag.* Tübingen 2002, S. 335–360.

Klein, Klaus: Art. ‚Meinrad'. In: *Die deutsche Literatur des Mittelalters. Verfasserlexikon.* Bd. 6. Berlin/New York ²1987, Sp. 319–321.

Kotte, Andreas: Art. ‚Geistliche Spiele'. In: *Historisches Lexikon der Schweiz* (20.11.2012), https://hls-dhs-dss.ch/de/articles/011899/2012-11-20/ [letzter Zugriff 08.03.2022].

Marti-Weissenbach, Karin: Art. ‚Büchser, Felix'. In: *Historisches Lexikon der Schweiz* (29.01.2003), https://hls-dhs-dss.ch/de/articles/011621/2003-01-29/ [letzter Zugriff: 28.06.2021].

Meyerhans, Andreas: Art. ‚Wittwiler, Ulrich'. In: Historisches Lexikon der Schweiz (20.11.2013), https://hls-dhs-dss.ch/de/articles/025306/2013-11-20/ [letzter Zugriff: 28.06.2021].

Rudwin, Maximilian Josef: *Der Teufel in den deutschen geistlichen Spielen des Mittelalters und der Reformationszeit. Ein Beitrag zur Literatur-, Kultur- und Kirchengeschichte Deutschlands.* Göttingen 1915 (Hesperia 6).

Schneider, Almut: Teufelsklang und höllische Stille. Erzählen von Dissonanz im ‚Wigalois' des Wirnt von Gravenberg. In: Bockmann, Jörn/Gold, Julia (Hrsg.): *Turpiloquium. Kommunikation mit Teufeln und Dämonen in Mittelalter und Früher Neuzeit.* Würzburg 2017 (Würzburger Beiträge zur deutschen Philologie 41), S. 83–102.

Schreiner, Klaus: Religiöse, historische und rechtliche Legitimation spätmittelalterlicher Adelsherrschaft. In: Oexle, Otto Gerhard/Paravicini, Werner (Hrsg.): *Nobilitas. Funktion und Repräsentation des Adels in Alteuropa.* Göttingen 1997, S. 376–430.

Toepfer, Regina: Implizite Performativität. Zum medialen Status des Donaueschinger Passionsspiels. In: *Beiträge zur Geschichte der deutschen Sprache und Literatur* 131 (2009), S. 106–132.

Weimar, Klaus: Art. ‚Regieanweisung'. In: *Reallexikon der deutschen Literaturwissenschaft.* Bd. 3. Berlin/New York 2003, S. 251–253.

Über die Autor:innen

Maximilian Benz
Prof. Dr. Maximilian Benz ist Professor für Deutsche Literatur des Mittelalters und der Frühen Neuzeit an der Universität Bielefeld, außerdem Mitherausgeber des *Internationalen Archivs für Sozialgeschichte der Literatur*. 2009 absolvierte er das Staatsexamen, 2012 folgte die Promotion an der HU Berlin mit einer Arbeit über Jenseitsreisen in Antike und Mittelalter. Seine Habilitation erfolgte 2019 an der Universität Zürich zu Rudolf von Ems. 2020 wurde er in das Heisenberg-Programm der DFG aufgenommen, seit 2022/23 ist er Fellow am Wissenschaftskolleg zu Berlin.

Jörn Bockmann
Apl. Prof. Dr. Jörn Bockmann studierte Germanistik und Philosophie in Kiel, Hamburg und München. Nach seiner Promotion an der LMU München mit einer Arbeit zur Neidhart-Tradition folgte 2013 seine Habilitation an der Universität Kiel mit einer Arbeit zur Teufelsfigur, woraufhin er bis 2015 Vertreter der Professur für Ältere deutsche Sprache und Literatur an der Universität Göttingen war. Seit 2016 ist er wissenschaftlicher Mitarbeiter an der Europa-Universität Flensburg. Seine Forschungsschwerpunkte umfassen niederdeutsche Sprache und Literatur des Mittelalters, geistliches Spiel und Diabologie der Vormoderne.

Julia Gold
Dr. Julia Gold studierte Germanistik, Soziologie und Erziehungswissenschaft an der Universität Münster. Nach wissenschaftlicher Mitarbeit und Lehrtätigkeit in Münster, war sie von 2008 bis 2014 Stipendiatin und wissenschaftliche Mitarbeiterin an der Universität Würzburg, wo sie 2014 mit einer Arbeit zum Hexereitraktat des Ulrich Molitoris promoviert wurde. Von 2014 bis 2021 war sie wiss. Mitarbeiterin im DFG-Projekt ‚Inszenierungen von Heiligkeit' an der Universität Gießen. Seit Herbst 2021 ist sie als LfbA im Arbeitsbereich Deutsche Literatur des Mittelalters und der Frühen Neuzeit an der Universität Bielefeld tätig.

Natalie Mlynarski-Jung
Natalie Ann Mlynarski-Jung studierte Deutsch und Philosophie/Ethik auf Lehramt an der Universität Mannheim (Abschluss: 1. Staatsexamen). Von 2019 bis 2021 war sie Lehrbeauftragte am Lehrstuhl für Germanistische Mediävistik an der Universität Potsdam. Seit 2019 promoviert sie an der Universität Potsdam mit einem Promotionsstipendium der Friedrich-Ebert-Stiftung zu einer Arbeit über die Transformation der Teufelserzählung *Bruder Rausch* im Spätmittelalter und in der Frühen Neuzeit.

Nina Nowakowski
Dr. Nina Nowakowski hat Ältere deutsche Literatur und Sprache, Neuere deutsche Literatur und Soziologie an der Freien Universität Berlin studiert, wurde mit einer Arbeit über die Kurzerzählungen des Strickers promoviert und ist derzeit wissenschaftliche Mitarbeiterin im Bereich Germanistik an der Fakultät für Humanwissenschaften der Otto-von-Guericke Universität Magdeburg. Zu ihren Forschungsschwerpunkten gehören Versnovellen, legendarische Erzählungen (insbesondere Marienmirakel) sowie Ansätze der historischen Narratologie und historischen Anthropologie.

Susanne Rudnig-Zelt

Apl. Prof. Dr. Susanne Rudnig-Zelt studierte in Bethel und Münster Evangelische Theologie. Nach ihrer Promotion im Alten Testament (2005, Münster), habilitierte sie sich 2012 in Jena. Seit 2010 arbeitet sie als Hebräischlektorin an der Christian-Albrechts-Universität zu Kiel, wo sie 2021 zur außerplanmäßigen Professorin ernannt wurde. Ihre Forschungsschwerpunkte sind die Entstehungsgeschichte der Prophetenbücher und des Pentateuchs sowie übernatürliche Gestalten im Alten Testament neben Jahwe.

Michael Schwarzbach-Dobson

Dr. Michael Schwarzbach-Dobson unterrichtet seit 2013 Germanistische Mediävistik an der Universität zu Köln und hat zuvor in Cambridge, Göttingen und Wien studiert. In seiner Promotionsarbeit hat er die rhetorische Kontextualisierung mittelalterlicher Kurzerzählungen untersucht. Seine aktuellen Forschungsschwerpunkte umfassen Aventiure-/Abenteuer-Erzählungen, adlige Subjektivierungsformen zwischen Literatur und Praxis im Spätmittelalter sowie Fragen der Kultursoziologie.

Carolin Struwe-Rohr

Dr. Carolin Struwe-Rohr hat Germanistik, Kommunikationswissenschaft und Psychologie studiert und wurde 2014 mit einer Arbeit zu Wissensformen im frühen pikarischen Roman promoviert. Seit 2016 ist sie Assistentin am Lehrstuhl für Germanistische Mediävistik (Prof. Dr. Michael Waltenberger) an der LMU München; seit 2019 leitet sie zudem gemeinsam mit Michael Waltenberger ein Teilprojekt zu „Diabolischer Vigilanz" im SFB 1369 „Vigilanzkulturen". Zu ihren weiteren Forschungsschwerpunkten zählen die höfische Epik, mittelalterliche und frühneuzeitliche Kurzerzählungen sowie die Relation von Literatur und Wissen.

Michael Waltenberger

Prof. Dr. Michael Waltenberger war nach der Promotion über den Lancelot-Prosaroman und der Habilitation zur Narratologie vormoderner schwankhafter Kurzepik von 2011 bis 2016 Professor für Deutsche Literatur des Mittelalters im europäischen Kontext an der Goethe-Universität Frankfurt a.M. Seit 2016 ist er Inhaber eines Lehrstuhls für Germanistische Mediävistik an der LMU München. Zu seinen Forschungsschwerpunkten gehören neben der mittelalterlichen und frühneuzeitlichen Erzählliteratur auch die Mittelalterrezeption im Musiktheater und in der Gegenwartsliteratur sowie literatur- und kulturtheoretische Themen.

Abbildungsverzeichnis

S. 2, Abb. 1: Derik Baegert: *Eidesleistung*, 1493/94, Öl auf Holz, Städtisches Museum Wesel © Städtisches Museum Wesel 2022, Foto: Werner Hannappel.

S. 51, Abb. 1: *Broder Rusche*, ca. 1488, Bl. 1ʳ. Ex.: Gotha, Forschungsbibliothek der Universität Erfurt, Sign.: Mon.typ s.l.et a. 4° 136, https://dhb.thulb.uni-jena.de/receive/ufb_cbu_00013397 [letzter Zugriff: 03.08.2022].

S. 152, Abb. 1: Meinradlegende, [Blockbuch], S. [25]. Bayerische Staatsbibliothek München, https://daten.digitale-sammlungen.de/0003/bsb00038684/images/index.html?fip=193.174.98.30&id=00038684&seite=33 [letzter Zugriff: 03.08.2022].

Index

Albertus Magnus 105
Augustinus 11, 94, 102, 105–107, 120

Baegert, Derick 1–5
Basseus, Nicolaus 71
Bibel
– Apg 147
– Chr 16
– Dtn 15, 18
– Ex 15, 18
– Gen 17, 21
– Hi 8, 16, 19–24
– Jak 108f.
– Jes 15, 17f.
– Hos 16, 18
– Kön 18, 21, 23
– Mt 56, 69, 131, 139, 141f.
– Num 16
– Kol 93
– Petr 47, 69, 90, 108f., 116, 120, 146
– Ps 21–23
– Ri 23
– Sach 16, 22f.
Bletz, Zacharias 151
Brant, Sebastian 134
Büchser, Felix 134f., 143

Caesarius von Heisterbach 55

Dorn, Hans 58

Eckhart (Meister E.) 65, 76

Faustbuch 102–105, 107–125
Flach, Martin 48, 58
Freud, Sigmund 81

Gengenbach, Pamphilus 157

Goethe, Johann Wolfgang 101f.
Graf, Stephan 134
Gregor der Große 41, 120

Haitzmann, Christoph 81, 83
Heer, Adam 134
Hocker, Jodocus 93–97

Ignatius von Loyola 10, 81, 84–87, 89, 92, 94, 97
Isidor von Sevilla 105

Luther, Martin 9, 65–72, 76, 86, 93, 95f.

Milichius, Ludwig 109
Musäus, Simon 10, 70–75, 77

Otmar, Silvan 65

Petrus Lombardus 105

Rasser, Johannes 143

Schirlentz, Nickel 67
Spies, Johann 107f., 113

Tauler, Johannes 65–67, 69, 76
Thomas von Aquin 105

Wagnerbuch 101–103, 107, 114–125
Westval, Joachim 48f., 58
Weyer, Johann 10, 86–93, 95–97, 105, 109, 120
Wickram, Georg 143, 157
Wittwiler, Ulrich 134

Zwingli, Huldrych 137

OpenAccess. © 2022 bei den Autorinnen und Autoren, publiziert von De Gruyter. Dieses Werk ist lizenziert unter einer Creative Commons Namensnennung 4.0 International Lizenz.
https://doi.org/10.1515/9783110774382-011

www.ingramcontent.com/pod-product-compliance
Lightning Source LLC
Chambersburg PA
CBHW050538300426
44113CB00012B/2159